Cuerpo y violencia
De la inermidad a la heterotopía

Alicia Montes & María Cristina Ares
Compiladoras
Julieta Sbdar copy-editora

Cuerpo y violencia
De la inermidad a la heterotopía

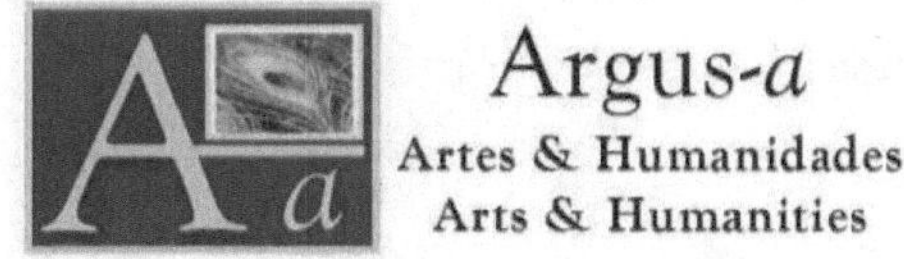

Buenos Aires, Argentina - Los Ángeles, USA
2020

Cuerpo y violencia. De la inermidad a la heterotopía

ISBN 978-1-944508-31-9

Arte de tapa: *Perder el paraíso*, aguafuerte de Marina Rothberg, 20x20 cm, 2020

Diseño de tapa: Argus-*a*.

Editorial Argus-*a*
16944 Colchester Way,
Hacienda Heights, California 91745
U.S.A.

Calle 77 No. 1976 – Dto. C
1650 San Martín – Buenos Aires
ARGENTINA
argus.a.org@gmail.com

Cuerpo y violencia
De la inermidad a la heterotopía

II Jornadas Internacionales Cuerpo y Violencia en la Literatura y las Artes Visuales Contemporáneas

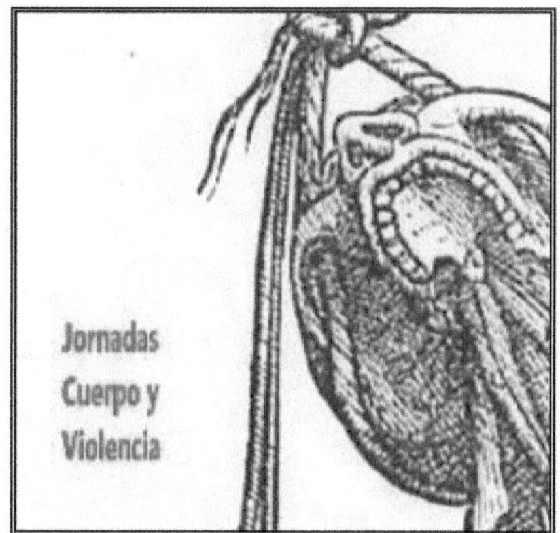

Universidad de Buenos Aires - Facultad de Filosofía y Letras
Instituto de Filología y Literaturas Hispánicas "Dr. Amado Alonso"
Universidad Goethe de Frankfurt - Instituto de Lenguas y Literaturas Románicas
Universidad de Varsovia - Instituto de Estudios Ibéricos e Iberoamericanos
GENIA. Género, identidad y discurso en España y América Latina

ÍNDICE

Prólogo

La dualidad presente en el paradigma cartesiano, que pensó el cuerpo como *res extensa* y lo subordinó a la *res cogitans*, dio lugar a la constitución de una subjetividad interior e inmunitaria: un *Ego-corpus* atrincherado defensivamente frente a esa otredad que, para construirse como idéntico a sí mismo, expulsa al afuera. La metafísica corporal implícita en este modelo dualista y logocéntrico se sostiene en una concepción sustancialista a la que las formas plurales de lo viviente deberían adecuarse para ser copia-conforme de un ideal inexistente. Esta misma lógica exige, además, que los seres humanos cumplan con "la verdad del sexo" y se identifiquen como "varón" o "mujer", operación que refuerza la exclusión como "anormales" de quienes no responden claramente a este binarismo heteronormativo. Por ello, esos cuerpos diferentes, singulares e indisciplinados se consideran monstruosos, peligrosos, desechables, abyectos, a-normales y carentes de derechos.

La noción de humanidad que se funda en esta lógica biopolítica negativa y excluyente ha sido construida históricamente según una ficción teleológica estrechamente vinculada a la biologización del derecho que ha separado *Bíos* (la vida que merece ser cuidada y es futurible) de *Zoé* (la nuda vida descartable) para determinar quiénes merecen tener una existencia plena y quiénes no, porque son ilegibles y están afuera de toda conceptualización. El carácter ideológico de esta idea de "humanidad" oculta la violencia de una ley creada por el mismo hombre que se pone por encima de la vida para dominar, controlar o eliminar su proliferante singularidad. Por esta razón, en el relato humanista de Occidente, la diferencia se ha pensado siempre negativamente: en términos religiosos y éticos, como mal; en términos biológicos o psiquiátricos, como anomalía. El relato de la historia se ha construido con el modelo binario y jerárquico de una guerra de razas en la que la "civilización" debe vencer a "barbarie", aunque no está claro qué es lo uno y lo otro, ni quien lo designa. Así, preso de sus contradicciones y a contrapelo del proyecto emancipatorio que lo legitimaba, el relato maestro del sujeto moderno, en Occidente, parece conducir a la catástrofe y a la destrucción total de la vida.

Por esta razón, en el ámbito de los estudios críticos en torno a la animalidad se ha comenzado a cuestionar la pretendida superioridad del hombre sobre las especies que se consideran inferiores e, incluso, se ha puesto en discusión su derecho al dominio de aquellos cuerpos que convierte en objeto de su acción depredadora en el mundo. En este sentido, la teoría de los últimos decenios ha comenzado a postular un borramiento de los límites que separaban lo humano de lo animal, la normalidad de la anomalía, al tiempo que se ha comenzado a denunciar el antropocentrismo como un modelo que legitima el sufrimiento de los seres vivos y pone en peligro todo lo que está vivo. Paralelamente, tanto en las artes audiovisuales y la literatura, como en la filosofía, la antropología y la sociología del cuerpo o los estudios de género proliferan las concepciones e imaginarios que someten a crítica y rechazan el paradigma humanista falogocéntrico y la distribución binaria y excluyente del mundo que propone. Esto se observa, sobre todo, en aquellos estudios que colocan lo viviente, la animalidad, lo impersonal, la materialidad de la carne, lo informe, lo híbrido, lo mutante, lo monstruoso y el desvío, pero también lo onírico y el deseo, en primer plano. En estos imaginarios, el cuerpo se concibe como un artefacto de origen social y cultural, susceptible de modificación, deformación, reconstrucción, hibridación y/o reemplazo, y además se coloca en el centro de la reflexión al *Corpus-ego*, es decir, el ser humano como una subjetividad encarnada y precaria, en devenir y errancia.

Desde una perspectiva descolonial, en esta construcción moderna y eurocéntrica del cuerpo se hace patente la perspectiva de una subjetividad que estructura la mirada jerárquica que asimila el cuerpo a la mera naturaleza. Así se coloca, por un lado, la razón que investiga e indaga, y por otro, el cuerpo objetivado de tal investigación. Esta razón soberana que se auto-representa como neutral funda un orden colonial en el que la idea de "raza" se constituye en eficaz elemento de dominación, creando estereotipos identitarios sustancialistas que obvian que la "raza" es signo en los cuerpos de una posición histórica determinada y de una asimilación de esos cuerpos a un paisaje marcado geopolíticamente. Esta concepción étnica y racial ha sido decisiva para la remuneración del trabajo, para la aniquilación de la otredad y para ordenar en clases sociales a los habitantes de América Latina.

Las diversas figuras de esta corporeidad que pueblan la literatura y las artes visuales contemporáneas latinoamericanas son informes, mutantes, fantásticas, vulnerables, violentas y/o apasionadas y muchas ponen en el centro el deseo. Imaginan lo imposible y sueñan, pero también hacen evidente su dolor, sus heridas y la violencia que el poder ejerció sobre ella, vulnerándolas hasta convertirlas en seres inermes. Estas imágenes deconstruyen el paradigma humanista, y el ideal corporal concomitante, e irrumpen en la teoría, la literatura y las artes para discutir la idea de un cuerpo ideal definitivo, cerrado a la diferencia y normal que sería el único con derecho a la vida y al futuro. Los modelos interpretativos que se desprenden tanto de la teoría y la crítica como de las producciones artísticas y literarias contemporáneas exhiben la dialéctica ininterrumpida entre la forma y lo informe que caracteriza lo corporal y denuncian, la crueldad y la colonización de los cuerpos que las necropolíticas ejercen sobre la vida escribiendo su lenguaje violento en la carne (del mundo y de los individuos) disciplinándola o aniquilando toda posibilidad de vida diferente.

En la historia contemporánea, hay unos cuerpos parlantes que deben desecharse para que otros cuerpos logren una vida plena. Esos cuerpos enajenados, refugiados en el discurso de la locura, o inclasificables en tanto transgéneros que no cumplen con los requisitos de la verdad del sexo; sin patria y sin lugar, extranjeros y a la deriva; zombis espectrales y seres humillados, o condenados a la miseria, son la anomalía que la máquina de demarcación de la cultura no deja de construir y expulsar al afuera de la sociedad. Por ello, la materialidad corporal puesta en el centro de la experiencia artística y el pensamiento se vuelve espacio de crítica y hace presente todas aquellas formas de vida que hoy parecen no merecer ser protegidas ni su pérdida lamentada pues son los innumerables del sistema.

La selección de los presentes trabajos de crítica literaria y artística que participaron en las "II Jornadas Internacionales Cuerpo y Violencia en la literatura y las artes visuales latinoamericanas contemporáneas", realizadas en la Facultad de Filosofía y Letras en el año 2019, y organizadas conjuntamente por la Universidad de Buenos Aires, la Universidad Goethe de Frankfurt del Meno y la Universidad de Varsovia dan cuenta de los modos diversos en los que la cultura figura la relación entre el cuerpo y la violencia. Esos artículos se han organizado a partir de dos núcleos temáticos: 1. "Cuerpos heridos: vulnerabilidad, deseo y locura" y 2. "Cuerpos indisciplinados: resistencia y heterotopías"

1. Cuerpos heridos: vulnerabilidad, deseo y locura

En la primera parte de este libro, la presentación del escritor y crítico literario argentino Martin Kohan aborda el análisis de las relaciones entre sexo, terror y política en *La alfombra roja* e *Informe bajo llave* de la escritora argentina Marta Lynch. En ambas novelas, estudia la seducción del poder, en la doble valencia del genitivo: la seducción que el poder ejerce sobre la narradora, por una parte, y por otra, la seducción que ella misma ejerce sobre los hombres de poder. En el caso específico de *Informe bajo llave*, el poder se materializa a través de la figura de Eduardo Emilio Massera, integrante de la Junta Militar durante la última dictadura en Argentina y responsable primordial de los horrores del terrorismo de Estado.

Dentro del mismo eje, el escrito de Katarzyna Moszczyńska-Dürst tiene como objeto de análisis la novela autobiográfica *Por qué volvías cada verano* de la argentina Belén López Peiró. Su trabajo se centra en las estrategias discursivas que utiliza la autora para revelar cómo se produce literariamente la reelaboración comprometida del "yo", con la forma de la confesión testimonial y de qué manera, en ella, se da voz a un cuerpo vulnerado y herido por el abuso, para convertir la escritura en herramienta política y manifiesto en contra de violencia de género.

Por su parte, Karen Genschow propone el estudio de las diferentes puestas en escena de la figura de un torturador arrepentido y confeso en 1984, durante la dictadura en Chile. Para ello, parte de una entrevista original, de la aparición ficcionalizada de este personaje en una serie de televisión y de un libro docu-ficional de la escritora chilena Nona Fernández. El objetivo del trabajo es dilucidar cómo se representa en cada caso este personaje ambiguo, sobre todo en términos éticos, explorando y poniendo a prueba la noción de testimonio, pensada desde la perspectiva del perpetrador, pero también la idea de memoria.

El trabajo de Reindert Dhondt indaga el nexo entre hermosura y violencia en la novela *La Casa de la Belleza* (2015) de la escritora colombiana Melba Escobar. La trama narrativa gira alrededor de un caso de feminicidio. A través de la historia, que puede leerse como una crítica de las novelas negras y de las narconovelas que someten a la víctima femenina a una mirada masculinizada – voyerista y erotizada – y normalizan la cosificación del cuerpo femenino, se analiza la dimensión simbólica y biopolítica de la belleza, en particular la representación del cuerpo sexuado, generizado y sexualizado, a través de su codificación en la cultura colombiana y el culto por la estética corporal, que exalta e impone un tipo concreto de belleza corporal.

Dominika Jarzombkowska, en su análisis, aborda la dimensión sociopolítica del género de terror, cultivado por la argentina Mariana Enríquez, y los usos de distintas psicopatologías, mayoritariamente femeninas, en *El peligro de fumar en la cama* (2009) y *Las cosas que perdimos en el fuego* (2016). El punto de partida del artículo está dado por las representaciones de los cuerpos "omnipresentes" en el relato *gore* (mutilados, hedientos, heridos) y, al mismo tiempo, la llamativa ausencia de otros cuerpos: los cuerpos de los victimarios. Estos cuerpos ausentes se relacionan con historias ausentes y, sin embargo, palpitantes, subterráneas, que se asoman a la superficie del cuento a través de las que la autora del trabajo denomina "palabras-heridas".

Finalmente, Alicia Montes, desde la perspectiva de la lógica borrosa, analiza en *Matate, amor* de Ariana Harwicz los dispositivos narrativos y la forma estética que se utilizan para contar las transformaciones desorganizadoras de lo familiar que suscita el deseo de una mujer, que se siente aprisionada en la trampa de una serie de instituciones sociales (el matrimonio, la maternidad, la familia). Estas instituciones se revelan en el relato como el efecto de una lógica aristotélica binaria reproductiva, excluyente, opresiva y siniestra (*unheimlich*) que estandariza y codifica las relaciones familiares. La voz visceral de la narradora cuenta una historia de desamor y violencia desde un lugar fronterizo en el que cuerpo se desgarra hasta el límite de la muerte y de la locura, en el intento paradójico de ser parte de una familia y huir de ella sumergiéndose en la impersonalidad de lo animal.

2. *Cuerpos indisciplinados: resistencia y heterotopías*

En este segundo tramo del libro, Roland Spiller lleva a cabo una lectura de *2666* de Roberto Bolaño, que pone el acento en la figura del escritor como espacio de reflexión sobre la literatura, en aquellas sociedades marcadas por la violencia. El escritor protagonista, Hans Reiter, es un escritor-alga, cuyos buceos corresponden, en el nivel simbólico, a los sueños, pero a nivel de contenido despliegan los registros del cuerpo interior – las emociones, fantasías, deseos – en relación con su materialidad corporal vulnerable. Reiter es un personaje híbrido, en forma de alga, por un lado, y de estatura gigantesca, por el otro lado. Asociado a una serie de sueños que exponen el dualismo entre cuerpo y alma e indica los límites y las correlaciones entre corporalidad y espiritualidad. Esta operación narrativa es leída en el trabajo como la materialización de formas mediadoras entre biopolítica y psicopolítica.

Mónica Bueno parte de la idea de que la vida y la literatura son, para Macedonio Fernández, lugares de la "terapéutica" del alma y del cuerpo. Señala, en este sentido, que su *erlebnis* tiene un parentesco directo con los ejercicios "espirituales" de los helenistas para los que la filosofía es, antes que nada, un modo de vida, y que su sentido de experiencia se construye como experimento cuidado y detallado sobre el cuerpo y la mente, pero, también, sobre el desacuerdo entre las emociones y las pasiones. Estas tecnologías dan sus frutos y constituyen, como en los estoicos o en los epicúreos, ejercicios espirituales sobre el despojamiento del yo, la pérdida de las certezas o los modos de describir la enfermedad del cuerpo y el alma.

Marie Audran, a su vez, analiza *Le viste la cara a dios* de la escritora argentina Gabriela Cabezón Cámara, relato que transforma a "La bella durmiente" pasiva del cuento maravilloso en una *Beya* vengativa que se ubica en las redes de trata. En este sentido, la investigación se interroga acerca de la reversión que va desde la figura de la cautiva a la figura de la emancipada, quien reconfigura la relación entre cuerpo y violencia al volver esta última un acto autodefensivo y generar una praxis somática transcorporal emancipadora. Audran indaga en "lo somático" como paradigma alternativo para aprehender el cuerpo pensándolo como "ética marcial de sí mismo", "praxis de resistencia" y "salida extática" de la inercia del cuerpo colonizado. En este sentido, se pone en el centro la agencia de lo corporal que se desarrolla en la toma de consciencia de lo desconocido, de lo involuntario, de las funciones o sensaciones, para reconfigurar y superar los binomios activo-pasivo, mente-cuerpo, realidad-ficción, sueño-acción con el objetivo de concretar una praxis de resistencia y de liberación.

El artículo de Agnieszka Flisek aborda la tensa relación que se establece en *Jamás el fuego nunca* (2007) de Diamela Eltit entre el discurso marxista –el hipotexto más importante de la novela- y el cuerpo. La corporalidad, en sus límites materiales perecederos, en sus sensaciones físicas de las emociones y del dolor, no cesa de provocar y de producir gestos de desobediencia ante la racionalidad marxista que sustenta la concepción de subjetividad militante setentista y que, lejos de ser experimentada como desalienante y emancipadora, resulta ser anuladora de la vida concreta y del cuerpo sintiente, único e irrepetible.

Alejandra Adela González, por su parte, pregunta en su trabajo si son concomitantes *especismo* y *humanismo*, como propuestas políticas y/o éticas. Plantea, para ello, el debate en relación con la diferencia entre animal y humano que ha recorrido la historia del pensamiento biológico, filosófico y teológico. En este sentido, su objetivo se enfoca en demostrar cómo toda ética humanista o política preservacionista lleva implícita una impronta de superioridad ontológica de lo humano, de la que derivan los rasgos sexistas, racistas y clasistas que están supuestos en las éticas clásicas cuando organizan la jerarquía de los seres. Este planteo servirá de marco a la propuesta del texto: la lectura de un relato de ficción, "Mi tío el yaguareté" del escritor brasileño Joao Guimarães Rosa, como manifiesto *antiespecista*, en la línea del perspectivismo amerindio, y como propuesta antihumanista, pensada en términos cosmopolíticos.

María Cristina Ares cierra este volumen con el análisis de dos exhibiciones visuales colectivas en homenaje a Eva Perón, que inauguran un pliegue barroco en diálogo con la literatura argentina contemporánea centrada en su figura. El artículo observa en este material dos aspectos: por un lado, un plegamiento especular propuesto como el velamiento de una desfiguración y, por otro, una mirada oculocéntrica que dominan el tejido de contemplaciones cruzadas entre el busto de Evita y el despliegue de sus múltiples versiones visuales. En el primer caso, la investigación reflexiona sobre la muestra *Evita de colección* en diálogo con dos parejas literarias con las que se concreta una relación especular: Evita y su amiga Aurora en *Eva. Alfa y Omega* de Aurora Venturini; y Eva Perón e Isabelita en "La patria peronista" de Daniel Guebel. Esta sección analiza también la obra de Nicola Costantino *Eva. El espejo*, una instalación en la que el reflejo de una Evita encarnada por la misma artista opera como espectro proliferante. En el segundo caso, los bustos de Eva establecen un diálogo entre *Los bustos de Eva* de Carlos Gamerro y un recorrido por los del polémico *Eva Perón, arquetipo símbolo* de Sesostris Vitullo hasta la muestra *Atlas Evita*, pasando por el de Enzo Giusti y por las réplicas de Marcos López. Las reflexiones finales del trabajo tienen por objeto el análisis de los formatos "atlas" y "colección" con los que se han presentado las últimas muestras colectivas en 2019, en el que se ha conmemorado política y artísticamente el centenario del nacimiento de Eva Perón.

Coda

La portada del libro pone en el centro un aguafuerte, *Perder el paraíso* (2020), de la artista visual argentina Marina Rothberg. La obra propone una imagen compleja y paradójica en la que las especies (vegetales, animales, seres humanos) se entrelazan a modo de filigrana y confunden sus cuerpos. Sin embargo, esa contaminación de formas entretejidas en un *continuum* está sometida a un orden jerárquico que inserta la violencia en ellas y las des-integra. Esa violencia está figurada a través de dos elementos. Uno es una soga que va tejiendo su cerco sobre algunos cuerpos capturados y los somete a la linealidad, al mismo tiempo que los obliga a una marcha que los separa y los pone por encima del resto en su tránsito a "lo humano", mientras sostiene el cuerpo de un hombre colgado de sus brazos a modo de títere o de condenado.

El otro elemento visible en la imagen es la sinécdoque de un cuerpo que aparece en posición dominante por su tamaño y por aprisionar la soga que se enrosca como una serpiente en uno de los antebrazos y en una de sus dos manos. Esas dos manos manejan los hilos de un hombre-marioneta y sugieren la presencia de un poder disciplinador no visible del todo que ordena los cuerpos según normas binarias. Sin embargo, la imagen también admite un pensamiento teológico, por la diferencia de escala respecto del resto y porque pertenecen a un cuerpo que se extiende más allá del encuadre y parece habitar en el campo ciego del aguafuerte. Así, aquello que la obra no figura podría interpretarse como irrepresentable en su plenitud y exceso, como si esas manos encarnaran el signo de una divinidad sublime y aterradora.

Señales de laboriosidad y del poder transformador del hombre sobre el mundo y sobre sí mismo, las manos aparecen, a la derecha de la imagen, en función de dominio depredador, como indicando que poseen el derecho soberano de convertir el complejo, intrincado y contradictorio proceso de mutaciones naturales que es la vida en herramienta de su supremacía. Destruirla y sojuzgarla le cabe a quien ha construido un orden según el cual es el dueño absoluto de todo y el vértice del sistema. Engaño feroz del animal-artista que sabiéndose el más débil, pues carecer de raíces, de armadura natural, de garras o de colmillos, ha creado esta ficción que le permite prevalecer sobre el resto al costo de poner en peligro la existencia del planeta que habita.

Expuesto en su debilidad de títere y condenado a vivir en ese mundo que él mismo ha sometido a la violencia, desnudo, inerme ante los poderes anónimos y sin rostro que lo sobrepasan, dictando su destino, cuelga separado del resto de lo viviente. Ese magma indiviso de especies, plantas, animales y seres humanos convoca el concepto de *Uno* primordial nietzscheano. *Perder el paraíso* parece declarar que el Ser (lo viviente impersonal) es uno, que los individuos se hallan mezclados y confundidos entre sí en un reino en el que el pasado y el presente conviven no sucesivamente.

En una escena del filme de Andrei Tarkovskij *El sacrificio* (1986), en blanco y negro como el aguafuerte de Rothberg, el personaje principal, Alexander, monologa sobre los efectos nefastos de la intervención del hombre sobre lo viviente, ante María, la mujer que tendría el poder de revertir el desastre inminente del mundo, una tercera guerra nuclear. Le narra, en medio del miedo visceral que lo atraviesa, cómo su madre enferma y muy cerca de la muerte se sentaba a ver desde la ventana su jardín, que tenía la exuberancia y el desorden de una vegetación que crecía sin racionalidad, según los dictados de la naturaleza. Para hacerla feliz, y como último gesto de amor hacia ella, se pone a arreglarlo: poda, corta y emprolija la inextricable maraña de las plantas. Cuando termina y observa la obra realizada desde el mismo lugar en que lo hacía la madre, se pregunta con angustia: "¿Adónde se había ido toda la belleza de ese jardín... todo lo natural? Fue repugnante". La belleza del mundo sigue leyes propias y la intervención del hombre sobre ella, la mutila, afea y empobrece porque los seres humanos desconocen la lógica inaprehensible del devenir, solo pueden parodiarla.

De la misma manera, las manos, que en el aguafuerte arrancan los cuerpos de ese *continuum* vital del que forman parte, evocan el principio de individuación, doloroso y desgarrador, que anuncia un futuro ser discontinuo, en perpetua nostalgia de la continuidad perdida de la que fue arrojado. El hombre, un particular (varón) convertido en universal (ser humano), suspendido de la soga, no se resiste a su separación del espacio fluido de lo viviente, como si supiera que es inevitable despertar a la finitud para entrar en la historia.

En una suerte de mito del paraíso terrenal invertido, el aguafuerte de Marina Rothberg exhibe los efectos negativos de la civilización y muestra a modo de reliquia un mundo perdido. Ese mundo perdido emerge, no obstante, como posibilidad latente en el espacio heterotópico de la literatura y las artes, que ponen en primer plano las formas plurales de lo viviente para que ellas nos miren.

María Cristina Ares & Alicia Montes

Cuerpos heridos: vulnerabilidad, deseo y locura

Una historia de amor, de terror

Martín Kohan
Universidad de Buenos Aires

Sabemos de esos frecuentes emprendimientos críticos, tan notorios como necesarios, destinados a recuperar (o más enfáticamente: a rescatar) del olvido o del relegamiento a ciertas escritoras, sus libros, sus literaturas., Bien puede tratarse, para el caso, de una postergación conyugal (la de Silvina Ocampo por Adolfo Bioy Casares, la de Sara Gallardo por Héctor Murena, la de Norah Lange por Oliverio Girondo) que la crítica literaria por alguna razón dio en prolongar, o de una postergación sin más, como la de Elvira Orpheé o la de Hebe Uhart.

Menos atendida, según creo, ha sido empero otra circunstancia, que es también por demás evidente: el hecho de que se ha asignado sostenidamente, siempre a una escritora, un centro de visibilidad literaria por demás destacado, el del mercado y sus derivaciones (figuraciones públicas y récords de ventas). No es que una cosa sea la compensación de la otra, y hasta puede ser, si se quiere, su complemento; pero se trata, en cualquier caso, de otra cosa, es otra clase de mecanismo el que se activa. Es sencilla la constatación en la literatura argentina del último medio siglo: en los años '60, Beatriz Guido; en los años '70, Silvina Bullrich; en los años '80, Martha Mercader; en los años '90, María Esther de Miguel; en la contemporaneidad, Claudia Piñeiro; en la actualidad, Samanta Schweblin.

La fama refulgente del bestsellerismo ha reservado desde hace mucho un lugar estable destinado siempre a una mujer.

A ese linaje, si es que es un linaje, pertenece Marta Lynch. Sus libros merecieron, desde un comienzo y con pocas excepciones, grandes tiradas y prontas reediciones; en los comercios de despacho de libros sus novelas registraban decenas de miles de unidades vendidas, muy por encima de la media general. Marta Lynch era, además, muy conocida; aparecía muy a menudo en la televisión o en las revistas de interés general, ya fuera entre otros escritores sabidos por el gran público (Borges por lo pronto, o Manuel Mujica Láinez) o ya fuera directamente entre figuras del espectáculo (como Susana Giménez, actriz, o Carlos Monzón, boxeador).

Su suicidio, en 1985, fue tapa de los diarios.

Cuando se piensa en la relación entre literatura y política, y se lo hace de manera insistente, no se piensa mayormente en Marta Lynch. Su primera novela, sin embargo, *La alfombra roja*, publicada en 1966 con un éxito inmediato y clamoroso, pone el foco ni más ni menos que ahí. Las referencias concretas, aunque desplazadas o difuminadas, resueltas en nombres inventados o diluidos en una premeditada imprecisión, se reconocen y se restablecen al instante: se trata de la campaña presidencial de Arturo Frondizi, que ganaría las elecciones y subiría al poder en 1958. Esa elección fue importante por varias razones; por lo pronto, por ser la primera después del derrocamiento del peronismo por el golpe militar de 1955 y verificarse con el peronismo proscripto; también por el hecho de que Frondizi se esmeró en convocar para su proyecto a un grupo de destacados intelectuales, los nucleados en la revista *Contorno*: los hermanos David e Ismael Viñas, Oscar Masotta, León Rozitchner, Adolfo Prieto, Noé Jitrik, etc. (uno de ellos, David Viñas, plasmaría esa experiencia en una novela de 1962: *Dar la cara*). Sin pertenecer a ese grupo, ni a ningún otro, Marta Lynch se las compuso para habitar el entorno del frondicismo, rondar al candidato, circular entre sus militantes y sus asesores, estar ahí, figurar (estar y figurar: dos pasiones de Marta Lynch).

En *La alfombra roja*, el apellido Frondizi se ha trocado por el fictivo apellido Rey, que subraya con su impronta monárquica la cuestión del dominio y del poder. Porque de eso se trata, precisamente: del fervor de dominio y de poder que impulsa el accionar de Rey. Imponerse, prevalecer, someter, obtener adhesiones plenas, obtener entregas totales: así construye poder político el candidato, así llegará a la presidencia. La novela sugiere polifonismo, pero es un polifonismo engañoso: hay distintos narradores y distintos puntos de vista, pero todos narran igual, la lengua es la misma en todos. La voz de Rey predomina en la narración, tal y como Rey predomina en lo narrado. Esas voces no se multiplican, no proliferan;

se acumulan piramidalmente para encumbrar y sostener a Rey. Rey exige lealtades, pero no vacila en traicionar, si hace falta. Rey exige incondicionalidad, pero desprecia a los incondicionales. A Rey todo el mundo lo ama. Pero Rey destruye a quienes lo aman.

Marta Lynch demuestra conocer así no sólo cómo es que se construye poder, sino también cómo es que el poder destruye (y destruye, no ya a los enemigos, los rivales, los opositores; sino aun a los cercanos, a los adherentes, a los seguidores). Rodeado todo el tiempo, Rey está todo el tiempo solo, porque la soledad es la expresión en verdad más genuina de la ambición de poder (Rey es rey, y rey hay siempre uno solo). Se trata de dominar, por cierto, pero también del placer de dominar (el "placer casi físico" de estar solo y de elevarse por sobre la multitud); y también está ese factor destructivo que es intrínseco al poder de Rey.

En *La alfombra roja*, las mujeres ocupan un lugar fundamental, en principio bajo una impronta política (la de la "rama femenina" del proyecto). Pero esa colocación se amplifica en las correlaciones o las disonancias, en las resonancias o en las bifurcaciones, de la política y el amor. Rey, entregado a pleno a la política, luce en lo amoroso más que nada prescindente: sacrifica a su mujer, es amante sin amor; es casto o reprimido; puede vencer la tentación de las mujeres, porque lo cierto es que no le importan. La política prevalece, y el amor se vuelve apenas un término de comparación disminuido, como en la afirmación de que el goce de dominar a la multitud es superior al de poseer a una mujer.

Esa reiterada abstención amorosa por parte del personaje principal de la novela no impide (al contrario: quizás lo propicie) que Marta Lynch elabore en *La alfombra roja* una trama en la que amor y política se entrelazan o se superponen. En efecto: Rey prescinde, se niega al amor o lo afronta con calculado desapego. Pero no por eso deja de producirse un juego de correlación variable entre una cosa y la otra. Después de todo, y precisamente porque a Rey lo define el desafecto, la forma en que posee a una mujer remite a la forma en que busca dominar en la política; la forma en que logra darle miedo a una mujer remite a la forma en que logra intimidar en la política; la forma en que traiciona a una mujer, en lo amoroso, anticipa la forma en que traicionará a su electorado, en la política. Su indolencia erótica es lo que habilita que las mujeres no sean en su vida más que instrumentos a utilizar políticamente; y aun el factor sentimental, en sí mismo, termina por ser ni más ni menos que eso: un recurso de utilización política. La soledad amorosa, que Rey elige (la elige y la sostiene por medio de un clásico matrimonio "frío"), se parece a su soledad política; y ambas se resuelven como instancias de poder. Rey no depende de nadie. Y así impera sobre todos.

Porque es, por lo pronto., esa misma distancia, esa misma indiferencia, es esa misma prescindencia hierática lo que cautiva a las mujeres y las pone a competir por él. Por él, por él mismo, ni siquiera por su amor, que se sabe desde un principio que no está en juego. Marta Lynch se ocupa a la perfección, en *La alfombra roja*, de la fascinación del poder, de la fascinación (erótica) que suscita el poder (político); de la atracción sensual del poderoso, por poderoso. Las inscribe en una circunstancia específica, en las tramoyas de una candidatura electoral, en la producción de un liderazgo político destinado a un gobierno democrático. La inscribe ahí, pero no la limitará a eso.

¿Lo personal es político, acaso? Por supuesto que no lo es (en esta escala de lo político, no lo es). Es Rey quien lo politiza, pero no habrá de politizarlo sino al precio de atemperar, contener, controlar, regular, reprimir, tanto los impulsos eróticos como los arrestos sentimentales. El riesgo en esto es uno solo: que el amor se le vaya de control ("Y todo el tiempo, mientras me poseía, tuve la impresión de que su placer se diluía en la ira por haber cedido" (186)). La pérdida de control, aun para el placer, lo enoja y le duele. De todas maneras, no le sucede casi nunca.

Aun para los más radicalmente convencidos de la muerte del autor (es decir, de la conveniencia de dar a los autores por muertos) y de la esterilidad crítica del biografismo como matriz explicativa (es decir, la preeminencia de la vida sobre la literatura), resulta difícil sustraerse de lo que la historia de Marta Lynch aporta en situaciones por demás singulares. Sus marcados virajes políticos no responden en rigor a otra cosa que a la disposición más bien frívola que ella asumía al respecto. "Su tendencia mimética con la política se debía más que nada a una cierta frivolidad", dice Cristina Mucci, su biógrafa (191). Le gustaba figurar: estar ahí, ser conocida. Pero le gustaba algo más: el poder. "El poder le fascinaba", sostuvo Félix Luna, quien la trató asiduamente (Mucci, 167)), no tanto para detentarlo ella misma (aunque ambicionó más de una vez que le dieran algún cargo, lo cual no ocurrió), como para rondarlo y merodearlo, para dejarse irradiar por él.

Carecía de formación política y aun de pericia en la materia. Pero se insertó, por pura decisión, en el círculo más próximo de Arturo Frondizi. No tenía ninguna función definida, pero estaba en todas partes. Cristina Mucci califica su relación con él de "tumultuosa y apasionada" (56): lo político y lo personal se mezclaron confusamente y cargaron el vínculo de ambivalencias, de equivocidades. Con la prepotencia de su encanto, Marta Lynch se codeó también (codearse es la palabra, ahí donde para hacerse un lugar se usan los codos) con el círculo intelectual del momento (sólo algunos años después, y para plasmar esta experiencia, publicaría su primer libro; hasta entonces no había publicado nada y acaso no había escrito nada tampoco).

Marta Lynch, está ligada a Arturo Frondizi, a fines de los años '50.

A comienzos de los años '70, otro líder político (el mayor), otro acontecimiento político (mayúsculo): al cabo de un extenso exilio forzoso, Perón emprende su regreso a la Argentina. El avión que desde Europa lo traía por fin al país, iba un grupo necesariamente selecto: comitiva, delegación, escolta. Entre ellos estaba Marta Lynch. No queda del todo claro cómo; sus lazos con el peronismo no parecían ir más allá de haber llorado junto con las mucamas el día en que murió Eva Perón. Y sin embargo, ahí estaba Marta Lynch, en el avión que traía a Perón, en su restringido entorno; pasó, claro, desapercibida, pero consta que durante el vuelo intentó porfiadamente (aunque, ay, infructuosamente) hablar de forma directa con él. La más llana inconsistencia ideológica y el más urgente afán de figurar se combinan para explicar la deriva irregular de estos recorridos, cambiantes y sorprendentes, a la vez que para evidenciar lo que permanece en ellos constante: el don de ubicuidad de Marta Lynch, su genio impar de entrometida, el saber arreglárselas siempre para estar cerca del poder político o para entrar en relación personal con quienes lo encarnan (encarnar es la palabra: poner en carne, volver cuerpo).

Marta Lynch era intensa, volátil, demandante, divertida; las andanzas políticas de su vida pueden resultar incluso coloridas. Esta historia, sin embargo (toda la historia, pero también ésta), se ensombrece a partir del golpe militar de marzo de 1976. Y es que Marta Lynch asumió un decidido respaldo a la dictadura militar de Videla y Massera, en diversas declaraciones y artículos periodísticos; su apoyo explícito al Mundial '78 consta en su aparición en la película "La fiesta de todos"; sus ataques contra los exiliados políticos, los que debieron dejar el país porque peligraban sus vidas, fueron fuertes y repetidos. La defensa de la dictadura convocaba así su fervor.

Pero a esto hay que agregar, y en un punto no sorprende, lo que fue su relación personal (y por personal hay que entender íntima) con Emilio Eduardo Massera: artífice primordial del aparato criminal montado por la dictadura, jerarca brutal del terrorismo de Estado, responsable activo del principal centro clandestino de detención y tortura, la ESMA[1]. Marta Lynch lo trató y lo frecuentó en esos años; escribió discursos para él y trató de vincularlo con otros escritores; lo elogió públicamente y se enredó con él sentimentalmente (Cristina Mucci, biógrafa de Lynch, dice que no puede asegurarse que esos amores hayan llegado a concretarse; Claudio Uriarte, biógrafo de Massera, sostiene que sí).

Con el regreso a la democracia, ya en el gobierno radical de Raúl Alfonsín, Marta Lynch se movió en los nuevos círculos, buscó su lugar en las nuevas circunstancias políticas (se ilusionó una vez más con alguna designación, algún cargo cultural de importancia). Se las arregló para figurar y hacerse notoria, como antes, como siempre; para su contrariedad, no obstante, debió aceptar que no se le perdonaran las posturas asumidas durante la dictadura.

[1] Escuela de Mecánica de la Armada. Fue un centro clandestino de detención durante la dictadura argentina.

Si *La alfombra roja* fue la novela de su relación personal con Frondizi, habría una novela también para su relación personal con Massera: salió en abril de 1983 y es *Informe bajo llave.*

Todo empieza con el pedido de un libro. Vargas (aquí Massera se solapa en Vargas), acaso por esnobismo literario, pide un libro autografiado por Adela G. Y así es como los dos se encuentran y se conocen ("Hablamos de lo mucho que le gustaban a Vargas aquellos libros míos, seductores. La mano me temblaba cuando firmé" (14): seducir, gustar, un cuerpo que tiembla: desde el comienzo, y por un libro, ya todo el juego está planteado). ¿Quién avanza, a partir de este contacto inicial, hacia la historia de amor demencial que va a desarrollarse a lo largo de estas varias decenas de páginas? Avanzan los dos. Los dos, sí, porque el entusiasmo es mutuo: "Ese entusiasmo –mutuo- fue en aumento hasta que el erotismo (ingrediente familiar y agresor) se instaló en nuestros gestos y palabras" (114). La novela registra tanto las iniciativas de Vargas ("el propio Vargas me hizo saber que NECESITABA verme" (38. Mayúsculas en el original) como las iniciativas de Adela ("Necesité verlo a toda costa" (30)); se atraen y se anhelan los dos. *Informe bajo llave* no se asemeja en esto a, por ejemplo, *En el tiempo de las mariposas* de Julia Álvarez, con la terrible historia de Trujilllo con las hermanas Mirabel; el poder y el sometimiento operan, sí, y tremendamente, pero la mujer no es nunca un objeto a merced del hombre, ni siquiera del dictador. Adela avanza, seduce, se muestra audaz, lo es; Adela persigue, desea, se hace desear.

Por supuesto que la posición de poder corresponde ante todo a Vargas, en parte en base a su poder político, a su condición de hombre fuerte (del régimen). Este hombre poderoso es quien dispone, en razón de serlo, los tiempos de los encuentros, los momentos y su duración; lo cierto es que llega a funcionar como un Dios ("Dios estaba colocado –como otrora- en el extremo opuesto del hilo telefónico"); o mejor dicho como una "divinidad atroz" (156), hasta llegar a ejercer en el vínculo algo como una "furiosa tiranía" (74). Adela, fascinada, espera, queda pendiente, soporta, se somete; en lo que ella misma llama "la sumisión letal" (99), por lo que ella misma admite: "Cada día que pasaba sin ver a Vargas se convertía en un suplicio" (105), con la oscura torsión que ella misma define: "Nadie se hubiera explicado cómo una mujer joven podía ambicionar ese trato de amo a perro, pero si me privaban de él sin duda estaría hundida en la depresión más tenebrosa" (270-1). Vargas, el poderoso, se impone y prevalece. Pero si la máquina narrativa de *Informe bajo llave* activa una historia verdaderamente tortuosa, es porque Adela, la sometida, sin dejar del todo de serlo, ofrece a su vez sus resistencias, encuentra también un poder a su alcance, puede hasta intimidar a Vargas, puede llegar hasta a darle miedo: "Vargas me amaba, muerto de miedo" (90) (¿Miedo a qué? Lo dice él mismo, y se lo dice a ella, que ante eso se sentirá halagada: "miedo de que me alcanzaras, de que finalmente (balbucea, se confunde) me tomaras del todo" (114)).

Este intercambio oscuro de poderes y temores (que lo es aunque en disparidad, que lo es aunque sin simetría), este juego complejo de sometimiento y de sumisión en el que las posiciones no quedan fijas (sin ser por eso exactamente intercambiables), cobra todo su espesor siniestro en tanto que la política subyace a todo, envuelve todo. Son los tiempos de la represión y eso Marta Lynch lo registra: Adela teme, en un principio, caer en el colaboracionismo, pero no tarda en desechar la cuestión; Adela le menciona a Vargas "sin motivación aparente, mi dolor por los desaparecidos y los muertos" (23) y le pide "por la suerte de dos o tres amigos" (23), pero deja que el tema se diluya sin abrumarse demasiado por eso: no va a volver al asunto ni va a esperar de veras una respuesta a su pedido. La historia de amor va creciendo y desplaza, en la novela, la presencia de la tragedia política. Puesta, hacia el final, ante la disyuntiva, Adela elige el amor, Adela elige a Vargas, y traiciona a esos viejos amigos militantes políticos cuya lucha ya había de todas formas descalificado como un "confuso empecinamiento" (176).

En *Informe bajo llave*, la política no figura como un trasfondo de realidad histórica para el transcurso de la historia de amor; tampoco entrarán, la historia de amor y la política, en una correlación de figuración alegórica. Se trata de algo distinto: la historia de amor, oscura y retorcida, va desplazando y va tapando las marcas de la situación política. Pero lo que termina sucediendo entonces es que las marcas de la situación política reaparecen (en una especie de retorno de lo reprimido que vendría a ser también, por lo tanto, un retorno de lo represor) en los términos del relato amoroso. La historia de amor se cuenta con el lenguaje del miedo ("Sentí miedo de que los minutos pasaran con demasiada rapidez como la visita toda" (23)), el de la aparición y la desaparición ("Aquel personaje que absorbía mis pensamientos aparecía y desaparecía (sobre todo desaparecía, a decir verdad)" (71), "Desaparecía más bien pero nunca del todo" (71), "Desaparecía en forma tan perfecta tal como si se hubiese conseguido para sí una muerte reversible" (134), "no había forma de imaginar la vida sin Vargas y su desaparición hubiera equivalido a mi exterminio" (137), "Pero así como había desaparecido, reapareció" (279)), el de la tortura : "Algo debe quedar de todo ese potro de tormento al que permanezco atada" (69), "cada día que pasaba sin ver a Vargas se convertía en un suplicio" (105), "mi tortura no terminaría en mucho tiempo" (248), "Estaba sentada junto a la picana eléctrica del teléfono" (183), "el teléfono en silencio puede ser una de las mayores torturas de un enfermo" (267)). ¿Son metáforas? Son metáforas, sí, evidentemente. Pero metáforas que quedan peligrosamente cerca de los sentidos literales: de las torturas y los desaparecidos de verdad. Porque el sufrimiento de esperar un llamado telefónico podrá verse comparado con una tortura, y el teléfono mismo, por ende, con una picana; pero fuera del informe, ahí donde Vargas es Massera, hay picanas de verdad torturando cuerpos de veras: Y ese tiempo doloroso del no saber nada de Vargas permite hablar de él como desaparecido, uno que de pronto aparecerá; pero fuera del informe, ahí donde Vargas es Massera, es él quien decide las desapariciones, las desapariciones de verdad, y sin reaparición ni vuelta en gran parte de los casos.

De ahí que el significante del terror, bajo modulaciones diversas, atraviese el texto entero: le sirve a Marta Lynch para expresar locura ("Ya con desesperación, loca de terror" (16)), espera y anhelo ("la mirada que contenía iguales dosis de terror y de ansiedad" (93)), opresión amorosa ("Nada puedo hacer. Sólo librarme –amistosamente ya- del terror" (152)), aprensión sexual ("Tenía terror del contacto de su sexo" (195)). Ese otro terror, el que el Estado represivo está instrumentando con el propósito bien definido de paralizar a la sociedad, consta de manera general en *Informe bajo llave*: "Corrían historias terroríficas", se dice por caso; pero no va a concretizarse sino en su inscripción en la relación singular de Adela y Vargas: en ese amor de terror. De ahí que no puede decirse que la fábula amorosa simbolice o ilumine el afuera del terror político; más bien la subsume en sí, la disuelve en sí, la reduce y fagocita, la anula y la reconvierte. Al punto de que puede ser el propio Vargas el que siente terror, terror a una desaparición; no a una de las miles que él decide como criminal de Estado que es, sino a la de la pérdida amorosa sin más: "Le daba un gran terror que yo desapareciera" (158).

Cuando Marta Lynch escribe: "Y yo confundo la aventura personal con la colectiva" (72), no habría que entender entonces que confunde porque une o mezcla, sino que confunde porque se confunde, porque nubla el entendimiento, porque no hace más que suscitar equívocos. ¿Qué puede significar, por caso, que la angustia de no ver a Vargas la haga pensar en la angustia de quienes buscan a los desaparecidos ("Es como llorar por un muerto cuyo cadáver no aparece" (104)), si esa comparación, en última instancia figurada, no la disuade de la espera y el deseo del perpetrador de las desapariciones reales? ¿Qué puede significar su equiparación personal con los torturados, en el momento de entrar en el dormitorio de Vargas ("Los torturados eran tan misteriosos como mi persona asomándose a su dormitorio" (123)), si no hará más que vaciar esa proyección hasta despolitizarla, al punto de anteponer su amor por Vargas a la opción de la lucha política: "Una estrategia desbaratada por mi cuerpo tan ansioso de Vargas como indiferente a toda acción política. Ningún custodio cuidó de Vargas con más celo" (277)?

No se trata, no, de una tensión entre la fascinación y el terror, porque no es otra cosa que el terror lo que fascina en *Informe bajo llave*. Y no se trata, tampoco, de algún síndrome de Estocolmo, de ese giro terriblemente complejo por el que la torturada llega a enamorarse de su torturador. Esa es la trama de *El fin de la historia* de Liliana Heker; pero no de *Informe bajo llave*. Porque en la novela de Marta Lynch el amor relega al terror en su sentido político, no es su siniestro emergente. La muerta es muerta de amor, el desaparecido es el amado que no da señales, la tortura es que el teléfono no suene. Amar a Vargas, extrañarlo, esperar su llamado, sufrir por él; si todo eso puede ocupar el lugar de la victimidad política, es porque antes la ha desalojado. No la convoca, la suple. No la denuncia, la suprime. La historia de amor, la fascinación del terror, no surge de la trama política; más bien la usurpa, tomando sus términos. Así como Adela, encontrándose a solas con Vargas, desiste prontamente (por no decir: de inmediato) de sus inquietudes por "los desaparecidos y los muertos" ("y no era el caso de hablarle de los muertos y de los enterrados" (40)), así la propia novela hace a un lado tales cuestiones para abocarse enteramente al mundo aparte (¿aparte de qué? Aparte de eso) de los enamorados. El terror, las torturas, las desapariciones no existirán más que en la historia de amor, no serán más que la historia de amor.

Pero esa historia de amor es con Vargas (es con Massera). Tiene por ende el sello del terror "Yo siempre fui parte del terror" (17), empieza diciendo Adela y tiene el sello de la clandestinidad (porque Vargas está casado, sus amoríos son solapados, porque Vargas es un hombre del poder, porque este poder tiene zonas oscuras, porque opera en lo clandestino). El vínculo de Adela y Vargas, su propia relación de amantes transcurre furtivamente, se encuentran con completo sigilo en horas y lugares encubiertos. Las relaciones de esta índole, en las que no se comparte la vida familiar, la vida laboral, la vida social, tienden a girar por eso mismo en torno de los encuentros sexuales. La historia de amor de *Informe bajo llave*, retorcida y macabra como es, se trabará especialmente en esa instancia, la sexual, la de poner los cuerpos en juego, la de involucrarlos en ese juego que, desde el vamos, está cargado de violencias y de miedos.

Nada más lejos de Marta Lynch que esa visión tan profundamente antifeminista (aunque propuesta a menudo, no sé por qué, en nombre del feminismo) que concibe a la mujer sometida por definición a los designios del hombre, a merced de los hombres, siempre inerte por pasividad ante su voluntad y ante su poder. Adela no se presenta así, ni siquiera frente a alguien como Vargas. En el juego de atracción, lejos está de ser objeto: también ella busca a Vargas, lo seduce, va por él. Y en el juego del erotismo, se resuelve a tomar iniciativas, conoce sus armas, las maneja muy bien: "No llevaba corpiño y mis moles le apuntaban tras la seda" (24), "se enterneció ante mi blusa entreabierta" (45), "elegía blusas y vestidos con maliciosa habilidad" (57). Adela dice expresamente: "quizá sería yo quien llevara la iniciativa o quien dejara hacer" (43). Y es que parece conocer muy bien el poder que de su cuerpo obtiene, el poder que ese cuerpo le da. Si existe algo así como una "ceremonia erótica" (22), queda claro que la maestra de ceremonias es ella. Ella es la que dirige las miradas de Vargas. Y ella es la que puede suscitar, con la sabia combinación de sedas y volúmenes, ese enlace entre visibilidad y tangibilidad (el que lleva de lo visual a lo táctil: el deseo de tocar aquello que se está viendo) que John Berger consignó con el surgimiento de la pintura al óleo. Esta disposición, este reparto de hecho en la toma de iniciativas, deja sus huellas en las palabras que emplea Lynch para narrar la primera vez que Adela entra en la habitación de Vargas: "penetro en la gran habitación" (38), "también Vargas mostraba penetrabilidad y entusiasmo" (38-9).

Queda dicho: ella penetra en Vargas, el penetrable. Y es que la firme resolución de Adela, con la potencia impar que asume una mujer que sabe gustar, que gusta y lo sabe, dará con ese manejo intrincado y turbio que es la sexualidad para Vargas. Porque Adela es sexualmente desenvuelta aún bajo la intimidación, aún bajo el terror; maniobra con su cuerpo, lo vela y lo devela. Vargas, por el contrario, frente a ella, pese a estar embelesado, o más bien en razón de estarlo, se traba, se enreda, se complica. El dueño del poder de los cuerpos (el que les da muerte o los deja vivir, los hace torturar o los hace desaparecer) no puede con su propio cuerpo, se embarulla en presencia de Adela. Marta Lynch retrata en Vargas a un hombre tosco e inhibido, producto de una vida en mundos de varones solos. De esa tanta timidez, por supuesto, sólo sabrá salir con violencia; es ducho en las relaciones con base en el sometimiento: de esos mundos de varones solos, como se sabe, salen siempre putañeros. Vargas tiene muchas mujeres, y Adela lo sabe; acierta al suponer que en circunstancias más impersonales y expeditivas, las que mantiene con esas actrices bien dispuestas o esas vedettes ya tarifadas que le suministran con puntualidad, Vargas es ese "Gran Macho inagotable" (73) que erige Marta Lynch.

Pero la historia de Marta Lynch es de Vargas con Adela. Y las cosas, con Adela, son bien distintas. Los encuentros con Adela son de un Vargas intimidado (prepotente e intimidado a la vez), son de un Vargas cohibido (cohibido y dominante a la vez). Es el Vargas penetrable que, frente al avance activo de Adela y su cuerpo ("Estaba persiguiéndolo. Lo acechaba con mi buena figura" (124)), recula y se feminiza: "Vargas parecía una mujer defendiendo su virginidad" (124), "coqueteaba abiertamente como si un hilo femenino saliera de aquel corpachón" (74). Con Adela es otra cosa, cede el Macho inagotable, cede o se agota en sí mismo. El trámite prostitucional que se despacha embistiendo un puñado de veces no asoma ni resulta posible. Adela lo perturba, Adela lo moviliza; le brota un miedo: involucrarse, no atinar a desprenderse de ella como mucho al cabo de un mes, según reza su reglamento erótico.

Vargas teme no poder dejar a Adela, si es que llega a acostarse con ella. Entonces no se acuesta. No se acuesta, pero tampoco la deja. Y éste es, en buena medida, el núcleo de la historia de *Informe bajo llave*: la historia de una histeria de Estado. En eso consiste, ante todo, ahí radica, la violencia de los cuerpos que detalla Marta Lynch: el amor-tortura, el sufrimiento, la enfermedad. Este es el primer martirio que se cuenta en la novela (el otro vendrá después), este es el conflicto nodal que se plantea a partir de Vargas. El hombre fuerte no arremete, no atropella, no se impone, no arrasa; el hombre fuerte va y viene, oscila, difiere, obra a medias, retacea. Ese es su "juego perverso" (65), el "juego macabro" que "no tenía visos de acabar" (77). La historia del poderoso que, en nombre de sus ocupaciones máximas y valiéndose de su posición, avanza y retrocede, seduce por reticencia, se apasiona con recato. Vargas es ambivalente, la suya es la "naturaleza oblicua" (97) de "quienes están perseguidos por un deseo ambiguo" (193) y actúa bajo una "fluctuación maniática" (143). Ambiguo, oblicuo, fluctuante, equívoco: "¿Cuándo empezaría a besarme? ¿A tocar mi cuerpo? No empezó" (50), "si yo avanzaba era gentil aunque firmemente rechazada" (85). El hombre fuerte no es frontal, sino oblicuo; no avanza ni aplasta: se ofrece y se escurre, alterna sinuosamente "dosis de rechazo y a la vez de entrega" (77), en una "dicotomía alocada" (140).

También esto es violencia, sí; y sobre el cuerpo. El cuerpo que se hace encender en el deseo para después desistir, diferir, mezquinar. Cuando Marta Lynch habla de tortura, cuando habla de tormento, cuando enuncia la trama amorosa con el lenguaje del terror, se está refiriendo a esto, ni más ni menos que a esto. El diferimiento como martirio: "Pero Vargas posponía" (81). La histeria pura del hombre de Estado: "El deseo se enciende cuando la mujer entra en retirada" (81), "era un individuo de libro, complicado. Si yo avanzaba, retrocedería" (242). Llegados a ese punto, que es el punto al que Vargas y Adela llegan, el punto donde permanecen, la violencia sobre el cuerpo puede consistir en no tocarlo. Encenderlo y no tocarlo. Desearlo, hacerlo desear, y no tocarlo. No tocarlo o, mejor, tocarlo apenas, tocar sin tocar: "Vargas y yo vivimos separados, casi sin tocarnos" (154), "los encuentros apasionados en los que ninguno de ambos se tocaba" (250), "apenas tocaba mi boca con su boca" (58). Y es que esta insatisfacción duradera, labrada perversamente por Vargas más por miedo que por intención, se vuelve ella misma un cuerpo, un cuerpo que ocupa otro cuerpo (el de Adela): "Ignoraba que la insatisfacción era el cuerpo que ocupaba toda la capacidad del mío" (85/6). El cuerpo de Adela es poseído por otro cuerpo, y no por el de Vargas, sino por el de la insatisfacción. Por su deseo, y contra su voluntad.

Sin esta violencia, la de la abstención, no se entendería la otra, la de la concreción. Porque habrá concreción, y será violenta. Al padecimiento de la postergación indefinida, plagada de vacilaciones y de miedos (y es que hay miedos también en Vargas), seguirá el padecimiento del fin de esa postergación. Habrá sexo, y será violento. Torpe y timorato primero, y violento después. Lo uno con lo otro: qué otra cosa, sino la violencia, le permitirá a Vargas salirse de las trabazones tanto físicas como afectivas que lo abruman. Por medio de este proceder prolongado y turbio, el deseo y la violencia dejan de ser instancias antitéticas. Se concreta por fin ese encuentro sexual que Adela tanto anhelaba. Pero no se ha de concretar sino como violación, porque la violencia es la forma que el deseo cobra en Vargas. Esa violencia, la de los cuerpos, se enuncia antes en palabras, en palabras no necesariamente violentas, como si pudiese existir incluso una histeria de violador: "Mi amor, estoy acostumbrado a violentar", dice Vargas (214), y luego dice: "Yo, mi amor, estoy acostumbrado a violar putas" (226). Es oblicuo incluso en esto, es fluctuante incluso en esto; porque dice "mi amor" (y no es irónico) al avisar de su costumbre en la violencia. Es feroz y ambivalente, tan ambivalente como la fórmula que propone Marta Lynch: "Era un violador furtivo" (192). ¿Cómo pueden conjugarse violación y furtividad? Tan sólo bajo la configuración que asume Vargas en la novela, tan sólo en la oscuridad que la escena íntima agudiza. Porque antes el "verdugo" es "amable y seductor" (41); porque dice: "corazón, debe irse en seguida" y suscita este desconcierto: "¿Cómo combinar el vocativo con la orden de partida?" (51). Porque de ese mismo modo consulta: "Amor mío, corazón mío, ¿nunca la han violado?" (59). Porque es macho y se feminiza, porque sus pasiones son recatadas, porque ama y odia a la vez. Bajo tales retorcimientos, violar no consiste en violentar el deseo (o el no deseo) de Adela, sino hacer que el deseo mismo pueda colmarse, como tal, de violencia.

No se trata de humanizar a Vargas, ni tampoco de comprenderlo. La de Marta Lynch es una historia oscura; la novela expone esa oscuridad, no la despeja, no la devela, no la resuelve; no nos calma con moralejas ni con aleccionamientos. La historia es tortuosa y la narración también. Pasados algunos intentos penosamente infructuosos en los que el acto sexual no se logra o se logra a medias, sucede finalmente, y sucede así: "él se afirmó y embistió. Sin acariciarme ni ocuparse de mí maniobró ciertamente con autoridad viril y explotó a mis espaldas, maldiciendo al aire" (217). La palabra víctima se reserva raramente para Vargas; la palabra derrota también; la palabra injusticia también. Se impone "la convicción de que en esa forma –en la violencia- todo sería mejor" (297). La declaración casi inicial de Adela, la de que "el monstruo está dentro de mi cuerpo" (41), cobra así un sentido doble: lo está, porque el perverso criminal entra finalmente en ella; y lo está porque lo monstruoso habita su propio cuerpo, es parte de lo que la hace desear.

La ficción le asigna a Adela un final de desaparición y a Vargas una muerte por accidente.

La realidad le reservó a Massera una muerte lenta en el Hospital Naval de Buenos Aires, el 8 de noviembre de 2010.

Y a Marta Lynch, el suicidio: el tiro que se pegó en la cabeza el 8 de octubre de 1985.

Bibliografía

Berger, John. *Modos de ver.* Eterna Cadencia Editora, 2019.

Lynch, Marta. *La alfombra roja.* Losada, 1972.
---. *Informe bajo llave.* Sudamericana, 1983.

Mucci, Cristina. *La señora Lynch.* Norma, 2000.

Autobiografías encarnadas, cuerpos vulnerados: *Por qué volvías cada verano* de Belén López Peiró

Katarzyna Moszczyńska-Dürst
Universidad de Varsovia

Cuando el "yo", en cuanto que sujeto hablante, intenta inscribirse en el "espacio biográfico" (Arfuch 2002), debe siempre tomarse a sí mismo como punto de partida. Sin embargo, pronto nota que –como "yo"– está involucrado en una serie de co-textos y contextos sociales que exceden sus capacidades narrativas y que nunca son individuales. De acuerdo con el pensamiento de Judith Butler, ningún "yo" puede "dar cuenta de sí mismo" (Butler 2009), ya que es incapaz de contar una historia de vida distinta a la historia de sus relaciones sociales, determinadas por una serie de normas impuestas e interiorizadas. De este modo, nuestras maneras de ver y vivir el mundo se ven afectadas por esas normas socioculturales que nunca hemos escogido. Si el sujeto autobiográfico, como cada sujeto, es un constructo social, su relato de vida no habrá creado un "yo auténtico" o una autoridad cabal de sí misma que exista fuera o antes del discurso o del proceso de la sujeción. Sin embargo, afirmar que el discurso produce ese "yo autobiográfico" no implica destituirlo como sujeto, sino que más bien ayuda a plantearse cuáles son sus condicionantes y de qué manera es posteriormente rearticulado dentro de las convenciones del género estudiado. Este planteamiento no le niega la agencia del sujeto, así como tampoco le resta responsabilidad moral; se trata más bien de una toma de conciencia que nos lleva a reflexionar de manera crítica sobre cómo un yo se produce y reproduce en el discurso (autobiográfico) y qué opciones tiene a la hora de apropiarse del conjunto de normas sociales o, al menos, cómo podría renegociarlas:

> La norma no produce al sujeto como su efecto necesario, y el sujeto tampoco tiene plena

> libertad para ignorar la norma que instaura su reflexividad; uno lucha invariablemente con condiciones de su propia vida que podría no haber elegido. Si en esa lucha hay algún acto de agencia o, incluso, de libertad, se da en el contexto de un campo facilitador y limitante de coacciones. Esa agencia ética nunca está del todo determinada ni es radicalmente libre. Su lucha o su dilema principal deben ser producto de un mundo, aun cuando uno, en cierta forma, debe producirse a sí mismo. (Butler 2009 33)

En este sentido, en *La vida narrada: Memoria, subjetividad y política* Leonor Arfuch (2018) nos confronta con un tema crucial para la autobiografía al plantear la cuestión del uso estratégico del yo en la creación de vínculos entre las prácticas discursivas y la situación material y corporal del sujeto que las produce y reproduce. Asimismo, la investigadora se pregunta cómo un yo podría relatarse a través de sí mismo –y de sus emociones, tan caras a los románticos–, sin hacerlo a expensas de otras historias y yoes y sin olvidarse de su compromiso político.

Dentro de la tendencia más general que cuestiona textos canónicos en cuanto que herramientas del poder, la desmitificación de la autobiografía clásica como género que privilegia al hombre blanco de clases dominantes (Anderson) deviene en la realización sobre su potencial político como herramienta de lucha por un mundo más justo. En palabras de Arfuch:

> Es bien reconocido el papel preponderante que ha tenido –y sigue teniendo– la autobiografía de mujeres –y, en general, la asunción de la primera persona en relatos de tinte confesional o testimonial– en la configuración del campo epistémico de los diversos feminismos, los estudios

> de género y de la diferencia sexual, y la redefinición obligada, desde esas perspectivas, de los conceptos de género, identidad, agencia y experiencia. (2013 95)

Teniendo en cuenta el carácter discursivo y performativo del sujeto que se autorepresenta, así como el compromiso político asumido por un yo marginado o violentado, podemos analizar las maneras en las que los sujetos autobiográficos pueden oponerse al poder que los construye como sujetos, o reconstruir las "promesas de la felicidad" (Ahmed) performativa que han impregnado su trayectoria.

Partiendo de estas premisas teóricas, estudiaremos las estrategias discursivas de Belén López Peiró (Buenos Aires 1992) en su novela autobiográfica *Por qué volvías cada verano*. La primera estrategia pre- y paratextual con la que nos topamos antes de comenzar nuestra lectura es el fuerte rechazo de la autora al concepto de (auto)ficción, en numerosos encuentros con el público lector organizados desde la publicación del libro en 2018, así como en sus intervenciones en la prensa, López Peiró insiste en que su texto pertenece a la no-ficción, forjando de este modo el "pacto autobiográfico" de lectura en la terminología de Lejeune.

De esta manera, ya desde el principio sabemos que la autora va a narrarnos la historia del abuso sexual intrafamiliar que padeció "cada verano", desde los 13 y hasta los 17 años. La autora, que no olvida la experiencia de otras mujeres que sufrieron abusos sexuales, rechaza ser categorizada dentro del género (auto)ficcional, convencida de que le arrebataría todo su potencial político. En su lugar, decide inscribirse en la categoría –y la tradición– de prácticas confesionales y lo vincula de entrada al procedimiento judicial que ha abierto en contra de su poderoso opresor. La nota firmada por Gabriela Cabezón Cámara, incluida en la contracubierta, así como la decisión editorial de incluir el texto en dos colecciones, "literatura feminista" y "novelas biográficas" (que figura en la anteportada) deben reforzar, asimismo, el anunciado "pacto autobiográfico" y el potencial político del texto.

La siguiente estrategia realizada al nivel pre- y paratextual consiste en la elección de la siguiente cubierta:

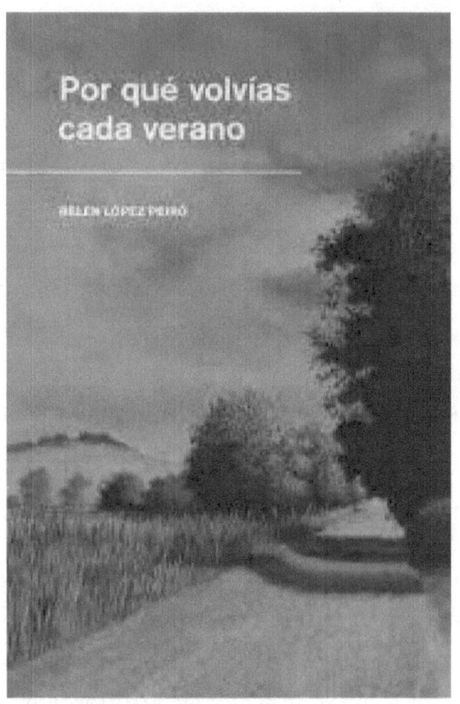

No es casualidad que se escogiese la ilustración de la entrada al pueblo de Santa Lucía, domicilio de los familiares de la autora y lugar en el que se produjo el abuso, que la misma López Peiró pintó a la edad de catorce años. La cubierta representa, como podemos observar, la naturaleza de manera idílica, pero refiere al fracaso de la "promesa de la felicidad" (Ahmed) y de la seguridad, codificada en los conceptos de "familia", "verano" y "campo". Así, a través de las prácticas pre- y paratextuales, la escritora se inscribe en los archivos de la infelicidad tan arraigados en la tradición "feminista aguafiestas" para confrontarnos desde el principio con la aberración máxima: el abuso sexual a menores de edad. Así, la autora nos advierte de los peligros que conlleva el no cuestionarnos nunca las promesas de la felicidad codificadas en el imaginario social colectivo.

Al analizar digitalmente la novela con el programa *AntConc*, descubrimos las palabras que con más frecuencia han sido utilizadas en el texto. Ello nos permite trazar y co(n)textualizar las normas sociales y las promesas de la felicidad recreadas de manera performativa. Tras excluir del listado las palabras funcionales, obtenemos los siguientes resultados: (55) casa, (36) hija, (48) año(s), (29) mamá, (26) provincia, (24) día, (22) tía, (22) víctima, (18) cama, (21) hablar, (19) ciudad, (19) declaración, (19) testimonial, (18) manifiesta, (18) ojos, (18) testigo, (17) interés, (17) mujer, (17) presente, (17) tío, (17) vida, (16) familia, (16) hermana, (16) pasó, (15) denuncia, (15) fuerza, (15) madre, (15) noche, (15) papá, (15) relación, (14) delito, (14) dolor, (14) fines, (14)fiscalía, (14) hechos, (13) causa, (13) miedo, (13) mierda, (13) pueblo, (13) venir, (12) culo, (12)hermano, (12) investigación, (12) judicial, (12) puerta, (11) adentro, (11) cargo, (11) dedos, (11) dormir, (11) juro, (11) ley, (11) mano. Como se puede observar, los términos que aparecen en el texto con más frecuencia remiten en primer lugar a la promesa de la felicidad familiar inscrita en la dialéctica centro-periferia (casa, hija, mamá, tía, tío, familia, hermana, madre, papá, hermano, adentro, ciudad, provincia, pueblo). No es, por tanto, un factor casual que "casa" – que se constituye en el texto a la vez como símbolo de la familia y el lugar del crimen– sea la palabra más usada, apareciendo hasta 55 veces en esta novela. Asimismo, los resultados apuntan de manera sintomática hacia la experiencia del abuso sexual y el consecuente procedimiento judicial en cuanto que nueva promesa de la felicidad, fundamentado en el "decir veraz" y la justicia (víctima, cama, hablar, declaración, testimonial, manifiesta, testigo, presente, pasó, denuncia, delito, dolor, fiscalía, hechos, causa, miedo, mierda, culo, investigación, judicial, cargo, dedos, dormir, juro, ley, mano).

Ahora bien, estando preparados para un texto confesional, al final nos llevamos una sorpresa: el principio de la novela parece ser fruto de las reflexiones teóricas sobre el género autobiográfico, frecuentemente acusado de ser un ejercicio de vanidad, narcisismo y olvido del otro (Arfuch, Anderson). Consciente de la tradición discursiva en la que se inscribe, además de los mecanismos de subjetivación antes mencionados, López Peiró nos presenta primero la voz de su tía, mujer del abusador, que no escatima en lanzar preguntas recriminatorias: "Y entonces, ¿Por qué volvías cada verano? ¿Te gusta sufrir? ¿Por qué no te quedabas en tu casa? Allá en Capital, cagándote de calor. Ah. No. Cierto que no podías, que no tenías a nadie para que te cuide" (López Peiró 7). De hecho, el párrafo entero – el único que aparece en la primera página y que va seguido de un gran espacio en blanco– recrea las recriminaciones de la tía ante las acusaciones de Belén. Parece muy significativo que la mujer le reproche a la narradora su conducta pese a que la "ayudaron" y le "dieron una familia". Una vez más podemos concluir que la familia se codifica como el bien supremo y "objeto feliz" por excelencia que, en este caso, requiere una desmitificación y desidentificación. De este modo, desde el mismo principio la novela nos invita a poner en cuestión dos fenómenos culturales de suma importancia desde la perspectiva de este artículo: las prácticas autobiográficas monológicas, por un lado, y el mandato de felicidad familiar obligatoria, por otro.

La voz de la tía no es sino una de las muchas que van a poblar las páginas de este libro; en efecto, la autora acude a una polifonía consciente que consigue a través de la inclusión de las voces paternas junto con las de su hermano y sus primas, la de los médicos y abogados e, incluso, aquella de su abusador. Dichas voces rememoran de manera fragmentaria sus recuerdos y muestran su posición frente a lo denunciado, llegando a lamentarse en algunas ocasiones de su incapacidad para interpretar las señales corporales y discursivas de lo ocurrido, reprimiendo la evidencia o acusando a la narradora de haberse inventado la historia de su abuso. Podríamos interpretar dicha estrategia polifónica como una suerte de "extraposición" a la que refiere Arfuch, gracias a la cual la narradora logra distanciarse de sí misma en su función de autora, narradora y protagonista del texto que escribe. En otras palabras, López Peiró recrea en su texto las perspectivas ajenas para "mirarse desde afuera" y escribir desde el umbral un relato autobiográfico "a salvo de la autocomplacencia o la autoconmiseración, riesgos siempre latentes en el caso de la narración autobiográfica" (Arfuch 2013 87).

Dicho esto, cabe señalar que *Por qué volvías cada verano* no es solo un texto polifónico, sino también interdiscursivo. En efecto, tras leer los reproches de la tía, el lector nota su confrontación con prácticas discursivas propias del procedimiento judicial, ya que lo que aparece después recrea, tanto en el lenguaje como en la forma gráfica, la denuncia real de Belén López Peiró, y que incluye los siguientes apartados: objeto, denunciado, hechos, calificación legal y petitorio. Así, la narradora declara su objetivo y se inserta de inmediato en la tradición judicial/confesional: "Vengo por el presente a formular denuncia por la comisión de un delito de acción pública, del que resultó víctima y por lo cual solicito la inmediata intervención de la justicia" (López Peiró 8). Sin embargo, parece oponerse a Nietzsche en lo que refiere como origen de la subjetividad reflexiva. Según las tesis expuestas en *La genealogía de la moral* solo somos conscientes de nosotros mismos después de haber infligido un daño en el otro, es decir, cuando nos percatamos del daño ocasionado. De acuerdo con esta visión, el acto de dar cuenta de uno/a mismo/a surge como consecuencia de una acusación o una imputación que nos interpela en nombre de la justicia. No obstante, el análisis de *Por qué volvías cada verano* sugiere que podemos ser interpelados por el otro –y por la justicia– sin ser motivados por el miedo al castigo. En este sentido, resulta esclarecedora la aportación tardía de Foucault. Según el pensador francés el sujeto reflexivo, si bien se forma de acuerdo con unos códigos morales determinados, no se reduce al terror del castigo o al surgimiento de la mala conciencia, sino que puede ser interpelado por los ideales y prácticas de *parresia.* El concepto griego que significa: "decirlo todo", es crucial en la Antigüedad grecorromana. Vincula la subjetividad y la autorrealización al "decir veraz" y al coraje de dar cuenta de sí a pesar del posible castigo. En la conferencia del 24 de octubre de 1983, dictada en Berkeley, Foucault advierte que: "Uno hace uso de la *parresia*, claro está, cuando dice la verdad porque está seguro de que es la verdad. Pero se dice de alguien que hace uso de la *parresia* y que merece ser considerado un *parresiasta* si y sólo si, al decir la verdad, existe para él un riesgo, un peligro" para añadir más adelante:

> La parresia siempre es un juego entre quien habla y su interlocutor. Por ejemplo, puede ser la revelación de una falta cometida por el interlocutor; puede ser un consejo sobre la necesidad de comportarse de tal o cual manera; puede ser la opinión de que él se equivoca en su manera de pensar o comportarse, etc. Y puede ser la confesión de lo que hemos hecho, en la medida en que hagamos esa confesión a alguien que está en condiciones de castigarnos por ello. (Foucault)

Sin duda, la denuncia de López Peiró, así como la novela *per se*, cumple con creces la anterior definición. La autora, como una verdadera *parresiasta*, revela "de abajo", como quiere Foucault, la falta cometida "arriba". Recordemos: "Escribo este texto para poder contar lo que viví, sufrí y padecí en mi adolescencia y poder hacer justicia. Mi tío abusó sexualmente de mí reiteradas veces" (López Peiró 8). Asimismo, de acuerdo con las reglas de la *parresia*, se nos revela como "más débil" que su abusador, el objeto de sus acusaciones y críticas: "II-DENUNCIADO. Sexo masculino. Ocupación: integrante del Ministerio de Seguridad de la Provincia de Buenos Aires, Comisario, 47 años de edad" (López Peiró 8). Así, la autora "da cuenta de sí" no solo a partir de la sinceridad, del peligro, de la ley y del pensamiento crítico, sino que "expresa su relación personal con la verdad a riesgo de perder su vida, porque considera que su deber es decir la verdad para hacer mejores a los otros o ayudarlos" (Foucault).

Al texto de la denuncia le sigue el primer relato del abuso, así como un espacio en blanco que ocupa la mitad de la página, y no es sino uno de muchos blancos incrustados a lo largo de todo el texto. Una de las estrategias discursivas más logradas de la novela es la codificación del silencio como centro latente de la escritura. Los blancos pueden referir tanto a lo no-dicho, o sea, lo callado o silenciado, como a lo no-decible, es decir, lo no-representable. La narradora codifica y tematiza ambos tipos de silencio: en primer lugar, se refiere a lo no-dicho. En este sentido, habla de víctimas y testigos que, movidos por el miedo ante posibles represalias, decidieron callar y no declarar en contra del abusador ("ella trabajaba en su casa (…) dice que dos veces, cuando su mujer se iba a trabajar, el tipo se le tiró encima y quiso manosearla (…) tiene miedo. Roberto puede conseguir otro trabajo, se va de la comisaría y punto. Pero ella, ¿qué pasa si la agarra de noche?" 88-89), así como sobre sus familiares y otras personas de su entorno que, a pesar de haber notado indicios preocupantes en su cuerpo o conducta, decidieron no hacer demasiadas preguntas, "eligieron hacerse los pelotudos, eligieron mirar para otro lado" (43). Así, hay páginas en la novela ocupadas con una sola pregunta, nada más; citaré los dos ejemplos más significativos en este sentido "¿Crees que tu tío abusó también de su hija?" (105); "¿Cómo explicás la ausencia de tus padres?" (109). Todas ellas se quedan sin respuesta.

En el segundo lugar, la narradora nos advierte sobre la importancia de lo no-decible. Este motivo aparece con mucha fuerza en el diálogo con el abogado: "voy a necesitar que seas más precisa. Fecha, hora, lugar. Todo más exacto. Sí, ya sé que hay imágenes borrosas. A todas les pasa lo mismo. Pero los jueces necesitan hechos y no sueños. No los convence cualquier fantasía pelotuda" (López Peiró 21). Como podemos observar, el abogado se percata de que a todas las víctimas de la violencia sexual "les pasa lo mismo" y sin embargo, en vez de reconocer que los testimonios de sus clientas no son sino ejemplos de memorias traumáticas que permanecen en parte ocultas a sí mismas, las compara con "fantasías pelotudas". En efecto, los espacios en blanco incluidos en el texto simbolizan la incapacidad de numerosas víctimas para construir un discurso coherente y fidedigno, ante todo cuando hablan en primera persona; el silencio como expresión del trauma reprimido adquiere aquí una importancia fundamental.

En relación con la novela estudiada, podemos constatar que la palabra griega *τραῦμα*, trauma, o "herida", remite aquí al mismo tiempo a eventos puntuales del pasado –los actos de abuso sexual– y a su efecto duradero, cuyas señas podemos observar en el presente en cuanto que heridas corporales y psíquicas que siguen lastrando la vida de la narradora:

pesadillas, insomnio, autolesiones o sus reacciones corporales ante la presencia viril. El trauma se genera en un cruce, entre eventos liminales que acontecen en el seno de la familia –que debería ser garante de la seguridad– y la mente de la narradora que no es capaz de representarlo todo, imaginaria o simbólicamente, ya que en muchas ocasiones el yo traumatizado registra tan solo "imágenes borrosas" junto con un miedo devastador.

De esta forma los discursos autobiográficos nos acercan al carácter paradójico de lo traumático. El trauma se manifiesta en el olvido –pese a las insistencias de su abogado, la narradora no puede proporcionar una narración cabal de todos los hechos ocurridos a lo largo de los cuatro años– y, al mismo tiempo, se delata en la rememoración constante de sus veranos, puesto que tampoco puede olvidar los eventos traumáticos:

> Cada vez que creo que se termina, que de una vez dije todo lo que tenía para decir, de una u otra forma revive. Revive en cada voz que se parece a la de él, en cada foto de mi infancia, los recuerdos con mi familia, el pueblo en el que di mis primeros pasos. Revive cada vez que subo a una bici o me hamaco en una plaza, cuando llega el verano y extraño las vitinas de mi tía. Pero también revive en pesadillas, en rasguños en mi cuerpo, incluso en el dolor de aquellas a quienes escucho y comparten el mismo vacío. Revive cada vez que veo un arma en la tele, cuando un tipo me mira el culo o me preguntan si estoy mejor. Y cada vez que lo revivo siento lo mismo: esto nunca termina. Y peleo contra mí por deshacerme de cada imagen, por intentar frenar ese dolor que aparece cada mañana y me destripa. (López Peiró 99)

Los discursos traumáticos del yo no son sino una expresión de nuestras historias corporales que siempre incluyen partes no-narratizables; en cada historia de vida hay una referencia a un cuerpo, una condición corporal que se puede confesar sin poder describirla con exactitud. "Las historias no capturan el cuerpo al cual se refieren", advierte Judith Butler, para apuntar más adelante que "ser un cuerpo" equivale a estar despojado de recuerdos cabales de la propia condición corporal; partes de la historia de cada cuerpo no pueden contarse (Butler 2009 59). Cuando en el texto se codifican intentos de representar la historia del cuerpo vulnerado y los efectos duraderos más devastadores de lo traumático con su ya antes mencionado carácter paradójico, la narradora acude al uso de la segunda persona y la elaboración de los síndromes disociativos:

> Él te hizo mierda, bien fuerte. Te manoteó, te tiró al piso, te pasó por arriba, te arrastró, te dejó en pelotas, te metió los dedos, te abrió de punta a punta. Pero después, después de la última vez que lo hizo, fuiste vos la que siguió. Y duele más ¿no? Sí, duele el doble, porque no te lo hace otro, te lo hacés vos misma. Porque podés todo, menos curarte. Porque podés todo, menos olvidarte. Porque sos la única que no perdonás: no te perdonás haberlo dejado, no te perdonás ser quien sos, no te perdonás querer ser otra persona. Aunque te rasguñes, aunque te lastimes, aunque te prendas fuego, siempre vas a estar adentro de este cuerpo. (López Peiró 12)

La siguiente estrategia discursiva está relacionada con los principios y la práctica de la *parresia:* a lo largo del texto que sigue, López Peiró pretende desactivar y rearticular los mecanismos del poder y de la autoridad. Primero nos enteramos de que el hombre nunca se desprendía de sus armas y ejercía así su poder sobre el pueblo, con lo que solo pocos miembros de la familia/habitantes de Santa Lucía se atreverían a apoyar públicamente la denuncia de la autora o declarar en contra de su abusador. El relato polifónico revela que en el imaginario social del pueblo su figura se vincula a la de las fuerzas armadas, el control policial, el uso de armas, la iglesia y el fútbol. Según una de las primas:

> El pueblo es muy chico. Solo mi hermana y yo nos animamos a escupirle en la cara. (...) Tiene a la policía comiéndole de la mano y es uno de los dueños del club, el único de por acá. Sí, te juro. Él decide quién entra y quién no a la pileta en el verano y dirige el único equipo de fútbol. No sé a dónde voy a mandar a mi hijo cuando crezca. Parece una joda pero no. ¡Ah! Y me olvidaba. Ahora también prepara con el cura las misas de los domingos y ayuda a las señoras de cáritas para que los pibes tengan un plato de comida. (López Peiró 81)

Con tal de acabar con el poder del hombre, en algunos fragmentos de la novela la narradora se dirige directamente a su tío. No se limita a encararlo ante el juez, lo hace simbólicamente también mediante literatura, interpelándolo de manera explícita cuando constata: "creeme, sos de manual" y le reprocha: "Siempre te buscaste pendejas vulnerables", "con padres ausentes y madres refugiadas en el alcohol o en la depresión" (López Peiró 86). Tanto la confesión jurídica como la escritura de Bélen López Peiró tiene como objetivo combatir la violencia y desafiar el poder del perpetrador, o sea, arrebatándole toda su autoridad y otorgándosela a las voces antes acalladas y sin agencia de las mujeres que experimentaron el abuso sexual en general, y de este abusador, en particular. Nos invita a realizar un duelo público por estos cuerpos y estas pérdidas codificadas antes como "no-llorables" (Butler 2006).

Por último, la narradora reescribe las narraciones identitarias individuales y colectivas, oponiéndose al uso sistemático de la denominación víctima cuando advierte: "Llamarlas víctimas es volver a garcharlas otra vez". No es un hecho fortuito que la palabra víctima aparezca entre las más usadas a lo largo del texto y que se repita veintidós veces. Con ello, López Peiró pretende combatir esta interpelación social que les hace a las mujeres "creer que son a partir de él, que su identidad se construye a partir de la violación que sus derechos fueron vulnerados y que ya nadie les va a garantizar que no se las vuelvan a cojer.". Asimismo, cuestiona las normas sociales que culpabilizan a las mujeres y les mandan "resguardarse puertas adentro", "cerrar las piernas", ya que fueron responsables de todo lo ocurrido y "se merecen su propio castigo" (López Peiró 91).

En conclusión, la autora/narradora de esta novela reescribe el monologismo y egocentrismo del género autobiográfico canónico al acudir a la polifonía e interdiscursividad generada mediante la inclusión de otras voces, otros discursos y numerosos blancos a lo largo del texto. Sus usos "autobiográficos encarnados" y fragmentarios nos hablan también a través de los huecos y los silencios, acercándonos, como hemos podido observar, al carácter paradójico del trauma que se caracteriza al mismo tiempo por el olvido sintomático y la constante rememoración.

Asimismo, valiéndose de la práctica de la *parresia*, López Peiró traza una trayectoria discursiva que empieza con el reconocimiento público del daño y la herida, una confesión que va "de abajo" hacia "arriba". Así, parafraseando a Foucault, podemos afirmar que la narradora "da cuenta de sí" no solo a partir de su sinceramiento, del peligro, de la ley y del pensamiento crítico, sino que "expresa su relación personal con la verdad a riesgo de perder su vida, porque considera que su deber es decir la verdad para hacer mejores a los otros o ayudarlos" (Foucault). De ahí que pase por la suposición temporal del concepto ético y jurídico de víctima, necesario para dar comienzo a un juicio, pedir asesoramiento legal y "dar cuenta de sí". Finalmente, aplica el mecanismo de la desidentificación para reescribir el concepto "víctima" en cuanto que elemento definitorio y fijo, hecho que estima como fundamental para la reconstrucción emancipatoria de su narración identitaria.

Si bien es cierto que nuestra autora/narradora parte de unas normas y prácticas discursivas hegemónicas que la conformaron como sujeto, a quien luego han intentado acallar para robarle su autoridad y/o victimizar, también podemos observar que finalmente logra reescribir la historia de su vida, haciéndose más fuerte y resiliente. Revela los mecanismos del poder y se rebela en contra de ellos, animando de paso a otras personas con experiencias parecidas a lanzar su voz, a prepararse a luchar en contra de los que van a intentar silenciarlas y cuestionarlas, a convertirse en autoras de nuevos discursos autobiográficos y la autoridad máxima sobre sus vidas:

> ¿Estás cansada de que te cuestionen? Acostumbrate, porque todavía queda para rato. Que por qué volvías, que por qué no hablaste, que por qué dejaste que te cojieran. Olvidate, jamás van a aceptar lo que decís. Siempre te van a cuestionar. A vos, a tu palabra. Querida, poner bajo la lupa a un hombre siempre sale caro. Su hombría, su machismo, pesan más que tu integridad y la de las otras chicas. No tengas ninguna duda de que eso es así. Pero no te sientas especial. Les pasa a todas (…) Y serán muy pocos los que por vos respondan y muchos los que miren a un costado. Siempre es más fácil desoír que encarar, que hacerse cargo. Siempre es más fácil bajarse los pantalones y cojerse a una pendeja por la fuerza que ponérselos y pedir permiso. Así que no te calientes, que su hombría se derrumba cada vez que sentás el culo y escribís. Deshacelo con palabras, acabalo en un punto y garchátelo entre comas. Así sin más. Sin más pena, sin más dolor, sin más de vos. (López Peiró 117)

De este modo, la narradora nos recuerda que la sujeción no es un acto único que encierre una serie de efectos fijos e inalterables. Si el sujeto se produce a través de la reiteración performativa y en "los entrecruzamientos de identificaciones de las que está compuesto" (Butler 2002 173), el poder nunca llega a construirnos como una identidad acabada, ni puede posicionarnos rígidamente en la sociedad en una posición marginal y silenciada. Y si la construcción del yo autobiográfico se realiza mediante la reiteración de normas culturales, a lo largo de esta reiteración el poder se desestabiliza y la identidad llega a reconstruirse.

Así, la movilización de los conceptos de cuerpo, identidad y sujeto dentro de las narrativas del yo debería caracterizarse por las inestabilidades e inseguridades teóricas que estos conceptos (re)producen o rearticulan. Si bien los discursos políticos que movilizan las categorías mencionadas favorecen las identificaciones en nombre de un ideal o un objetivo político, el mecanismo de la desidentificación resulta igualmente crucial a la hora de crear nuevos usos auto/bio/gráficos. Belén López Peiró, como muchas autoras y autores actuales que reivindican los términos de autobiografía/no-ficción/o antificción en términos de Alberca, pone en práctica la praxis de la desidentificación con todas aquellas normas reguladoras y promesas de la felicidad performativa que materializan la jerarquía social y la codificación de algunas vidas como menos "habitables" o algunos cuerpos como menos "llorables" (Butler 2006).

Dichas identificaciones y desidentificaciones individuales y colectivas, realizadas a través de las prácticas autobiográficas, llegan a promover una reconceptualización de cuáles son los sujetos y los cuerpos que importan, así como una reescritura radical de las narrativas del yo: "The autobiographical subjects are cast adrift from patriarchal origins and must endlessly reinvent themselves, their location and community along with new forms of autobiography" (Anderson 112).

Asimismo, de acuerdo con las premisas expresadas por Arfuch y por Anderson, entre otras, la autobiografía se convierte en "el género de los oprimidos" por excelencia, género que logra articular a través de las experiencias individuales, las experiencias colectivas, representativas para cuerpos marginados, antes codificados como "no-llorables"; la "nueva autobiografía" deviene de este modo en una forma de testimonio sobre la violencia que sufre un cuerpo vulnerado y su utilidad como posible herramienta de empoderamiento y reconocimiento del sujeto mediante la escritura de las "autobiografías encarnadas": "Si el cuerpo está tradicionalmente excluido de la autobiografía [canónica], volcada más bien hacia estados de alma, intelecto, espíritu, memoria, en este tipo de relatos aparece comprometido de modo prioritario, no sólo como objeto de tormento sino también como un registro importante de autoafirmación" (Arfuch 2013 98).

Bibliografía

Ahmed, Sara. *La promesa de la felicidad. Una crítica cultural al imperativo de la alegría.* Caja Negra, 2019.

Alberca, Manuel. "De la autoficción a la antificción. Una reflexión sobre la autobiografía española actual". En Casas, Ana. *El yo fabulado. Nuevas aproximaciones críticas a la autoficción.* Iberoamericana, Vervuert, 2014, pp. 149-168.

Anderson, Linda. *Autobiography.* Routledge, 2011.

Arfuch, Leonor. *La vida narrada. Memoria, subjetividad y política.* Eduvim, 2018.

---. *Memoria y autobiografía. Exploraciones en los límites.* Fondo de Cultura Económica, 2013.

---. *El espacio biográfico. Dilemas de la subjetividad contemporánea.* Fondo de Cultura Económica, 2002.

Butler, Judith. *Dar cuenta de sí mismo. Violencia ética y responsabilidad.* Amorrortu, 2009.

---. *Vida precaria. El poder del duelo y la violencia.* Paidós, 2006.

---. *Cuerpos que importan: sobre los límites materiales y discursivos del sexo.* Paidós, 2002.

Casa, Ana. "El simulacro del yo: la autoficción en la narrativa actual." Casas, Ana. *La autoficción. Reflexiones teóricas.* Arcolibros, 2012, pp. 9-42.

Foucault, Michel. *Discurso y verdad: Conferencias sobre el coraje de decirlo todo.* Siglo XXI Editores, 1983.

Gilligan, Carol. *In a Different Voice: Psychological Theory and Women's Development*. University Press, 1993.

Lejeune, Philippe. "Le pacte autobiographique". *Poétique*, 14, 1973, pp. 137-161.

López Peiró, Belén. *Por qué volvías cada verano*. Madreselva, 2018.

Pérez, Sandra y Galdón, M. José. "Los fenómenos disociativos: una revisión conceptual". *Revista de Psicopatología y Psicología Clínica*, 8, 2, 2003, pp. 85-108.

Rodenás de Moya, Domingo. "Reflexiones y verdades del yo en la novela española actual". En Casas, Ana. *El yo fabulado. Nuevas aproximaciones críticas a la autoficción*. Iberoamericana, Vervuert, 2014, 169-190.

Un torturador arrepentido, tensiones entre corporalidad y subjetividad

Karen Genschow
Universidad Goethe de Frankfurt

Introducción

Existe, en el contexto de la dictadura chilena (hasta cierto punto tal vez extensible a otras dictaduras del Cono Sur), un vacío en las representaciones culturales que se corresponde con un silencio real y contundente: la perspectiva de los perpetradores, que aparece como forcluida, debido, por un lado, a que –por lo general– está sometida a un amplio pacto de silencio que abarca incluso su misma existencia, la que podemos, no obstante, dar por cierta. Por otro lado, es de suponer que su representación está excluida por la falta de conocimiento que implica este silencio y también por razones éticas. Al mismo tiempo esta perspectiva, ampliamente ausente del discurso de la memoria, es de un interés fundamental para el análisis, la confrontación y la elaboración del pasado traumático.

Pese al silencio generalizado, existen unas pocas representaciones[2] concretamente del perpetrador arrepentido que rompe este acuerdo tácito que se ha desplegado desde el lado de los victimarios sobre los hechos criminales. Así, por ejemplo, en la serie chilena *Los archivos del cardenal* (2011), aparece la figura de un torturador, bautizado aquí como Mauro Pastene, que tiene como referente real un ex integrante del servicio de inteligencia de las Fuerza Aérea, el agente Andrés Valenzuela Morales quien, en 1984, es decir, en plena dictadura, dio una larga entrevista a la periodista Mónica González y luego dio su testimonio en la Vicaría de la Solidaridad, un organismo eclesiástico que amparaba a las víctimas de la

[2] De mi conocimiento son, además, la película de ficción *Carne de perro* (2012) de Fernando Guzzoni y *El Mocito* (2011) de Jean de Certeau y Marcela Said.

dictadura y sus familiares. En vez de enfrentar un juicio, imposible en circunstancias de la dictadura, fue llevado –ya que su vida corría peligro– clandestinamente a Francia con ayuda del entonces presidente François Mitterand, donde vive hasta el día de hoy al menos semi clandestinamente, si bien ha vuelto a Chile en algunas oportunidades para declarar ante la justicia en calidad de testigo.

En torno a esta figura reflexiona también la escritora y coguionista de la serie, Nona Fernández, en su texto *La dimensión desconocida*, sirviéndose de la mencionada entrevista, así como de unas grabaciones audiovisuales realizadas para un documental de 2015, *Habeas corpus*, que reconstruye el trabajo la Vicaría de la solidaridad, aunque en la edición final del documental los fragmentos de Valenzuela no aparecen.

En lo sucesivo se tratará de analizar la figura del torturador arrepentido en la serie, en el texto de Fernández, así como en la entrevista que dio en 1984. A partir de esta figura que complejiza las configuraciones de la memoria colectiva de la dictadura quisiera abordar tres aspectos relacionados con ella: primero, cómo el cuerpo del perpetrador es también objeto del poder disciplinario, de la inscripción ética e ideológica del régimen que lo instrumentaliza, y cómo se inscribe el dolor ajeno (del torturado) en este cuerpo disciplinado y lo convierte en un híbrido de difícil clasificación. El segundo aspecto a tratar es la pregunta por la validez más allá de la cuestión jurídica, es decir, el valor ético del testimonio del perpetrador (que se ha concebido esencialmente desde la víctima) y por último mediante qué recursos se constituyen las representaciones en ambos casos.

Sería sin duda interesante leer esta figura en conjunto –y en contraste– con otras figuras complementarias femeninas del contexto chileno: Luz Arce y Marcia Merino, ex-militantes socialista y del MIR respectivamente que bajo tortura "se pasaron al otro lado", ambas autoras de libros confesionales-testimoniales en los que intentan explicar su derrumbe físico bajo la tortura seguido de un cambio ideológico. Como elemento clave aparece allí la representación de la tortura que enfrenta un cuerpo (como "vida desnuda" en términos de Agamben) frente a un sujeto soberano, situación en la que ambos se constituyen como complementarios. Este tema, que merece su propio estudio y enfoque, será tratado aquí solo de manera lateral.

En términos comparativos me interesa analizar el énfasis que pone cada producción en el cuerpo y en el testimonio respectivamente, así como la dimensión ética del testimonio de un perpetrador y de su acto de arrepentimiento. En una perspectiva más global quisiera revisar estas coordenadas en su posible significado en relación con una política de la memoria como discurso hegemónico.

1. *Tortura, testimonio y ética*

El marco conceptual para analizar el personaje/la figura Valenzuela-Pastene y su representación está configurado, en una primera instancia, por diferentes reflexiones provenientes de Hannah Arendt acerca de la obligación ética de negarse a la complicidad –tal como reflexiona en "Personal Responsibility Under Dictatorship" a raíz de los pocos individuos que se negaron a hacerse cómplices del régimen nazi y el exterminio judío–, el contraste que establece entre la "diabólica profundidad" y la banalidad del perpetrador. En segundo lugar, se enmarca en las consideraciones formuladas por Agamben –y también por Hugo Achugar– sobre el testimonio, dos conceptualizaciones que aparecen como fructíferas, aunque muy diferentes, en el contexto de este artículo. Finalmente, servirán como base las lecturas de la tortura propuestas por Hernán Vidal y Idelber Avelar.

Me remito primero al concepto de Hannah Arendt que conforma el subtítulo de su informe *Eichmann en Jerusalén*, la "banalidad del mal", mediante el cual rechaza la idea fácil y cómoda de que un perpetrador de crímenes contra la humanidad sea –necesariamente– un monstruo y por tanto pertenezca a otra especie que "nosotros". Al contrario, Arendt diagnostica a Eichmann la carencia de toda "teuflisch-dämonischer Tiefe", es decir, de "diabólica profundidad" (2003 171) y, en lugar de eso, apunta a una banalidad consistente en la obediencia ciega a las órdenes superiores y a una incapacidad de imaginarse lo que hacía. Esta lectura, así como también el concepto de la "banalidad del mal", han sido criticados y cuestionados posteriormente aduciendo entre otras razones que Arendt se dejó embaucar por la estrategia de defensa de Eichmann que consistía en afirmar que no tenía "nada en contra" de los judíos –analiza entre otras Franziska Augstein (2007). Ella se refiere a los protocolos de conversaciones entre Eichmann y un oficial de la SS, Willem Sassen, de los cuales se desprende que los actos de Eichmann sí se basaban en un antisemitismo arraigado y un sólido fundamento ideológico muy acorde con la política de aniquilación nazi.

Más allá de esto hay otros dos aspectos en su ensayo/informe que son relevantes aquí, ambos relacionados con la cuestión del testimonio. En un pasaje, Arendt reflexiona de manera implícita sobre el rol de la literatura (extensible a su vez a otros medios representacionales) para la memoria y la justicia, sobre la forma adecuada de narrar y de testimoniar a propósito de dos testimonios concretos, en los cuales resalta en el primero la forma, en el segundo el contenido. El primero le merece un comentario sobre el valor del testimonio en sí. En el proceso a Eichmann el testigo Grynszpan narra de forma concisa la historia de su expulsión de Alemania:

> Esta declaración duró tan solo diez minutos, y cuando hubo terminado aquel relato, el relato de la insensata e inútil destrucción de veintisiete años en menos de veinticuatro horas, no se podía evitar el imprudente pensamiento: todos y cada uno debieran tener derecho a comparecer ante el tribunal. (Arendt 131)

A este "imprudente pensamiento" subyace, a mi modo de ver, una concepción implícita del testimonio que sobrepasa la mera prueba legal o el reconocimiento jurídico del daño y las pérdidas sufridas y alude a su función social y a la vez ética, semejante a lo planteado por Hernán Vidal para el contexto de la dictadura chilena y los testimonios registrados por la Vicaría de la solidaridad y luego por la comisión Rettig: "el testimonio convertía al deponente en un sujeto" como primer paso para "dejar de ser víctima inválida y recuperar su calidad de actor histórico y, por tanto, de persona" (Vidal 193). En términos de forma, Arendt valora la concisión de este testimonio en particular y afirma que

> a lo largo de las interminables sesiones siguientes, se vio cuán difícil era contar lo ocurrido, cuán difícil era contarlo en términos que no fueran los términos transformadores del lenguaje poético, que para relatar aquellos acontecimientos se necesitaba tener una pureza de alma, una inocencia de corazón ignorada del propio sujeto, una rectitud mental que tan solo los justos poseen. Nadie, antes o después de él, pudo igualar la deslumbradora honradez de Zindel Grynszpan. (131)

La calidad de este testimonio reside para ella en el hecho de constituir lo contrario de un "instante dramático". A continuación, da cuenta de otro testimonio pronunciado semanas después en el que aparece un episodio y un nombre que para Arendt es de suma importancia: el de Anton Schmidt, un sargento de la Wehrmacht que había ayudado a partisanos judíos con papeles falsos y vehículos, sin cobrar por ello, y quien después de cinco meses fue descubierto y ejecutado. Este personaje se eleva en pieza clave en términos éticos y humanos, ya que a diferencia de Eichmann decidió desobedecer, una decisión que induce a Arendt a un gran gesto retórico y a afirmar que son historias como esta las que hacen "que este planeta siga siendo un lugar apto para que lo habiten seres humanos" (140). Este relato, proporcionado por Abba Kovner, "un poeta y escritor", es introducido precisamente como "instante dramático" que adviene de manera inesperada y actúa de manera notable sobre la propia escritura de Arendt:

> Durante los pocos minutos que Kovner necesitó para relatar la ayuda que le había prestado un sargento alemán, en la sala de audiencia reinó un anormal silencio. Parecía que la multitud hubiera decidido espontáneamente guardar los tradicionales dos minutos de silencio en memoria del sargento Anton Schmidt. Y en el transcurso de estos dos minutos, que fueron como una súbita claridad surgida en medio de impenetrables tinieblas, un solo pensamiento destacaba sobre los demás, un pensamiento irrefutable, fuera de toda duda: cuán distinto hubiera sido todo en esta sala de audiencia, en Israel, en Alemania, en toda Europa, quizá en todo el mundo, si se hubieran podido contar más historias como aquella. (139)

Este pasaje, escrito con un pathos del todo inusual en Arendt, conforma en sí mismo un trozo de literatura, que opera con una metáfora ("claridad en medio de las tinieblas") y con la ficción ("cuán distinto hubiera sido...") y apunta a un exceso de la literatura –cifrable parcialmente en términos emocionales y en todo caso éticos, lo que Arendt hubiera preferido sin duda– frente a un acto de habla constativo. En general, la noción de Arendt sobre el testimonio se basa casi exclusivamente en una perspectiva jurídica (la cual valida, además, como la única capaz de establecer la culpa personal), mientras que Vidal lo plantea en términos de la subjetividad.

De las reflexiones de Agamben sobre el testimonio, que se deslindan de aquellas de Arendt al pensarlo desde la ética (y no desde la justicia) me parece fundamental la cuestión de la "laguna" constitutiva que encierra todo testimonio en su imposibilidad de dar cuenta del horror en su integridad, una laguna conformada, en el caso de los sobrevivientes y testigos de Auschwitz, por los "hundidos", aquellos que murieron y que por tanto no pueden testimoniar. En un desplazamiento tal vez arriesgado procuro poner a prueba esta idea de la laguna constitutiva en el contexto chileno y, concretamente, en relación con el testimonio del torturador para rastrear las lagunas que encierra sobre todo su representación y, por otro lado, aquella laguna al interior del mismo testimonio del torturador confeso (y arrepentido, debemos suponer) que refiere y relata sus propias acciones, pero que al momento de relatarlas (y arrepentirse) es –al menos en cierto sentido– otro.

Recurro por último a la lectura que propone Hernán Vidal de la tortura en Chile como parte de un proyecto de "reorganización" nacional y de disciplinamiento del cuerpo social conforme a los requerimientos del neoliberalismo:

> los objetivos políticos y económicos del régimen militar chileno implicaban un violento realineamiento de la relación entre cultura y civilización: el potencial de trabajo de la población chilena sería disciplinado para otra forma de apropiación de plusvalía social y para sobrellevar otra forma de escasez en el mantenimiento de la infraestructura institucional capitalista, es decir, el neoliberalismo. (...) Transformar a los oponentes activos a este proyecto en 'vida bruta' durante las sesiones de tortura fue la concreción simbólica más compacta y monumental del nuevo orden social. (Vidal 78-79)

Esta afirmación aclara que tortura y desaparición fueron parte integral de un reordenamiento político y económico de la sociedad chilena y no simplemente un exceso perpetrado por unos sujetos desquiciados y violentos – tal como plantea también Avelar: "This truth is no longer contested, nor relegated to the category of 'accident' o 'excess'. Torture is universally recognized as a central part of those regimes" (254). En esta misma línea se inserta también la afirmación de Benfeldt-Zachrisson según el cual "en América Latina, la tortura es un proceso que, en última instancia, proyecta y singulariza en la víctima la situación represiva de la contradicción dominante/dominado que prevalece entre la oligarquía y el pueblo" (131).

En todas las aproximaciones referidas hasta aquí, se ha conceptualizado el testimonio desde la perspectiva de las víctimas, y –tal como las representaciones culturales mencionadas al comienzo– también los análisis del testimonio del perpetrador escasean. ¿Qué hacer, por tanto, con el testimonio de un verdugo, quien ocupa dentro de esta configuración social y política –hasta el momento de dar su testimonio–, el lugar del "dominante" (como su "herramienta") mediante diferentes actos represivos?

Arendt en "Some Questions of Moral Philosophy" aborda la cuestión de la responsabilidad personal y reflexiona sobre las condiciones que posibilitan que una persona se transforme en perpetrador. La relación que establece allí con el testimonio es sólo implícita pero relevante, porque insinúa que la memoria (precondición de cualquier testimonio) marca un tránsito en términos éticos –de la desmemoria a la memoria– que conforma el fundamento de una posición ética según la concepción de Arendt: "Si me niego a recordar, estoy dispuesto a todo – tal como mi valentía sería negligente si por ejemplo el dolor fuera una experiencia que se olvida inmediatamente" (2007 76)[3].

Del ensayo de Hugo Achugar es posible desprender algunas valiosas reflexiones acerca del testimonio como género (literario) cuya incidencia sitúa sobre todo en el ámbito político y cultural latinoamericano. En su explicación entra, entre otros, también la mencionada dicotomía dominante/dominado que, a mi modo de ver, sirve para (re)pensar algunas de las configuraciones subyacentes al testimonio de perpetrador: "el carácter de 'historia otra' o de 'historia alternativa' que tiene el testimonio

[3] "Wenn ich mich weigere zu erinnern, bin ich eigentlich bereit, alles zu tun – genauso wie mein Mut völlig sorglos sein würde, wenn zum Beispiel der Schmerz eine Erfahrung wäre, die man sofort vergißt" (mi traducción).

sólo parece posible cuando los 'silenciados' o 'excluidos' de la historia oficial intentan acceder a la memoria o al espacio letrado" (56).

2. *La entrevista – convivir consigo mismo*

En la entrevista, de la cual se publicó primero una parte en el *Diario de Caracas*, a los pocos meses en la revista chilena de oposición *Cauce*, y nuevamente en el libro periodístico que acompaña la serie *Los archivos del cardenal*, la confesión del torturador Valenzuela Morales aparece como sumamente parca. Una y otra vez la periodista Mónica González tiene que preguntar por detalles, y las respuestas son a menudo breves y escuetas. Podemos suponer por un lado que esta parquedad tiene que ver con la poca educación formal del testigo Valenzuela, y por otro lado –y más importante–, que la dificultad de emitir un relato más largo y coherente reside en el mismo hecho de ser en tanto sujeto hablante idéntico al sujeto de la acción represora que relata.

Narra luego detalladamente cómo llegó a ser lo que fue, un torturador, y el relato oscila entre diferentes pronombres ("ellos" y "nosotros", "uno" en vez de "yo") y también entre el olvido y la memoria: "Era la primera vez que veía un prisionero. Creo que no lo voy a olvidar nunca..." "¿Por qué?" "Nos formaron y nos dijeron que lo que íbamos a ver teníamos que procurar olvidarlo y el que hablara algo...Empezaron las amenazas y uno, que era muy joven, se impactaba" (González 177). Hay dos aspectos interesantes en esta breve cita. En primer lugar, el uso de los pronombres se relaciona, a mi modo de ver, con la cuestión planteada anteriormente sobre la escisión del sujeto que ahora confiesa y testimonia a la vez. Coherente con esto, este sujeto hablante aparece como indiferente ante su propia muerte, ya que a la preocupación de la periodista de que lo puedan matar a la salida, él responde: "va a suceder, pero al menos hablé" (González 176). Luego, al final de la entrevista, la perspectiva de morir a manos de sus ex colegas, ya no le es indiferente ("Ahora sí tengo miedo"), y es en este sentido que el testigo se transforma –de otro modo, desde luego, que el detenido– en un sobreviviente. Después, a la pregunta de cómo llegó a "meterse" en la máquina del terror, contesta: "Sin querer queriendo, fueron seleccionando gente y todas las veces me incluyeron" (180), una respuesta que apunta nuevamente hacia la escisión entre el sujeto hablante y el que actuó. Una de las preguntas importantes que le hace Mónica González es "¿por qué quiso hablar conmigo?", a lo cual él responde: "porque quería desahogarme. (…) Pero a esto le vengo dando vueltas hace varios meses. Hoy día me decidí" (202). A diferencia de muchas afirmaciones sobre su pasado, la referencia al presente sí la hace como "yo", es decir que aparentemente recupera, al momento de confesar, la posibilidad de "convivir consigo mismo", tal como plantea Arendt como una de las causas fundamentales que previene a una persona de optar por el mal (2018 46).

El tema de la memoria (y la desmemoria) se relaciona, en segundo lugar, con la afirmación de Arendt sobre la desmemoria como condición para convertirse en torturador y asesino. En el caso de Valenzuela, parece haber funcionado, además, la orden de no recordar, emitida en coherencia con la reflexión de Arendt, porque cuando intenta de acordarse de otros nombres tiene que admitir que le es imposible: "intento, pero no recuerdo ni siquiera sus chapas" (González 193). Esta desmemoria ordenada –que podría indicar asimismo la vigencia continuada de un pacto de silencio– señala a la vez el intento de borrar a estas personas de la memoria y de la historia del país, es decir, tal como sugiere Vidal, de transformarlas en "vida bruta".

Asimismo, Valenzuela se refiere a las instrucciones de la institución (la FACH, Fuerza Aérea de Chile), y un documento que tuvo que firmar:

> Tengo un documento firmado en la Dirección de Inteligencia de la FACH en el que dice que todo lo que haga no debo comentarlo, y si el día de mañana me echan del trabajo debo seguir llevando una vida normal, pero no debo involucrar a nadie. Incluso dice que el que cae detenido

> cae solo, todas las acciones las hizo solo, nunca contó con el apoyo de la institución. (199)

Esta instrumentalización se plasma también en su relato de los síntomas que comienzan a desarrollar él y algunos colegas que son atendidos por un médico, al que no pueden contar lo que realmente le sucede. Esto, en combinación con la tercera forma plural impersonal, apunta a una voluntad y un sistema represivos que sobrepasan lejos su propia actuación – de lo cual no puede dar cuenta, sino sólo de sí mismo en tanto sujeto que torturó.

Un último aspecto a considerar es la forma del testimonio, tema en el que ahonda Achugar en su análisis del género del testimonio en Latinoamérica. Así, determina dos líneas o impulsos consistentes en

> los testimonios que vehiculizan la lucha por el poder de un sector, grupo o comunidad o clase que intenta desalojar a aquel o aquella en el poder, y por otro, los testimonios que, sin negar lo anterior, aspiran al establecimiento por coparticipación de una comunidad plural o heterogénea sin hegemonías absolutas al menos a nivel discursivo. (54)

Aunque la entrevista se diferencia en muchos aspectos de las coordenadas del testimonio, y la cuestión del poder habría que pensarla en otros términos, comparten, no obstante, un rasgo fundamental: la "constitución y participación de un sujeto social complejo (letrado más voz marginada) en la esfera pública" (Achugar 53). Si bien estas coordenadas son válidas también para el caso del testimonio de Valenzuela, la periodista como sujeto intelectual no asume la voz de éste. En esta configuración, que mantiene intacta la forma del diálogo con dos voces bien delimitadas, se superponen (al menos) dos factores: el de clase o estrato social (en el que sin duda la periodista ocupa un lugar privilegiado por sobre el del entrevistado) y el de las relaciones de poder establecidas por el régimen represivo (en el que Valenzuela está del lado de los –ahora– poderosos y ella del de la oposición ferozmente reprimida). Desde esta perspectiva, un sujeto marginal (en términos de clase) es aquí interrogado por un sujeto también marginal (en tanto que opositora al régimen de Pinochet), pero con formación universitaria y una capacidad intelectual sin duda mayor que la de él. Esto deriva en una consideración más fundamental que al menos en el contexto chileno me parece sumamente relevante, acerca de aquellos que pueden hacer periodismo, literatura o series de televisión y que por lo general son quienes que poseen el capital económico y cultural para hacerlo. En este sentido, habría que pensar si la víctima –en tanto sujeto social– sobre todo de la reestructuración económica e ideológica del proyecto dictatorial no están afectadas por un silencio similar (guardando las diferencias, desde luego) a los "hundidos" de los que habla Agamben y si este silencio no se extiende también más allá de la misma dictadura. Cabe constatar que no son necesariamente aquellos que sufrieron en sus cuerpos la violencia de la dictadura (tortura, asesinato, pero también hambre y privaciones económicas, culturales y sociales) los que armarán la trama de la memoria con posterioridad a la dictadura (a partir de la "Transición"), y al contrario están frecuentemente ausentes tanto de las narraciones como de la memoria. De ellos no hay testimonio (salvo en los informes de las comisiones Rettig y Valech), por lo que podría preguntarse por la distribución entre voz y cuerpo, sometida, también por parte del aparato represor, a una lógica de clase. Así, podría repensarse el programa de aniquilación no sólo en términos físicos, sino como la de un sujeto colectivo, social que antes, durante el gobierno de Salvador Allende, se había instalado como actor social e histórico de derecho propio.

Se corresponde finalmente en otro aspecto con las reflexiones de Achugar sobre la función ejemplificante del testimonio que "no necesita, de hecho, de una vida ejemplar. En algunos casos lo ejemplar radica en el testimonio mismo, es decir en el hecho de que el informante se 'anime' o 'tenga el coraje' de dar testimonio" (1992: 61). En la breve introducción a la entrevista (que aparentemente data también de la primera publicación), la periodista González formula una esperanza que se asemeja a aquella articulada por Arendt (y, como retrospectivamente, podemos confirmar igual de ficticia): "Muchos hombres más, como Andrés Valenzuela, esperan algún día tener el valor da dar el salto y hablar" (González 175). Pero aún hoy, décadas después, esta esperanza se ve truncada. Las declaraciones siguen causando revuelo, como evidencia un artículo publicado en *El Ciudadano* a propósito del regreso de Valenzuela a Chile en 2014 para declarar ante la justicia, que da cuenta de la opinión dividida acerca de su persona:

> ¿Héroe o Villano? Sin dudas el lector se podrá plantear la misma pregunta y es muy posible que no todos lleguen a una misma conclusión. Pero cual sea la visión que usted tenga, es claro que los aportes a la justicia entregados por Valenzuela, han llevado verdad en muchos casos. Ojalá otros muchachos de entonces y que fueron obligados a participar en crímenes de lesa humanidad que posean información sobre ello, se atrevan a acercarse a los órganos pertinentes de Justicia o a los abogados de estos casos a contar su verdad, la que de seguro traerá paz a muchos otros que la necesitan en nuestro país. (*El Ciudadano*, cit. en: http://www.memoriaviva.com/criminales/criminales_v/valenzuela_morales_andres_antonio.html)

En su defensa sale –en la misma publicación– el ex abogado de la Vicaría que había tomado el testimonio de Valenzuela 30 años antes: "hay que recordar que sus declaraciones tumbaron más de 10 generales y no sé cuántos oficiales, aclarándose no sé cuántos casos, por la valentía de reconocer el error de un muchacho que a los 18 años lo 'pescaron' y lo llevaron a esto y lo convirtieron en lo que lo convirtieron, incluso en parte en víctima" (1). La posición ambivalente de Valenzuela en esta configuración social y política es confirmada por él mismo en una afirmación articulada en el documental *Viva Chile mierda* (2014): "ahora tienes enemigos por los dos lados" (01:23:39).

3. Las huellas en el cuerpo – la representación en la serie

Las violaciones de los derechos humanos conforman el tema estructurante de la serie *Los archivos del cardenal*, con los diferentes "casos", muchos de ellos emblemáticos (aunque con nombres alterados) de la dictadura chilena, como móviles y desencadenantes de una trama esencialmente policial, que integra elementos ficcionales melodramáticos. Los derechos humanos en los que se centra la serie abarcan sobre todo los derechos civiles y políticos y no así los sociales y culturales.[4]

El personaje que interesa aquí, Mauro Pastene, agente de la CNI, aparece de entrada como mero antagonista en su rol de torturador estereotipado que ejerce su superioridad y poder frente a sus víctimas incluso con cierto placer. Los "villanos" en la puesta en escena son de preferencia autores materiales, no los intelectuales, ni los jefes, sino aquellos cuyas manos están literalmente manchadas de sangre de sus víctimas. Estos sujetos son presentados y representados en y desde su corporalidad, y para comodidad de los espectadores, es, además, casi siempre la misma pareja de agentes que actúa, Pastene y su compañero apodado "Troglo"; ambos encarnan a la perfección aquella "diabólica profundidad" que menciona Arendt. Así, ambos son mostrados reiteradas veces durante el ejercicio de su trabajo represor, en sesiones de tortura (en las que Pastene golpea salvajemente a los detenidos o apaga cigarrillos en su piel), asesinatos (en los que el "Troglo" se ensaña).

La monstruosidad permanece intacta en el caso del "Troglo" a lo largo del relato (al menos de la primera temporada), a quien no veremos nunca en su vida civil. En cambio, de Pastene ya en el tercer capítulo se muestra una escena doméstica, cuando llega a su casa y esconde la pistola

4 Esta exclusión es relevante para un análisis más exhaustivo de la serie, tal como propongo en Genschow (2017).

en un armario –no sin antes sacar el cargador para evitar accidentes– y acaricia la cabeza del hijo que está durmiendo en el sofá, con lo cual se indica a nivel visual que había estado esperando a su padre. Así, lentamente la perspectiva del "monstruo", aunque persistirá durante varios capítulos todavía, se va intercalando con el de una persona "normal" en el ámbito privado. Será finalmente en el cuerpo de Pastene donde sus propias acciones destructoras sobre los cuerpos ajenos comiencen a dejar huellas que llegarán a manifestarse como síntomas similares a los de víctimas de tortura: insomnio, pesadillas, la inefectividad de las pastillas para dormir y los tranquilizantes. Significativamente es un personaje específico quien aparentemente inicia esta transformación en él: un integrante del MIR (Movimiento de Izquierda Revolucionaria), Fabián, detenido y torturado por el mismo Pastene, quien no aguanta y comienza a colaborar. Pastene aparece como preocupado o interesado en el conflicto ético de delatar a compañeros y amigos que sufre el personaje. Se trata de una figura ficticia, pero basada e inspirada en personas reales que colaboraron, sea por miedo, por dolor o porque los "quebraron", tal como sucedió con las mencionadas Luz Arce, Marcia Alejandra Merino y otros que dieron su testimonio desde la "zona gris"; esta noción acuñada por Agamben, nombra a los integrantes del "Sonderkommando", ellos mismos presos de Auschwitz y obligados a colaborar en asesinato a nivel industrial. Para el personaje de la serie, Fabián, "dado vuelta" por recurrir a otra expresión de la época, hay un cierto crédito por parte de la protagonista Laura; ella intenta rescatarlo, porque para ella hay una esencia que no es asesina, a pesar de que Fabián ya entró en la maquinaria asesina; al contrario, a Pastene, cuando acude a ella con el deseo de confesar sus crímenes, no le cree en primera instancia, porque aún arrepentido sigue siendo un torturador. En una conversación entre Fabián y Pastene, poco antes de su deserción, éste intenta establecer discursivamente otro tipo de "zona gris", en la que las culpas se confunden y se distribuyen de manera equitativa, e interpelando a su interlocutor de este modo:

> Yo sé que esta weá es difícil pa ti. Para mí tampoco es fácil. Sino no necesitaría pastillas pa-

> ra dormir. Casi todas las noches tengo pesadillas. Sueño que me persiguen, que me gritan. ¿Tú crees que para mí es muy fácil llegar a mi casa, darle un beso a mi mujer, o jugar con mi cabro chico después de la pega? Estamos cagados, estamos todos metidos en la misma mierda... (00:57:15-00:58:05).

Ni esta equiparación, falsa desde luego, ni la compasión que parece sentir en ese momento, lo detienen de matar a Fabián a sangre fría, a balazos, al final del capítulo ocho. La serie no explicita si lo hace por motivación propia o por órdenes superiores, dejando así en suspenso el posible argumento de la "obediencia debida", presentado mediante la puesta en escena como responsabilidad personal de Pastene. La escena y el monólogo recuerdan en cierto modo el partido de fútbol entre vigilantes de Auschwitz e integrantes del Sonderkommando, al que se refiere Agamben: "representa la cifra perfecta y eterna de la 'zona gris', que no entiende de tiempo y está en todas partes. (...) Si no llegamos a comprender ese partido, si no logramos que termine, no habrá nunca esperanza" (13-14). Esta imagen nos asoma al abismo de la ausencia de cualquier posible ética, y apunta, también en el caso de Pastene, a su suspensión.

La narración tampoco explicita los motivos del cambio que comienza a sufrir el torturador Pastene –tal como Valenzuela tampoco articula claramente su móvil en el transcurso de la entrevista–, pero la consecución sugiere causalidad, o sea: hablar, colaborar con el "bando enemigo" como salida de una situación psíquicamente inaguantable. De manera convencional, su ulterior conversión es acompañada por su mirada al espejo, en la que el gesto de autorreconocimiento mediante esta mirada es transformado en significante del extrañamiento y desconocimiento de sí mismo, traduciendo de esta manera al ámbito de lo visual el gesto discursivo de la tercera persona plural (en la entrevista) que replica a su vez aquella fórmula propuesta por Arendt de los conflictos de conciencia como "deliberaciones conmigo mismo" (2007 96) que implican un "convivir consigo mismo" (97) que se le ha hecho imposible. Otro signo convencional en la cadena causal establecida a nivel visual son manchas de sangre de una de sus víctimas en su camisa blanca que son descubiertas por su hijo en el capítulo ocho. Es convencional en dos registros: en el del realismo y la crudeza, que pone en evidencia al torturador como tal e indica a la vez su "contaminación" con la sangre de su víctima, y el del melodrama – un código que a pesar de estar construida fundamentalmente como *thriller* abunda en la serie. Si bien hay escenas previas de Pastene manchado de sangre ajena, es ésta la que acelera su malestar y en consecuencia su transformación. Es legible en clave melodramática en cuanto que relata un momento de reconocimiento por parte del hijo quien descubre o al menos intuye en ese instante la verdadera naturaleza de su padre. De todos modos, el proceso de conocimiento y de reconocimiento es impulsado por su propio cuerpo –insomne, manchado y puesto en evidencia– mientras que el "espectáculo" de los cuerpos heridos y asesinados de las víctimas no había surtido el mismo efecto en él. Así, el relato no responderá de manera conclusiva a la pregunta por el móvil de Pastene al desertar y ofrecer su testimonio a sus hasta entonces adversarios, solo da a entender a nivel visual que este proceso pasa por su cuerpo en forma de síntomas mediante los cuales somatiza un malestar psíquico e incluso ético. Por otro lado, Pastene no ahonda en las razones por las que fue capaz de torturar y asesinar y –así lo muestra la serie – durante mucho tiempo a sangre fría. En su descripción del proceso de paulatina deshumanización de él y otros, todos reclutas jóvenes menores de 20 años, se refiere a la preparación ideológica (salvar la patria, extirpar el marxismo de Chile), que no constituye una explicación satisfactoria al ensañamiento en que se le había mostrado anteriormente.

El protagonista, Ramón, uno de los abogados de la Vicaría de la Solidaridad –quien antes había sido torturado por Pastene– mantiene sus dudas y su malestar respecto a éste y lee su confesión como acto egoista: "para eso fuiste a la Vicaría, para poder pegarte una siestecita" (00:25:53). Ante su pareja y coprotagonista Laura, empleada también en la Vicaría de la solidaridad, sostiene reiteradas veces la necesidad de entregar a Pastene a la justicia para llevarlo a juicio. Él, como abogado, insiste en el establecimiento –tal como plantea Arendt en "Personal Responsibility Under Dictatorship"– de la culpa personal e individual mediante un juicio, lo cual, en el contexto del Chile bajo la dictadura, demuestra su ingenuidad, ya que, si bien existía una legalidad formal y oficial, ningún juez lo hubiera juzgado ni mucho menos condenado.

En la configuración de los dos hombres me parece importante destacar, además, el aspecto de clase, en el cual se concreta a mi modo de ver la cuestión mencionada de la tortura como herramienta en el proceso de realineamiento económico e ideológico del país. Es precisamente Ramón, un joven de la clase alta, cuyo padre trabaja en el Ministerio de Hacienda de Pinochet, quien representa, sin querer, pero también sin conciencia, la oligarquía en cuyo beneficio se llevó a cabo el golpe con todas sus consecuencias. La serie no explicita esta contradicción ideológica, pero sí la insinúa mediante la proveniencia social del protagonista. Pero si bien para Ramón la cuestión es clara, que lo que le interesa salvar y sanar a Pastene es su propio cuerpo –en el que los dolores de sus víctimas actúan tan como solo síntomas, como carga psíquica que lo persigue en sus pesadillas– el relato no confirma esta lectura de modo unívoco. Esta indecisión que la narración mantiene hasta el final complejiza la interpretación fácil y tal vez melodramática ya que, si bien el antagonista de alguna manera se reivindica, no responde al patrón del "villano redimido" y se resiste a una posible heroización. Tampoco se cumple la esperanza articulada por la coprotagonista de que otros puedan seguir su ejemplo y desertar y hablar –retomando las palabras de la periodista Mónica González, que igualmente se evidenciarán, tal como la reflexión hipotética de Arendt (sobre cuán distinto hubiera sido…), como ficción alentada por el deseo.

Los aspectos que la serie no responde de manera conclusiva –cómo fue capaz de torturar y los motivos de la decisión de dar su testimonio– son exploradas de forma más matizada, aunque especulativa en el texto de Nona Fernández.

4. *Nona Fernández:* La dimensión desconocida

En su libro *La dimensión desconocida*, la escritora y co-guionista tanto de *Los archivos del cardenal* y como del documental *Habeas corpus* vuelve a reflexionar sobre el personaje Pastene o más bien sobre su referente real, Andrés Valenzuela. El libro, que tentativamente podría clasificarse como docu-ficcional, en todo caso heterogéneo y con un fuerte anclaje autobiográfico, arranca del primer "encuentro" de la narradora con Valenzuela en la foto titular de la revista *Cauce* que vio de niña. El texto constituye un testimonio doble, ya que enmarca aquél de Valenzuela en una perspectiva desplegada por un sujeto que proporciona las coordenadas éticas del relato y lo transforma a la vez en literatura, en un sentido muy literal, por ejemplo, cuando dispone en la página fragmentos de una entrevista con él como si fueran poemas

> Un día, hace poco, iba con un colega en auto.
> Habían atropellado a una persona.
> El cuerpo estaba hecho pedazos
> Debajo de las ruedas de una micro.
> Mi colega pasó muy lento, noté que le gustaba mirar.
> Yo no pude, di vuelta la cara.
> Yo sé de muertos.
> En todo este tiempo he visto muchos,
> Pero igual no pude mirar.
> Veníamos comiendo un sándwich.
> Mi colega no dejó de comer. Se lo terminó entero.
>
> Antes éramos unos conscriptos inocentes. Tontos. Sin mundo.
> Ahora podíamos comernos un sándwich mientras mirábamos

> a un muerto.
> (...)
> Sin querer queriendo me acostumbré.
> Al final ya no sentía nada.
> Me había convertido en otro.
> En uno que se levanta y se acuesta con olor
> a muerto. (Fernández 113-114)

Con estos fragmentos dispuestos como versos, que en algunas partes citan textualmente la entrevista, Fernández parece responder a dos consideraciones articuladas por Arendt y por Agamben respectivamente. Así, Arendt, en general no muy preocupada por cuestiones representacionales, sí objeta en una oportunidad en su ensayo "Some Questions of Moral Philosophy" acerca de la capacidad creadora del lado de los perpetradores:

> Lo decisivo en el caso de estos asesinos cultos es que ninguno de ellos escribió un poema que valiera la pena recordar, ni compuso una pieza musical o pintó un cuadro que alguien colgaría en su pared. Se necesita más que un estado pensativo para poder escribir un buen poema o una pieza musical – se necesitan talentos especiales. Pero ningún talento especial resistirá la pérdida de la integridad, de la integridad que se pierde si uno pierde su capacidad de pensar y recordar. (2007 80[5])

[5] "Die Sache bei diesen hochkultivierten Mördern ist die, daß nicht ein einziger von ihnen ein Gedicht schrieb, das es wert wäre, daß man sich daran erinnerte, oder ein anhörenswertes Musikstück komponierte oder ein Bild malte, bei dem irgend jemand daran gelegen wäre, es an seine Wand zu hängen. Man braucht mehr als Nachdenklichkeit, um ein gutes Gedicht oder Musikstück zu schreiben oder ein Bild zu malen – Sie brauchen dazu besondere Talente. Aber kein Talent wird dem Verlust der Integrität standhalten –

Agamben, a su vez, critica la lectura por parte de Felman y Laub de los testimonios dados en la película de Claude Lanzmann en clave estetizante al interpretar los testimonios como "canto": "explicar la paradoja del testimonio mediante el deus ex machina del canto, equivale a estetizar tal testimonio [...]. No son el poema ni el canto los que pueden intervenir para salvar el imposible testimonio; es, al contrario, el testimonio lo que puede, si acaso, fundar la posibilidad del poema" (19).

Fernández se acerca a la historia de Valenzuela mediante su experiencia infantil de la que extrae una metáfora un tanto extraña que hace referencia a lo misterioso y sobrenatural. De hecho, el título del libro no alude, en primera instancia y como podría pensarse, al silencio por parte de los perpetradores y por tanto lo desconocido de sus móviles, sino a la serie norteamericana *The Twilight Zone*, cuya traducción al español es precisamente *La dimensión desconocida.* Este programa que relata sucesos extraños y sobrenaturales formó parte de la cultura televisiva que adquirió en su infancia y por tanto del imaginario mediático de los años de la dictadura. A partir de este imaginario y del encuentro con la figura de Valenzuela como escena original, el texto funcionaliza esta *dimensión desconocida* como metáfora para explorar desde su propia experiencia el período dictatorial como una especie de superposición de la realidad empírica y otra realidad paralela que algunas veces se cruzan y se solapan de forma misteriosa.

El texto incluye una serie de otras referencias de la cultura de masas, por ejemplo, la asociación con la película *Ghostbusters*, cuya canción titular la autora imagina como banda sonora de algunas escenas recreadas por su imaginación e integradas en el texto como ficcionalizaciones. Se refiere, además, a otra serie televisiva, *Juegos de la mente*, un programa que a menudo gira en torno a la percepción visual, y la instala como una especie de matriz para reconstruir la normalidad y cotidianeidad, que de este modo es evidenciada como realidad "ficticia" a la cual subyace la realidad dictatorial – lo cual apunta implícitamente a la noción de "percepticidio",

der Integrität, die Sie verlieren, wenn Sie diese ganz allgemeine Denk- und Erinnerungsfähigkeit verloren haben" (mi traducción).

acuñada por Diana Taylor como forma de no ver y no querer o poder ver esta realidad.

Como guionista de televisión, Fernández no desacredita la cultura de masas como "falsa" y manipuladora, sino que procura articular a partir de ella el relato del pasado violento desde la experiencia y las emociones como lo había hecho antes en su contribución a *Los archivos del cardenal*. De todos modos, no funcionaliza la metáfora de la percepción y de la "dimensión desconocida" para referirse a estas otras violencias, implicadas en la reestructuración económica y la aniquilación de un sujeto/cuerpo social. Esta validación y valoración de las producciones audiovisuales de masas como forma de acceder a este pasado parece confirmarse a través de la misma serie que tuvo amplia difusión y éxito, mientras que el mencionado documental, *Habeas corpus*, contó con público escaso, tal como la misma narradora de *La dimensión desconocida* relata sobre la función en el cine a la que asistió con su madre como únicas espectadoras. Y sin duda podría constatarse este desquilibrio en términos de difusión en relación con el propio libro de Fernández.

Entre los diversos modos de reflexionar sobre Valenzuela, quisiera, por último, destacar un fragmento en el que la narradora aborda la cuestión de la maldad que, en cierto sentido, se lee como opuesta a lo planteado por Arendt: "Creo que la maldad es directamente proporcional a la tontera. (...) La empatía y la compasión son rasgos de lucidez, la posibilidad de ponerse en los zapatos del otro, de transmutar la piel y enmascararse con un rostro ajeno es un ejercicio de pura inteligencia" (Fernández 53). Sucesivamente le concede a Valenzuela lo que la serie deja en suspenso: su transformación "real": "creo que usted fue finalmente inteligente" – o, como propondría probablemente Hannah Arendt: finalmente recuperó la memoria. El texto propone así un pasaje entre los actos del torturador Valenzuela y su repentina lucidez en el que se convierte de perpetrador en testigo y pone en tensión las categorías jurídicas y éticas de confesión y testimonio. Sobre sus declaraciones acerca del destino final de aquellos que murieron –los hundidos– el texto intenta la recreación ficcionalizada de la perspectiva subjetiva de las víctimas, con lo cual sus palabras se constituyen al menos en este sentido específico en testimonio en el sentido de Agamben: porque testimonia por aquellos que ya no lo pueden hacer. La escisión constitutiva del sujeto hablante se conjuga aquí por tanto de manera específica entre el "yo hice" y el "yo hablo" como una modalidad de la subjetivación y desubjetivación implicada en cada acto de habla.

Que esto no lo exime de culpa ni deshace lo hecho se significa en la metáfora final, proveniente una vez más de un referente popular: el monstruo de Frankenstein, que surge en una conversación con M, la pareja de Fernández: "imagino el paisaje blanco del Ártico y esa criatura, mitad bestia y mitad humana, deambulando por el vació, condenado a la soledad (...). El monstruo se arrepintió, insisto. (...) ¿Ese gesto no tiene valor? Puede tenerlo, dice M. Pero eso sólo lo convierte en un monstruo arrepentido" (Fernández 229). Evidentemente el monstruo funge aquí como metáfora para articular la ambivalencia que –aún al final de sus reflexiones– permanece. Es así como el texto cifra en última instancia el carácter híbrido de Valenzuela quien pese a su acto valiente no es igualable a Schmidt, aquel hombre evocado por Arendt– ni conforma un "clímax dramático", ni hace que "este planeta siga siendo un lugar apto para que lo habiten seres humanos" – sólo lo muestra en su contradictoriedad y complejidad.

¿Conclusiones?

Para terminar este análisis quisiera apuntar que en la serie el dramatismo se articula en la puesta en escena de los cuerpos, de las víctimas como del perpetrador de tortura, mientras que lo niega en el momento del testimonio como fisura en la configuración ética del personaje Pastene. En segundo lugar, este relato coincide al menos aparentemente y en términos generales con lo que en el contexto político de la producción y primera emisión (es decir el gobierno de Michelle Bachelet) fue la política oficial y consensual de memoria con una clara delimitación de víctimas y victimarios. En este sentido, cabe constatar otro vacío en la representación del perpetrador: las operaciones disciplinarias y adiestramientos que realizó el mismo régimen dictatorial sobre su cuerpo.

La serie contiene no obstante ciertas claves que se resisten al discurso hegemónico como la mencionada insinuación de un contexto ideológico-económico mayor. Estas claves, tal como la realidad terrorífica debajo del espectáculo televisivo/mediático armado por la dictadura que no fue legible para todos, no son fácilmente descifrables y requieren una lectura no sólo en términos éticos sino también económicos. El texto de Fernández, que aparece como reverso del espectáculo y los "clímax dramáticos", ahonda en estos matices, en los tonos grises que no se incluye en la memoria hegemónica tal como se despliega en el Museo de la Memoria, aunque tampoco nombra las exclusiones relacionadas con la reestructuración económica y política del país.

Desde esta perspectiva cabría pensar por último la misma construcción de memoria colectiva como cruzada por la cuestión de clase, ya que la producción de estas representaciones, tanto literarias como televisivas, requieren tanto de educación como de recursos. Podría aventurarse la pregunta si en este punto hay una convergencia entre ciertas víctimas y ciertos victimarios –como aquellos que representa Pastene/Valenzuela como proveniente de la clase baja– cuyos cuerpos fueron disciplinados, si bien de forma muy diferente, por la dictadura, y que no están representados dentro de la memoria hegemónica.

Si miramos por último los sucesos recientes en Chile, en el contexto del llamado estallido social, podemos, tal vez, pensar que ese sujeto social reprimido y excluido como actor ha vuelto a levantar su propia voz (que desde luego no es una sola), y ha redefinido con lemas como "no son treinta pesos, son treinta años" –una lección que nos enseña Avelar cuando afirma que "the dictionary is the battlefield" (2001: 262)– los términos de la Transición tanto en torno a la memoria como a las exclusiones.

Bibliografía

Acuña, Nicolás. *Los archivos del cardenal.* Serie televisiva, 2011.

Achugar, Hugo. "Historias paralelas / ejemplares: La historia y la voz del otro". *Revista de Crítica Literaria Latinamericana*, Nr. 35, 51-73, 1992.

Agamben, Giorgio. *Lo que queda de Auschwitz. El archivo y el testigo.* Pre-Textos, 2000.

Arendt, Hannah. *Eichmann en Jerusalén. Un estudio acerca de la banalidad del mal.* Lumen, 2003.

---. *Über das Böse.* Piper, 2007.

---. *Was heißt persönliche Verantwortung in einer Diktatur?* ["Personal Responsibility Under Dictatorship"]. Piper, 2018.

Augstein, Franziska. "Taten und Täter". Arendt, Hannah, *Über das Böse. Eine Vorlesung zu Fragen der Ethik*, 2007, pp. 177-195.

Avelar, Idelber. "Five Thesis on Torture". *Journal of Latin American Cultural Studies*, Vol. 10, Nr. 3, 2002, pp. 253-271.

Benfeldt-Zachrisson, Fernando. "La tortura como forma de represión intensiva en América Latina: Psicología de sus métodos y práctica". Ugalde, Antonio/Zwi, Anthony (comp.). *Violencia política y salud en América Latina.* Nueva Imagen, 1994.

Fernández, Nona. *La dimensión desconocida.* Literatura Random House, 2016.

Genschow, Karen. "La memoria de los cuerpos. La representación de la tortura en *Los Archivos del Cardenal*". *Sociocriticism*, Vol XXXII, 1, 2017, pp. 81-116.

González, Mónica. "Confesiones de un agente", en: Insunza, Andrea et al.: *Los Archivos del Cardenal. Casos reales.* Catalonia, 2011.

Goycoolea, Adrián. *¡Viva Chile mierda!* Largometraje documental, 2013.

Todorov, Tzvetan. *Memory as a Remedy for Evil.* Seagull Books, 2010.

Valenzuela Morales, Andrés Antonio. "Declaración jurada ante la Vicaria de la solidaridad". *Revisa Mensaje*, N. 336, Enero-febrero 1985 http://www.memoriaviva.com/criminales/criminales_v/valenzuela_morales_andres_antonio.htm

Vidal, Hernán. *Poética de la tortura política en Chile*, Mosquito Editores, 2000.

Cuerpos mutilados en *La Casa de la Belleza*: hacia una lectura crítica de Colombia como territorio de violencia y belleza

Reindert Dhondt
Universidad de Utrecht

Introducción: el nexo violencia-belleza en la cultura y la literatura colombianas

La violencia supuestamente endémica y el culto a la belleza corporal son dos elementos conformadores de la cultura colombiana actual. El primero se remonta a la época de la Violencia y se ha exacerbado con el narcotráfico a partir de los años 1970, aunque no se limita a un presunto rasgo nacional (Patiño Villa 2005; Dennis 2006; König 2008), ya que se ha convertido en un estereotipo continental. Ya en 1970, Ariel Dorfman caracterizó a América Latina como el "fruto de una violencia prolongada" (11), que los habitantes hubieran internalizado como seña de identidad.[6] Si bien se produjo en las últimas décadas una evolución de una violencia mayoritariamente estatal e instrumental a una violencia criminal y anómica, la afirmación de Dorfman refleja una opinión común que todavía persiste. Pensemos, a este respecto, en la exotización de América Latina como tierra violenta por excelencia o como cuna del mal, como se desprende de películas como *Amores perros* (2000) o de la narrativa de Roberto Bolaño (Sánchez Prado 2006; Lainck 2014).

El segundo elemento se evidencia en el despliegue público de la belleza femenina en bailes, carnavales u otras fiestas colectivas que refuerzan los dos polos en torno a los cuales la imagen de la mujer se construye en Colombia, de acuerdo con la dicotomía marianismo-machismo: la madre de familia casta, pura y abnegada *versus* la mujer pública y mundana

[6] Dorfman juega con la famosa proposición cartesiana para resaltar que América Latina es, en su esencia, violenta: "En Europa, la violencia existe porque yo soy 'libre' se supone que hay un yo ajeno a la violencia, capaz de decidir frente a ella, diferenciable y aparte. En América [Latina] la violencia es la prueba de que yo existo." (14)

como objeto de deseo y fantasía. El sistema patriarcal valora el poder del hombre como sostén de la familia, mientras que el valor principal de la mujer radicaría en su belleza física. Este culto a la apariencia corporal es visible en la popularidad del Concurso Nacional de Belleza y la gran cantidad de certámenes regionales y, más recientemente, en la proliferación de clínicas y salones de belleza, que quieren adecuar los cuerpos a las formas ideales de modelos que aparecen en los medios de comunicación de masas.

No ha de sorprender que el nexo violencia-belleza en la cultura colombiana haya sido frecuentemente el objeto de estudio de las ciencias humanas y sociales. Así, el historiador Michael Stanfield se centra en el binomio de la 'bella' y la 'bestia' en su estudio sobre la importancia sociocultural y política de la belleza femenina en Colombia. Para Stanfield, la belleza se ha convertido en un símbolo cultural nacional de bondad y salvación en el contexto de una violencia extrema. La obsesión por lo be-llo puede verse como una válvula de escape con la que se pretende desmentir la violencia: "one major reason that Colombians value beauty so much is that the terror of the beast reinforces gender roles. (…) Colombians need beauty to literally and figuratively put a good face on the nation" (2-3).

El antropólogo y colombianista Michael Taussig, por su parte, reproduce el mismo binomio en su estudio *Beauty and the Beast* (2012) para indagar en la relación entre lo macabro y la búsqueda de la belleza a través de la cirugía cosmética y otras prácticas embellecedoras. Si bien Stanfield ve en la belleza una contraimagen y una escapatoria de la violencia, Taussig no se acerca a los estereotipos como dos polos mutuamente exclusivos, sino como una unidad contradictoria al insistir en la estetización como violencia y en la violencia como estética. Trazando un paralelo entre la limpieza del cuerpo colectivo (la limpieza social dirigida contra indigentes, gamines y prostitutas, que se suma a la violencia de un conflicto interno de larga data) y la limpieza del cuerpo individual, Taussig interpreta la cirugía plástica como una metáfora de las mutilaciones que los paramilitares, los guerrilleros y los narcotraficantes ejercen sobre el cuerpo de sus víctimas. Basándose en el concepto de *dépense* o gasto improductivo de

Georges Bataille, observa una sinergia entre glamour y terror, que no solo se ve en el fenómeno de la narcomoda, sino en la sociedad colombiana en su conjunto. De acuerdo con Taussig, Colombia no es un caso excepcional, pero sí el país donde se aprecia la estetización del terror y de la vida cotidiana de modo más nítido, como última expresión del ímpetu barroco en América Latina que se caracteriza por su esteticismo, artificialidad y transgresión.[7]

Por lo que se refiere a los estudios sobre la corporalidad en la producción cultural sobre la violencia en Colombia, éstos suelen centrarse en lo abyecto, la mirada escópica o voyerista masculina o la erotización de la víctima femenina, de acuerdo con la contigüidad clásica de Eros y Tánatos. La mayor parte de la producción cultural sobre la violencia en forma de novelas y películas retratan lo que Jean Franco ha llamado 'crímenes expresivos', es decir crímenes en los que los cuerpos ilustran la lógica de los asesinos, como se desprende de la forma peculiar que reviste el feminicidio en Ciudad Juárez: "These crimes publicized the killers' power and impunity, and the victims' mutilated bodies dramatized the killers' deep-rooted misogyny" (21). Además de las imágenes estetizantes de la violencia cruda focalizadas externamente, desde una perspectiva distanciada e insensible, los cuerpos también quedan reducidos a meras mercancías o accesorios.

En la narrativa colombiana actual se pueden distinguir *grosso modo* tres géneros literarios que presentan esta tendencia a la cosificación del cuerpo femenina. El primer género en el que se observa esta cosificación y sexualización del cuerpo femenino son narconovelas como por ejemplo *Sin tetas no hay paraíso* (2005) de Gustavo Bolívar Moreno, donde se representa el cuerpo femenino como un mero trofeo, como un bien lujoso en

[7] Se trata de una belleza mercantilizada, uniforme y descartable: "Their *imago* [de las mujeres jóvenes que desean tener novios criminales] –silicone breasts, expanded ass, liposuction thinness– has given rise to a boom in fashion and beautification that not only absorbs male as well as female energies and fantasy, but speaks more generally to the body as emblem and vehicle for a way of being that has displaced work and discipline in favour of style, transgression, and eroticized excess. This same aesthetic now sweeps the world to encompass war, torture, mutilation, and the frenzy of the new capitalist economy seeking respite in what is called, all too sedately, 'consumption.'" (Taussig X)

la cultura 'traqueta' o mafiosa que cancela la agencia y la voluntad de las mujeres y que normaliza la cirugía plástica en un contexto de pobreza y falta de alternativas profesionales. La telenovela del mismo título (2006) tampoco resalta los problemas asociados con la sumisión a ideales corporales inalcanzables y artificiales y la docilidad sexual de los personajes femeninos.

Otro género codificado que se centra en la violencia delincuencial en Colombia es la novela sicaresca antioqueña, que tiende a resaltar la belleza de los propios criminales. Así, en la visión del narrador cínico de *La Virgen de los sicarios* (1993) de Fernando Vallejo, los jóvenes asesinos a sueldo exhiben una belleza deslumbrante, aunque efímera, y poseen una pureza "incontaminada de mujeres" (2002: 25) que les asemeja a ángeles exterminadores encargados de la justicia divina que se deshacen de cuerpos desechables, que son borrables del imaginario social. Asimismo, en la novela *Rosario Tijeras* (1999) de Jorge Franco se juega con la misma oposición entre un ambiente urbano depravado y la extraordinaria belleza física de la sicaria como *femme fatale* devoradora y castradora, que irradia una especie de inocencia inquietante.

Por último, el tercer género literario que indaga a menudo en los nexos entre belleza y poder criminal, así como entre violencia y excitación sexual, es la novela negra clásica, en la que la solución del asesinato es menos importante que la visión desencantada con respecto a la violencia sistémica y la ambigüedad moral del propio detective. Según Glen S. Close (2012: 100), la mayoría de las novelas negras de habla hispana se caracterizan por una escena 'necropornográfica' misógina que reproduce las fantasías de una violencia erótica sin despertar ningún sentimiento de culpabilidad en el lector. Así, en la novela *La modelo asesinada* (1999) de Óscar Collazos se estiliza la violencia y se sexualizan cadáveres femeninos, perpetuando así las fantasías asesinas de una mirada masculina lujuriosa, sin atender a las implicaciones morales de esta visión *hard-boiled* (Close 2008: 67).

No obstante, también existen novelas que se centran en el feminicidio sin encajar en ninguno de estos tres géneros. Se trata de narrativas que no representan a las víctimas como meros objetos sexuales carentes de agencia, sino que ofrecen un contradiscurso capaz de transgredir y desmantelar los valores tradicionales de un patriarcado que no usa necesariamente la coerción física, sino el consentimiento de las víctimas. En lo que sigue, nos centraremos en cómo, desde una perspectiva femenina, la novela de Escobar contrarresta los efectos anestésicos causados por el consumo de imágenes violentas al centrarse en una agresión menos espectacular, en un tipo de violencia cotidiana derivada de una belleza uniforme como ingrediente de la subordinación de la mujer en la sociedad colombiana actual, más allá de una subcultura en particular.

La Casa de la Belleza: de la belleza de la violencia a la violencia de la belleza

A través de una narración de tiempo y espacio fragmentados, *La Casa de la Belleza* aborda el vínculo entre belleza y violencia en Colombia de manera poco convencional, al centrarse en un caso de feminicidio desde la perspectiva de mujeres que frecuentan el mismo salón de belleza y al rechazar la tradición misógina y necrófila que caracteriza la vertiente latinoamericana de la novela negra según Close (2008). *La Casa de la Belleza* ha sido clasificada como novela negra por la editorial, la autora misma y la crítica literaria (Peñuela 2015; Alvarado 2016), pero en realidad se trata más bien de una ficción investigativa que mezcla ingredientes de la novela social, ya que se nos ofrece una radiografía despiadada de las desigualdades y la segregación de la sociedad colombiana, y rasgos de la novela de apren-dizaje, centrada en la educación sentimental y la actitud arribista de varios personajes. La novela tampoco se deja encasillar como un *whodunnit* en sentido estricto, ya que la búsqueda de la identidad del autor del delito es eclipsada por la exploración de las relaciones entre sexos, clases y edades. La dimensión de denuncia social no ha de sorprender porque ésta es mucho más central en la variante latinoamericana del género negro que en los modelos europeos y estadounidenses del *hard-boiled* (Adriaensen y Grinberg Pla 10). Además, *La Casa de la Belleza* puede considerarse una novela de crítica social de corte realista por la diversidad de registros lingüísticos y el retrato sociológico del sector de la belleza, pero también por integrar elementos de la actualidad colombiana de los últimos años, por ejemplo la boda de rito tridentino de la hija del Procurador general a la que concurrieron las élites políticas y religiosas del país, el fraude de las afiliaciones irregulares a las EPS (Entidades Promotoras de Salud) privadas, o el asesinato de un agente de la DEA durante un 'paseo mi-llonario'.

Además de esta hibridación genérica constitutiva y el comentario sobre la actualidad, la novela de Escobar también juega con los esquemas preestablecidos de la narrativa negra al optar por un personaje femenino que asume el papel de detective y de narradora en primera persona. Es precisamente esta óptica femenina la que ha sido elogiada por la crítica literaria, que no tardó en calificar la novela de feminista. Así, la revista francesa *L'Express* la presenta como la "réponse féministe à la serie Narcos" (Peras 36), aunque eso no quiere decir que los personajes femeninos sean intachables o moralmente superiores a los hombres.

En nuestra lectura de la novela, nos centraremos menos en lo que Slavoj Žižek, en su estudio *Violence: Six Sideway Reflections* (1-3), ha calificado la 'violencia subjetiva', es decir la violencia más visible que so-cava la normalidad pacífica y que tiene un origen claramente identificable como en el caso de un homicidio o un conflicto bélico, sino que prestaremos más atención a los dos tipos de 'violencia objetiva' que el filósofo esloveno distingue, que son menos visibles porque se trata de una violencia inherente al estado normal de las cosas. Más en concreto, se trata de una violencia sistémica (una violencia estructural que es la consecuencia de la organización socio-económica o política, como la corrupción generalizada, la desigualdad y la violencia de género en la novela) y de una violencia simbólica que se ejerce y se perpetúa a través del discurso (p.ej. el discurso en torno a los estándares de belleza o la violencia lingüística de tipo racista en *La Casa de la Belleza*). Se trata, según Žižek, de una violencia difícilmente identificable y rastreable que es capaz de explicar irrupciones violentas – a primera vista irracionales – a nivel individual. En efecto, el concepto de la violencia objetiva permite llamar la atención sobre aquellos valores culturales que pueden tener incidencias profundas sobre nuestras vidas, pero que pasan desapercibidos por ser hegemónicos. A nuestro entender, es en este nivel donde radica el verdadero potencial crítico de la novela, que – lejos de estetizar la violencia subjetiva – desenmascara la búsqueda de la perfección y las normas de belleza como una maldición nacional y como una forma de autoesclavización.

La Casa de la Belleza como lugar de confluencia y confidencia

La casa de la belleza referenciada en el título es un salón de belleza en Bogotá que es el espacio físico que interconecta las cuatro tramas principales de la novela: (1) la historia de Claire Dalvard, una psicoanalista divorciada e independiente que pertenece a la clase alta intelectual y que regresó a Bogotá tras varias décadas viviendo en Francia; (2) la historia de Karen, una mulata cartagenera de una hermosura extraordinaria que prueba su suerte como esteticista en Bogotá; (3) la historia de un feminicidio de una clienta de Karen; y (4) la historia de una amiga de Claire que trabaja como escritora fantasma para su exmarido, un exitoso autor de autoayuda involucrado en una trama de corrupción y que a su vez inicia una relación amorosa con Karen.

El detonante de la historia principal es el homicidio de una muchacha de diecisiete años, cuya violación y estrangulación se narran en varios capítulos intercalados. Estas escenas están focalizadas desde la mirada de la víctima, que gradualmente se va dando cuenta de que su príncipe azul es un psicópata monstruoso que encarna 'la bestia'. En estos capítulos no se estiliza la violencia, sino que se enfatiza la incomprensión y el pavor de la adolescente que acudió al salón de belleza para una depilación, a fin de cumplir con los antojos de su futuro asesino en términos de belleza. La chica se siente paradójicamente empoderada gracias a la visión del cuerpo como un instrumento maleable y perfectible y las prácticas de belleza a su disposición, y al mismo tiempo subyugada por la imagen ideal a la que quiere aproximarse. De cierta forma, la violencia que experimenta proviene de la presión social de conformarse y de agradar. Además, su disposición mental de complacer y obedecer a todo el mundo le imposibilita a la víctima resistir físicamente en una situación de peligro: "Se sentía débil, tenía miedo y, sin embargo, esa costumbre de agradar, de nunca contrariar, le impedía moverse" (122). El discurso forense crudo del informe de necropsia, que se reproduce en uno de los capítulos, apunta hacia un realismo clínico que subraya detalladamente la agresión perpetrada sobre el cuerpo de la difunta, sin caer en la morbosidad y el goce estético.

El salón exclusivo en la Zona Rosa aparece en la novela como un microcosmo donde el estrato seis de la sociedad capitalina entra en contacto con las capas sociales menos favorecidas. De acuerdo con *The Managed Heart: Commercialization of Human Feeling* (1983) de la socióloga Arlie Russell Hochschild, la economía de servicios moderna instrumen-taliza sentimientos para fines lucrativos, a fin de agradar y fidelizar a los clientes. Así, en el oficio de esteticista la habilidad de establecer lazos íntimos con los clientes mediante una 'gestión de impresiones' – en el sentido goffmaniano – a nivel emocional es primordial, lo cual puede llevar a una suerte de agotamiento emocional y alienación debido a la posible disonancia entre las emociones expresadas y las sentidas (Russell Hochschild 7). Salones de belleza como el que aparece en la novela son espacios de homosociabilidad donde el 'trabajo emocional' se complementa con un 'trabajo corporal' que se traduce por un contacto directo con un cuerpo ajeno, mientras que el cuerpo propio se usa como vehículo. A esto se añade que las dinámicas de intimidad física en el trabajo de cuidado suponen una gran familiaridad y capacidad de escucha, como si el esteticista fuera un terapeuta. Este ambiente de confianza en la cabina-confesionario permite que las clientas, que son "inseguras de su feminidad" (24) según la dueña del salón, se abran y se desahoguen. El mercado de la belleza explota esta inseguridad. Al mismo tiempo, el salón funciona como un espacio de comunicación entre diferentes grupos sociales y étnicos que normalmente no interactúan. La novela se centra en esta mercantilización de la vida íntima a nivel de la fábula o diégesis, pero también a nivel metaliterario ya que al final nos enteramos de que el relato ha sido escrito por Claire, con el supuesto propósito de probar la inocencia de Karen. De este modo, el libro integra una reflexión sobre el papel moral del escritor, ya que Claire – un personaje sofisticado, pero también soberbio y hasta antipático –

revela ser una narradora no fidedigna debido a su implicación emocional en la historia (el amor platónico que siente por Karen) y el papel ambiguo que juega en la condena de Karen (al haberle arrancado una confesión incriminatoria mediante un hipnótico). Precisamente por la diferencia social entre Karen y Claire, así como la discrepancia entre el relato y las suposiciones del lector implícito acerca de las intenciones de la narradora, la novela invita al lector a reflexionar sobre la cooptación del sufrimiento ajeno.

Por su disposición a escuchar, Karen acabará siendo la confidente de su clientela, lo cual le permitirá aclarar el misterio del asesinato. Al mismo tiempo esta hermandad hace que los hombres asocien el salón con cierto secretismo, pensando que sus esposas están "conectadas en un espacio vedado a los hombres desde donde cabían todas las conspiraciones" (206). El personaje de la psicoanalista también ve paralelos entre su profesión y la de la esteticista, ya que ambos presuponen cierto grado de vulnerabilidad para el cliente: "La camilla se le parece al diván. Es ahí donde la mujer tiende su cuerpo indefenso, en un gesto de entrega" (26). Hasta Claire, una mujer nostálgica de 59 años que lucha contra el deterioro físico, cede ante el discurso que acentúa las posibilidades de rejuvenecimiento y relajación, y termina por ver el centro estético como un remanso que brinda compasión, consuelo y comprensión. Mientras que en esta escena Claire preconiza el salón como "tierra de mujeres de modales refinados" (109), antes relacionaba la industria de belleza con la vulgaridad, la artificialidad y el machismo, como se desprende de la extensa diatriba con la que empieza la novela:

> Odio las uñas postizas de colores extravagantes, las cabelleras falsamente rubias, las blusas de seda fría y los aretes de brillantes a las cuatro de la tarde. (...) Odio todo lo que representan estas mujeres no biodegradables de cejas depiladas. (...) Todo es muy confuso, estas mujeres-niña-macho me perturban, me agobian, me hacen pensar en todo lo que está roto y estropeado en un país como este, donde el valor de las mujeres está

> determinado por el tamaño de sus culos, la redondez de sus pechos y la estrechez de su cintura. (10)

La casa de servicios estéticos promueve según Claire un "universo mafioso que desde hace más de treinta años predomina en la estética del país" (10). Pero a pesar de estos reparos y su propio discurso intelectual distante,[8] Claire termina por reconocer la función social de los salones, sobre todo en términos de lo que Miliann Kang ha llamado *pampering body labor* (8), que combina cuidados físicos (tocar, masajear, acariciar, etc.) con servicios de atención emocional.

Este contacto piel a piel es la gran diferencia con respecto al diván del psiquiatra. Claire queda en primera instancia fascinada por la belleza deslumbrante de su esteticista mestiza y, más tarde, empieza a interesarse por la historia de Karen e incluso se propone escribirla. Para la narradora resulta extremadamente difícil sustraerse a la 'mirada masculina' (*male gaze*), puesto que describe todas las mujeres a partir de su aspecto físico. Karen se concibe como objeto de exhibición y contemplación, aunque no para el disfrute masculino. El tratamiento en la cabina le permite a Claire sentirse viva, aunque también siente desconcierto al ver a su estilista que está constantemente juzgada y reducida a ornamento: "Karen hablaba y yo solo podía sentir mi cuerpo vivo, acompasado con el universo, vibrante" (76). Además de la sensación visual, la percepción háptica desempeña un papel central. Así, el tacto le permite a la madre de la muchacha asesinada detener un llanto desconsolado y "liberar[se] de un dolor subterráneo" (69). La cabina aparece de este modo como un espacio de sinceridad donde se puede dejar de mantener las apariencias y dar rienda suelta a sus sentimientos sofocados.

[8] Véase, a este respecto, por ejemplo, el fragmento siguiente: "Al final, envejecemos siempre, desde el día en que somos arrojados a este mundo, y sin embargo toma tanto tiempo hacerlo consciente. No vemos nada. No nos vamos viendo desaparecer, así como la belleza no mira, solo es mirada." (107)

La ideología de la belleza

Los discursos culturales sobre la belleza y las prácticas de belleza pertenecen al régimen normalizador y disciplinario de transformación de cuerpos. En este sentido, el salón de belleza produce "cuerpos dóciles" en el sentido de Michel Foucault (139): funciona como un sitio que disciplina los cuerpos de las mujeres para que conformen los cánones de belleza, mientras que disciplina los cuerpos de las empleadas para prestar los servicios necesarios. Mientras que la reflexión de Foucault sobre el cuerpo como sitio del poder es proclive a pasar por alto cuestiones de género, la novela de Escobar explora cómo, a través de la industria de la belleza y su retórica, los cuerpos femeninos son más moldeados y disciplinados que los masculinos. Es más, la novela también resalta que algunos cuerpos femeninos están más sujetos a formas de disciplina-miento que otros, según el estrato, la región, la etnicidad, la pervivencia de prejuicios coloniales, etcétera. Escobar adopta, efectivamente, una perspectiva interseccional sobre la violencia al indagar en la imbricación entre diferentes tipos de opresión. La imposición e internalización de un canon de belleza único, eurocéntrico, se observa por ejemplo en la fascinación de Karen por la tez blanca, que termina por socavar su identidad. Si bien es cierto que varias clientes acomodadas le envidian su belleza, la homogeneización de los criterios a partir de los cuales se define 'lo bello' instiga un sentimiento de autodesprecio en Karen.

La supremacía de cánones estéticos occidentales permite a las clientas bogotanas eurodescendientes tratar el grupo étnico al que pertenece Karen como inferior, incivilizado y desprovisto de belleza. Estos pasajes de la novela destacan la importancia del cuerpo como idea cultural (es decir, el cuerpo imaginario entendido como mito construido en las narrativas ideológicas de la moda y los medios de comunicación, que se opone al cuerpo biológico), ya que la belleza de Karen se presenta como amenazante precisamente por ser *diferente.* La violencia que ejercen las clientas contra Karen se intensifica además por la emocionalización que caracteriza su profesión: la industria de belleza no permite consumir mercancías, sino que genera y capitaliza significados y emociones.[9] Se trata de un tipo de violencia generalmente obviada e invisibilizada, una 'violencia psico-estética' (Pineda 52) que termina por impactar profundamente la subjetividad. Si bien la narradora resalta la hermosura y la sencillez de Karen, como "orquídea de la más fina delicadeza cayera por azar en un charco de lodo" (16), la 'bella' no le permitirá olvidar la 'bestia', sino que acaba generándola.

Karen sufrió una evolución similar al cambio de mentalidad de Claire con respecto a la cultura de belleza, como si fuera la protagonista de un *Bildungsroman* invertido. Dentro de la lógica del relato, su transformación de una mujer feminista y consciente de sí misma a una mujer influenciable y desprovista de autonomía resulta algo sorprendente, pero es precisamente este juego con lo inverosímil el que permite exponer la fuerza de las maquinarias mediáticas y la ideología del blanqueamiento en Colombia. Como estudiante universitaria, Karen lee vorazmente *Le deuxième sexe* (1949) de Simone de Beauvoir – obra fundacional de la segunda ola feminista – y la poesía negra de Jorge Artel, en particular su "Poema sin odios ni temores" (*Temblores en la noche*, 1955), que le despertó una "caótica revolución" (33). Estas lecturas emancipadoras hacen que se sienta orgullosa de sus antepasados afrocolombianos en vez de avergonzarse por ciertos rasgos fenotípicos: "Fue entonces cuando comenzó a mirar distinto a las mujeres de cejas depiladas y a dejarse crecer pelo en las axilas como una expresión de libertad. 'No estoy en este mundo para complacer al hombre', le respondió a su mamá" (33). Sin embargo, resulta difícil deshacerse de la lección de vida de su madre que "acostarse con un hombre con condón era recibir trato de prostituta" (35), y por consiguiente, termina como madre soltera. Se ve obligada a dejar a su hijo atrás e ir a Bogotá para ganar más dinero, con el firme propósito de traer a su hijo a la capital, un sueño que se revelará ilusorio. Su madre le apostaba a la hermosura de Karen como "la mejor manera de salir de pobre" (33) y se de-

[9] Sobre el capitalismo de la emoción y el cuerpo como objeto de optimización estética, ver el estudio *Psicopolítica* (2014) de Byung-Chul Han.

cepcionó cuando no quiso aprovechar de ella, pero en Bogotá Karen caerá víctima de su propia ingenuidad y su tendencia a embellecer la realidad. La primacía del aspecto físico en su identidad y las actitudes machistas sedimentadas durante generaciones hace que no contemple otros modelos de feminidad y vea la belleza como el único modo para ascender socialmente: ya desde niña "quería ser reina de belleza" (257), a pesar de que los reinados desvalorizaban tradicionalmente las culturas minoritarias como la africana en el proceso de definir los rasgos estéticos portadores de la colombianidad.

La lectura que hace Karen de los textos sobre la negritud y la filosofía feminista no la lleva a un empoderamiento. Al contrario, Karen sigue creyendo en lo que Naomi Wolf ha llamado 'el mito de la belleza'[10], una concepción esencialista de la belleza física entendida como una ca-lidad que existe de manera objetiva y universal y que todas las mujeres deberán encarnar. De acuerdo con esta idea, en cuanto una mujer alcanzase la belleza, se haría automáticamente feliz. Wolf define el mito como "a violent backlash against feminism that uses images of female beauty as a political weapon against women's advancement" (9). Entendido como reacción patriarcal, el mito deshace de manera soterrada los logros de la segunda ola del feminismo en términos de libertad sexual al tomar el relevo de una mística de la feminidad (Friedan 2001) basada en la maternidad y la domesticidad, que se suelen englobar en América Latina bajo la etiqueta del 'marianismo', por muy problemática que sea (cf. Stevens 1973; Navarro 2002). El mito de la belleza, que está estrechamente ligado al consumismo y una lógica capitalista y deshumanizadora, lleva a un sometimiento social a través de la estética imperante y a una erosión de la autoestima. Es precisamente este mito el que le imposibilita a Karen empoderarse y que le lleva a "olvidarse de quién era" (259), resultando en una experiencia de

[10] Cf. "The beauty myth tells a story: The quality called 'beauty' objectively and universally exists. Women must want to embody it and men must want to possess women who embody it. This embodiment is an imperative for women and not for men, which situation is necessary and natural because it is biological, sexual, and evolutionary: Strong men battle for beautiful women, and beautiful women are more reproductively successful. Women's beauty must correlate to their fertility, and since this system is based on sexual selection, it is inevitable and changeless." (Wolf 12)

autoalienación. Su amiga le recrimina que haya dejado de mandar remesas a su familia para poder comprar bolsos y perfumes y otros atributos de la belleza: "ya solo quieres cosas bonitas, *bitch*" (209).

En una sociedad tan marcada por la perpetuación de la pigmentocracia colonial como Colombia, el mito de belleza explica por qué una mulata caribeña como Karen quiere alisar sus cabellos con productos químicos o con la plancha: "Tener el pelo liso es tan importante como usar un sostén, es parte imprescindible de la feminidad" (17). Por el profundo arraigo del racismo y del patriarcado, Karen termina por interiorizar una visión del mundo y unos estándares de belleza que van radicalmente en contra de las luchas emancipadoras que entienden la feminidad y la belleza como un constructo. En este contexto, es llamativo que Karen no se considere a sí misma como una mujer negra, lo cual se traduce en un descentramiento de su identidad (el cuerpo moreno pasa al territorio de la otredad) y en ciertas fobias discursivas ("el miedo de decir negra"; 259). Ni siquiera soporta verse a sí misma en el espejo e interpreta ciertos rasgos físicos de acuerdo con la geografía social y la estratificación socioeconómica:

> En la televisión siempre hablan del cabello brillante, sedoso, suave, nada de eso es el pelo de negro. El afro es para los que viven en las invasiones de El Pozón, así me enseñó mi mamá desde pequeñita, para los que viven entre la basura o en los charcos, sin trabajo, sin siquiera papeles, sin una casa. (193)

Esta cita pone al descubierto la violencia simbólica que se ejerce sobre Karen, que es cómplice de la dominación social y cultural a la que está sometida (Bourdieu y Wacquant 167). La novela rastrea esta violencia subyacente e invisible que permea muchos regímenes discursivos – incluso la producción sociodiscursiva en torno a la belleza, que busca regular el deseo – como fuerza ideológica que se esconde tras la aparente neutralidad de un saber dóxico. Al mismo tiempo, la novela va más allá de una explicación meramente ideológica (la violencia sistémica que procede del patriarcado o del neoliberalismo), al centrarse en la dimensión emocional y las formas de diferenciación social como factores explicativos de una violencia objetiva.

El clasismo y la discriminación racial en el salón de belleza desembocan en una violencia lingüística por parte de las señoras bogotanas que buscan diferenciarse de las empleadas. Es más, las empleadas deben aguantar y sonreír incansablemente, mientras que las clientas tienen el "privilegio de tratar[las] con antipatía" (157). En otras palabras, la sinceridad que reina en la cabina revela ser unilateral: sólo se aplica a las clientas. Así, una de ellas llama la clase económica de compañías aéreas *Indian Airlines* (72) y pasa a hablar en inglés por teléfono porque piensa que de este modo las esteticistas no son capaces de seguir su conversación. Otra clienta, una presentadora de televisión cuya belleza está lejos de ser natural ya que sonríe todo el tiempo porque "se le había quedado la sonrisa pegada desde que se ganó el premio de la Niña Colombia a los ocho años" (64) y cuyos implantes parecen estar a punto de estallar, pregunta si el pelo liso de Karen es falso ante todo el salón, llamándola además "indiecita con taparrabos" de belleza "salvaje" (65). La hipocresía y la artificiosidad de las "mujeres entaconadas de falsas sonrisas" (16), diseñadas por el bisturí, y de "amabilidad impostada" (259) se oponen, en la visión de Claire, a la espontaneidad y la simpleza de Karen, que sería incapaz de impostar una sonrisa. Como una clienta lleva el mismo nombre que Karen, busca distanciarse de ella mediante el apodo peyorativo de "Pocahontas", lo cual no le molesta a Karen porque en su visión inocente es, al fin y al cabo, una "india bonita que sale en una película de Disney" (194). En estos pasajes se evidencian los efectos nocivos de cierto pensamiento mágico. En la disneyficación del amor y de su sistema de creencias en general, está ausente la 'bestia', contrariamente a los cuentos de hadas tradicionales. Al igual que su clienta asesinada, Karen cree en el príncipe azul (122) y el amor romántico, mitos de los que ella desprende expectativas de conducta, pero que en realidad naturalizan la arbitrariedad cultural e histórica al promover y legitimar una relación jerárquica entre los sexos.

Más tarde, Karen adopta el apodo de Pocahontas cuando empieza a trabajar como 'prepago' o *escort* después del robo de sus ahorros, lo cual lo lleva a un consumismo desenfrenado de ropa y accesorios de marca en su intento de imitar los códigos de la moda que ve en las revistas: "no era el cuerpo desnudo de [su clienta] Rosario Trujillo lo que la hacía superior, era el precio de cuanto llevaba puesto" (156-157). Las señoras bogotanas de clase alta parecen vivir en su confortable burbuja, rodeadas de belleza y desconectadas de la 'bestia' que se apoderó de las regiones más remotas del país. Las pocas referencias a los desplazados y la guerrilla son reminiscentes de la situación de Karen, como migrante económica que está desconectada de su familia: la novela sugiere que haría bien en desmovilizarse de la lucha incesante de salir adelante en una ciudad hostil, a fin de poder volver a identificarse como hija o madre.[11]

No sólo su cliente adolescente, sino también Karen misma terminará cayendo víctima de la violencia de género ya que su casero abusa de ella. En la escena de violación – una escena breve, pero probablemente la más perturbadora de todo el libro – se enfatiza la parálisis que sufre Karen frente a la apariencia vulgar y abyecta del casero. Su agresor tiene uñas mugrosas y huele a queso rancio, y que la maltrata con la intención de evitar que Karen denuncie el robo que él mismo probablemente ordenó. Escobar muestra de manera convincente que la vida de alguien puede cambiar por completo en un santiamén, a pesar de que la propia víctima minimiza el abuso como si fuera un caso de sexo torpe y procede a la banalización de la violencia que le fue infligida: "La violación como trámite burocrático" (103). Lo más horripilante del pasaje es la compli-cidad de la mujer del casero, que le echa la culpa a una Karen traumatizada y acurrucada en una posición fetal, por vivir sola como una ramera. La estigmatización social y culpabilización de la víctima saltan a la vista en su discurso carente de compasión: "Métase a la ducha y quítese la vergüenza

[11] Es interesante el paralelismo que traza Escobar entre la alienación que sienten los guerrilleros en la selva amazónica y la que sufre Karen en la capital, adonde se trasladó en busca de una vida mejor. Al ver un anuncio de una campaña de desmovilización ("Guerrillero, desmovilízate, tu familia te espera"; 208), se da cuenta de que desamparó a su hijo.

de adentro. Sucia – le dijo. Karen obedeció. Un profundo desaliento le invadía todo el cuerpo" (103). Sin embargo, pronto se hace evidente que aplicarse Chanel No. 5 no basta como para arrancarse la suciedad: "Pasarían días antes de sentir la presencia de la ira en todo el cuerpo. De momento era solo dolor, miedo, fragilidad" (104). Lo que aumenta su malestar es lo que la narradora llama "la grisitud" (260) de Bogotá y las rejas electrificadas y otras barreras de protección contra el fantasma de la violencia. En la novela, el culto a la belleza aparece como una vía de escape en una ciudad llena de tristeza y dominada por la cultura del miedo, que a su vez trae consigo una fuerte estereotipación del otro.

El universo femenino de gran intimidad que es el salón no garantiza ninguna solidaridad ya que predominan los estereotipos y prejuicios, como se desprende de la dureza del trato social y la rivalidad entre las clientas del salón, entre las mujeres más veteranas y los *nouveaux riches*. El "arte del fingimiento" (155) que aprendió Karen le permite aparentar alegría y cortesía, y ocultar su acento caribeño y su pelo crespo. En realidad, todos los personajes se encuentran al final en una situación inmoral o indecente: o bien se callan porque tienen miedo o porque han sido sobornados, o bien engañan o encubren algo, del gurú de la espiritualidad que roba dinero de la salud pública y reproduce versos intrascendentes de vallenatos, a la presentadora de televisión con su cuerpo postizo. Un día Karen entra a *La Casa de la Belleza* con el pelo mojado y por lo tanto ondulado, por lo cual le entra un pánico espantoso. Se siente aún más ofuscada cuando su clienta del mismo nombre la trata de manera irrespetuosa, llamándola Pocahontas. La humedad y la visión del cuerpo desnudo de su clienta le producen náuseas y la llevan a automutilarse.

Cuando Claire se centra en la "sonrisa estática, como de guasón" (166) de Karen y le diagnostica síntomas somáticos de estrés postraumático (p.ej. taquicardia, hiperventilación, "hiperalerta frente a cualquier estímulo que les evocara lo sucedido, con conductas evasivas, a la defensiva o con un embotamiento de los sentidos, anestesiadas emocionalmente"; 119), quiere ayudar a Karen, que a su vez reacciona con desconfianza y hostilidad. Claire le administra analgésicos y la somete a un interrogatorio para desvelar la verdad. Las grabaciones de esta confesión forzada las entrega al fiscal, convirtiéndose de este modo en la cómplice del disimulo del feminicidio. En vez de enorgullecerse de ser la "confidente de una belleza del pueblo", la psicoanalista ve de repente en Karen "una puta viciada por la ambición", una sociópata cuya "belleza es un arma" (278), contribuyendo así a la criminalización de su pobreza y de su trabajo como prepago. En consecuencia, Karen termina en la cárcel como la víctima de una tesis prefabricada, como un chivo expiatorio injustamente imputado del feminicidio y de varios otros asesinatos. La solidaridad y lealtad entre las mujeres en *La Casa de la Belleza* no llevarán a un empoderamiento colectivo contra la corrupción y la violencia sexual. Más bien, el desenlace desesperanzador muestra las dificultades a las que se enfrenta una muchacha humilde cuyo capital principal consiste en su belleza física y que no cuenta con el apoyo familiar o el soporte de otras partes de la sociedad. La conciencia feminista inicial de Karen no logró vencer el machismo enraizado que ha asimilado.

El último capítulo toma la forma de un diario escrito por Karen misma desde la cárcel. En estas páginas nos enteramos de que Claire, que ha asumido el papel de narradora hasta este momento, está a punto de regresar a Francia, dejando a Karen sin esperanza. La leyenda de la 'taconera' que ronda a las internas le causa un gran desasosiego. En la solapa de la edición de Seix Barral figuran unos tacones de aguja con gotas de sangre, como sinécdoque de una belleza terrorífica que mina física y psicológicamente a las mujeres. No es fortuito que se trate de un personaje femenino cuyo apodo alude a un símbolo de la seducción y un atributo de belleza que no sólo duele, sino que deforma también el cuerpo. Al mismo tiempo, encarna la muerte que anhela Karen, como nueva manifestación de la dualidad de Eros y Tánatos: "la taconera se pasea antes de que muera una interna. (…) Quizá hoy por fin venga la taconera por mí. Quizás hoy sea el día de mi suerte" (291).

Conclusiones: la bestialidad de la belleza

En el universo poco alentador de Escobar, la belleza no ofrece una alternativa a la 'bestia' como en el binarismo de Stanfield, como tampoco les permite a los personajes olvidar o ignorar por completo la violencia subjetiva que desencadena la trama. Más bien, la belleza acarrea una maldición que genera y conserva formas de violencia más sutiles, pero no por ello menos nocivas, desatando la 'bestia' interior en cada una de las 'bellas'. La desdicha de la protagonista se origina en su creencia ciega en el mito de la belleza. En este sentido, la novela es claramente tributaria de la segunda ola del feminismo y no de la tercera[12]: tanto la bella joven provinciana, como su mundana clienta bogotana, terminan por sucumbir ante la fuerza del mito, dejando intacta la dominación patriarcal.

Es notable que *La Casa de la Belleza* presente la belleza física como un problema de clase y de raza, más que una cuestión puramente estética. De este modo, la novela disuelve el vínculo entre la identidad nacional y la violencia, y al mismo tiempo niega que la violencia sea achacable a un solo actor. En efecto, la novela se centra más en el feminicidio definido como la violencia estructural contra las mujeres (sin que sea posible personalizar el móvil) que en el femicidio entendido como la versión femenina de homicidio (lo cual tiende a despolitizar y desgenerizar el término; cf. Lagarde y de los Ríos 2006: 16), al resaltar la fealdad física y moral, de la repulsa visceral al autoodio y la automutilación, como parte integrante de la búsqueda de la belleza. Además, los personajes femeninos no sólo aparecen como víctimas, sino que son cómplices en la medida en que son responsables de la reproducción de un sistema patriarcal mediante la interiorización de patrones de belleza frecuentemente racializados. Al haber optado por una narradora prepotente y poco fiable, Escobar obliga a sus lectores a repensar sus propios prejuicios anclados en una sociedad androcéntrica dividida en castas, como 'sujetos implicados' (Rothberg 2019).

[12] La tercera ola feminista complejiza la relación entre agencia y belleza al afirmar que la cirugía cosmética o el trabajo sexual pueden verse como derechos a la autoexpresión y formas de empoderamiento.

Si bien es cierto que la perspectiva masculina queda relegada a un segundo plano en la novela, ofreciendo de este modo un abordaje unilateral de la violencia, la historia no opone la 'bella' a la 'bestia' como una polaridad básica en términos de género: no todas las mujeres son to-das víctimas y no todos hombres son todos victimarios. Además, hay una zona gris a nivel moral: la frontera entre los perpetradores en la novela, que distan de ser monstruosos, y las víctimas, que no son del todo inocentes, es tenue. Por la fabricación de coartadas y el encubrimiento de los crímenes en la novela bajo el discurso de la pobreza y de la otredad, las autoridades en la novela contribuyen a la invisibilización de violencias más sistémicas.

La Casa de la Belleza rechaza rotundamente la estetización de la violencia como un producto *made en Colombia*. Escobar sugiere que la violencia de género no es aleatoria o una desviación individual, sino que se trata de un tipo de violencia más difusa, incrustada en las estructuras simbólicas de una sociedad que tiende a vincular la identidad nacional con blancura. En vez de mostrar una imagen caricaturizada o sensacionalista de la violencia, Escobar cuestiona el fantasma de la violencia sistémica en el sentido de Žižek, pero no se limita a una explicación en términos estrictamente ideológicos (el neoliberalismo o el patriarcado que producen desigualdades como sistemas de pensamiento), sino que explora las consecuencias últimas de una violencia cotidiana y emocional en una sociedad que cosifica sentimientos e individuos.

Bibliografía

Alvarado, Ester. "La maldición bíblica de la belleza." *El Mundo*. 31 mayo 2016. Web. 3 feb. 2020.

Bolívar Moreno, Gustavo. *Sin tetas no hay paraíso*. El tercer nombre, 2006.

Bourdieu, Pierre, y Loïc Wacquant. *An Invitation to Reflexive Sociology*. Polity, 2002.

Close, Glen S. "Desnudarse y morir: la erotización del cadáver femenino en el género negro." *Narrativas del crimen en América Latina. Transformaciones y transculturaciones del policial.* Eds. Brigitte Adriaensen y Valeria Grinberg Pla. LIT Verlag, 2012, pp. 89-107.

---. *Contemporary Hispanic Crime Fiction. A Transatlantic Discourse on Urban Violence*. Palgrave Macmillan, 2008.

Collazos, Óscar. *La modelo asesinada*. Planeta, 1999.

Dennis, Marisol. "National Identity and Violence: The Case of Colombia." *Political Violence and the Construction of National Identity in Latin America*. Eds. Will Fowler y Peter Lambert.Palgrave Macmillan, 2006, pp. 91-109.

Escobar, Melba. *La Casa de la Belleza*. Planeta, 2019.

Foucault, Michel. *Vigilar y castigar. Nacimiento de la prisión*. Siglo XXI. 2009.

Franco, Jean. *Cruel Modernity*. Duke University Press, 2013.

Friedan, Betty. *The Feminine Mystique*. W.W. Norton & Company, 2001 [1963].

Han, Byung-Chul. *Psicopolítica.* Herder, 2014.

Kang, Miliann. *The Managed Hand. Race, Gender, and the Body in Beauty Service Work.* The University of California Press, 2010.

König, Brigitte. "La violencia en la memoria: la endemia colombiana en la literatura." *Memorias de la nación en América Latina: Transformaciones, recodificaciones y usos actuales.* Eds. Hans-Joachim König, Andrea Pagni y Stefan H. Rinke. CIESAS, 2008, pp 99-114.

Lagarde y de los Ríos, Marcela. "Introducción." *Feminicidio: una perspectiva global.* Eds. Diana E. Russell y Roberta A. Harmes.UNAM, CIICH, Cámara de Diputados, 2006, pp. 15-42.

Lainck, Arndt. *Las figuras del mal en 2666 de Roberto Bolaño.* LIT Verlag, 2014.

Navarro, Marysa. "Against Marianismo." *Gender's Place Feminist Anthropologies of Latin America.* Eds. Lessie Rosario Montoya, Jo Frazier y Janise Hurtig. Palgrave Macmillan, 2002, pp. 257-272.

Patiño Villa, Carlos Alberto "El mito de la nación violenta. Los intelectuales, la violencia y el discurso de la guerra en la construcción de la identidad nacional colombiana." *Relatos de nación. La construcción de las identidades nacionales en el mundo hispánico*, volumen II. Ed. Francisco Colom González. Iberoamericana/Vervuert, 2005, pp. 1095-1114.

Peñuela, María Alejandra. "*La casa de la belleza*: una ventana a la sociedad bogotana." *Revista Arcadia.* 18 marzo 2015. Web. 3 feb. 2020. https://www.revistaarcadia.com/libros/articulo/entrevista-melba-escobar-nogales-sobre-la-casa-belleza/41504

Peras, Delphine. "Beautés fatales en Colombie." *L'Express* 3489. 16 de mayo de 2018, pp. 36.

Pineda, Esther G. *Bellas para morir. El establecimiento del canon de belleza femenina como una nueva forma de misoginia.* Acercándonos Editorial, 2014.

Rothberg, Michael. *The Implicated Subject: Beyond Victims and Perpetrators.* Stanford University Press, 2019.

Russell Hochschild, Arlie. *The Managed Heart: Commercialization of Human Feeling.* The University of California Press, 2012.

Sánchez Prado, Ignacio. "*Amores Perros.* Exotic Violence and Neoliberal Fear". *Journal of Latin American Cultural Studies* 15.1, 2006, pp. 39-57.

Stanfield, Michael Edward. *Of Beasts and Beauty. Gender, Race, and Identity in Colombia.* University of Texas Press, 2013.

Stevens, Evelyn P. "Marianismo: The Other Face of Machismo in Latin America." *Female and Male in Latin America: Essays.* Ed. Ann Pescatello. University of Pittsburgh Press, 1973, pp. 90-101.

Taussig, Michael. *Beauty and the Beast.* The University of Chicago Press, 2012.

Vallejo, Fernando. *La Virgen de los Sicarios.* Punto de Lectura, 2002.

Wolf, Naomi. *The Beauty Myth. How Images of Beauty Are Used Against Women.* William Morrow, 1991.

Žižek, Slavoj. *Violence: Six Sideway Reflections.* Profile Books, 2008.

¿La violencia de la locura o la locura de la violencia? Los usos de las psicopatologías en algunos cuentos de Mariana Enríquez[13]

Dominika Jarzombkowska
Universidad de Varsovia

Nuestra tarea es aprender a *escuchar lo que es imposible.*
Sara Ahmed

En una hipnotizante conferencia impartida en la sede argentina de la Facultad Latinoamericana de Ciencias Sociales, accesible en *You Tube* con la fecha de publicación del 4 de mayo de 2017, Mariana Enríquez clasifica el relato de terror que cultiva como cuento político. Se atiene a dos vertientes establecidas por Stephen King en cuanto distintivas para el género: primero, el cuento de terror tiene que ofrecer un momento *gore*, que "impresione" al lector, que lo sacuda; y, segundo, tiene que haber un vínculo con lo que Enríquez llama "la presión fóbica sobre la sociedad", algún miedo vinculado con la situación sociopolítica vivida por una comunidad (Enríquez 2017 9:57).

Las dos características mencionadas son las coordenadas de este trabajo. En estrecha relación con ellas, nuestro interés por la cuentística de la escritora argentina ronda, por un lado, en torno a las representaciones del cuerpo y, por el otro, a los usos de diversas psicopatologías que afectan a sus protagonistas, siendo estos ámbitos de reflexión discernibles solo en apariencia, como lo demuestran los relatos reunidos en los tomos

[13] El presente artículo nunca habría asumido su forma actual sin horas de conversaciones —tan inspiradoras como estructurantes— con la profesora Mariola Pietrak de la Universidad de Maria Skłodowska-Curie de Lublin, Polonia. Se las agradezco infinitamente.

Los peligros de fumar en la cama (2009)[14] y *Las cosas que perdimos en el fuego* (2016).

1. El cuerpo

En la narrativa con elementos *gore*, el cuerpo es el punto de referencia obligado: asume el rol de protagonista y de territorio donde tienen lugar los hechos. En el caso de los cuentos de Enríquez, se trata de un cuerpo tarado, mutilado, con olor a heces o a quemado. Por ejemplo, el cuerpo de "La chica del subte" (*Las cosas que perdimos en el fuego*) "tenía la cara y los brazos completamente desfigurados por una quemadura extensa, completa y profunda; (...) con su boca sin labios y una nariz pésimamente reconstruida; le quedaba un solo ojo, el otro era un hueco de piel, y la cara toda, la cabeza, cuello, una máscara marrón recorrida por telarañas" (Enríquez 2016 185), o el de la protagonista de "La casa de Adela", con un solo brazo y, en el lugar del otro, "una pequeña protuberancia de carne que se movía" (66). Los chicos le decían "monstruita, adefesio, bicho incompleto; decían que la iban a contratar en un circo, que seguro estaban su fotos en los libros de medicina" (66).

Hay cuerpos-fantasma "a medio pudrir", esqueletos cuyos fragmentos, como en "Nada de carne sobre nosotras", son encontrados "entre un montón de basura" (2016 125), cuerpos a punto de ser despe-dazados por los perros ("La Virgen de la tosquera"), degollados ("El chico sucio"), con las uñas arrancadas y la piel cubierta de tantas cicatrices que parece "[haber] sido sometid[a] a una carnicería" (2017 146); cuerpos que desaparecen en casas de ventanas tapiadas y con la puerta tan oxidada que parece "sangre seca" (2016 71), cuerpos con los pezones cortados y con la cabeza rapada ("Ni cumpleaños, ni bautismos"), apestosos ("El carrito") y tan agotados que "por centímetros no se [desvanecen] sobre su propia mierda" (2017 77); cuerpos de ahogados echados en la orilla por

[14] A continuación, todas las citas siguen la edición de 2017.

un río ("Bajo el agua negra"), cuerpos que se mean encima ("La Hostería"); cuerpos ocultos durante meses, años, en la oscuridad de cuartos cerrados ("Verde, rojo, anaranjado")...

Esta es una lista incompleta y sesgada, que pasa por alto las historias particulares vividas por los personajes, quienes, agrupados en un mismo párrafo, no pueden sino traer a la mente a las víctimas de la violencia sistémica, cuya realización más despiadada, más espeluznante, es el terrorismo de Estado.

La última dictadura cívico-militar de 1976-1983 y los años de la actividad del grupo parapolicial la Alianza Anticomunista Argentina (1973-1976), se inscribieron como el período más oscuro y cruento en la historia de la Argentina contemporánea. Las secuelas de este período fueron miles de víctimas, una estructura social rota, además de una acuciante sensación de la derrota y un trauma irresuelto, tanto individual como colectivo. Un enorme trabajo de rescatar el campo mnémico[15], por un lado, y, por el otro, un gran empeño de otra parte de la sociedad en mirar hacia el futuro por encima de un pasado doloroso y disimular que detrás de las heridas de un cuerpo hay "trabajo" de otro cuerpo (Ahmed 48).

Esta dualidad conflictiva difícilmente puede encontrar mejor expresión que en el campo literario. Quizás se pudiera precisar aún más: en el género del relato. En su conocido ensayo "Tesis sobre el cuento", Ricardo Piglia observa que

> un cuento siempre cuenta dos historias. (...) Cada una de las dos historias se cuenta de modo distinto. Trabajar con dos historias quiere decir trabajar con dos sistemas diferentes de causalidad. (...) Los puntos de cruce son el fundamento de la construcción. (106-107)

[15] El accionar es amplio: desde el trabajo de las organizaciones de los familiares, por todo un flujo que da pie al nombre de una generación (Félix Bruzzone, Laura Alcoba, Patricio Pron, para mencionar unos pocos), los documentos y películas de Albertina Carri, y un largo etcétera.

Y sigue: "la teoría del iceberg de Hemingway es la primera síntesis de ese proceso de transformación: lo más importante nunca se cuenta. La historia secreta se construye con lo no dicho, con el sobreentendido y la alusión" (2001 106-108).

Curiosamente, en el caso de Enríquez, el cuento explicita lo ominoso: la incursión del mundo de la brujería, de la *macumba*, de los santos paganos, en la cotidianidad de los personajes reclutados, en su mayoría, entre enfermos mentales, adolescentes desequilibradas, droga-dictos. La "historia secreta" parece tocar lo que María Angélica Semilla Durán denomina: "los horrores factuales de la Historia" (264), horrores perpetrados por seres humanos de carne y hueso sobre otros seres humanos de carne y hueso. Esos cuerpos —los empoderados para herir, los victimarios—, se destacan por su ausencia.

El sufrimiento narrado viene de más allá o es autoinfligido; la violencia parece sobrenatural o es efecto de actos autoagresivos. Pongamos por caso a Marcela del cuento "Ni cumpleaños, ni bautismos": una joven que, al caer en una especie de trance alucinatorio, se masturba con brutalidad y se autolesiona gravemente. Los familiares no identifican en su pasado "ningún hecho traumático que lo justificara" (Enríquez 2017 71) y, como observa Mariola Pietrak (inédito), solo una breve mención de la narradora acerca del oficio del padre —que era "un vulgar kinesiólogo" pero al cámara contratado para grabar los ataques de Marcela le "había parecido un policía o un militar" (70)—, traslada al lector a alguna dimen-sión distinta, a la "historia secreta" del cuento. Algo parecido le acontece a otra Marcela, del relato "Fin de curso", que pasa completamente desapercibida por las compañeras de la escuela "hasta que en la clase de Historia alguien dio un pequeño grito asqueado (...) Mientras la profesora explicaba la batalla de Caseros, Marcela se arrancó las uñas de la mano izquierda" (Enríquez 2016 117-118). Ni el hecho de que la autolesión ocurriera durante la clase de Historia, ni una cierta predilección de la autora por el nombre femenino que alude al más guerrero de los dioses romanos, Marte, pueden ser casuales. La adolescente supuestamente trastornada parece luchar por visibilizar algo. O a alguien:

> - Es un hombre pero tiene un vestido de comunión. Tiene los brazos para atrás. Siempre se ríe. Parece chino, pero es enano. Tiene el pelo engominado. Y me obliga.
>
> - ¿Te obliga a qué?
>
> (...)
>
> - Ya te vas a enterar. Él mismo te lo va a contar algún día. Te lo va a pedir, creo. Pronto. (122-123)

Al analizar las políticas culturales del dolor, Sara Ahmed parte de una cita extraída de la carta que Christian Aid envió a quienes habían ayudado con sus donaciones a las víctimas de minas terrestres. La pensa-dora da cuenta de cómo, al convertir las minas en fuente del sufrimiento, la carta encubre al mismo tiempo el hecho de que dichas minas fuesen "colocadas por seres humanos para herir y mutilar otros seres humanos" (Ahmed 48). En la cuentística de Enríquez la ausencia o el poco protagonismo de quien hiere y mutila está tan presente que quizás sea posible identificarla como el núcleo real – "real" también en el sentido lacaniano: constitutivo e inefable, inevitablemente traumático –, el disparador de las "historias secretas" de sus relatos.

Un cuento paradigmático al respecto es "Verde, rojo, anaranjado" (*Las cosas...*). La narradora lleva dos años sin ver al protagonista, Marco, quien dejó el tratamiento antidepresivo y se encerró en su habitación con llave, rechazando todo contacto con el mundo que no sea vía Internet. Ni el psiquiatra, ni la madre, ni la narradora misma pueden quebrantar su voluntad de llevar la vida de un *hikikomori*. Marco afirma que "necesita" conocer la *deep web*.

> La *deep web* son los sitios que no se indexan en los buscadores. Es mucho más grande que la web superficial que usamos todos. Cinco mil veces más grande. No entiendo y me aburren sus explicaciones sobre cómo alcanzarla, pero él asegura que no es tan difícil. Qué hay ahí, le pregunto. Se venden drogas, armas, sexo, me dice. La mayor parte no me interesa, dice, pero hay algunas cosas que quiero ver. El cuarto rojo. (...) Se paga para ver. Se habla de una chica torturada a la que un hombre negro le revienta las tetas a patadas. Después la violan hasta matarla. Está a la venta el material de la tortura y también un archivo audio de sus gritos, que no se parecen a nada humano y son inolvidables. Y quiero conocer la RRC. Qué es. La *Real Rape Community*. No tiene reglas. Ahí se mata a los chicos de hambre. Se los obliga a tener sexo con los animales. (...) Es el lugar más perverso de la web, o era. Ahora apareció un lugar de sexo con cadáveres.
>
> Tener sexo con chicos es mucho peor que con cadáveres, le escribo. Claro, contesta Marco.
>
> De dónde sacarán los cadáveres de chicos.
>
> De cualquier parte. No sé por qué ustedes creen que a los chicos se los cuida y se los quiere.
>
> ¿Te hicieron algo de chico?
>
> Nunca. Siempre me preguntás lo mismo, siempre querés explicaciones.
>
> Me parece que todo eso de la deep web es mentira. ¿A quién le decís ustedes?
>
> No es mentira. Hay artículos en diarios serios. Buscalos, hablan de sitios para contratar asesinos y comprar drogas, sobre todo. Ustedes, gente como vos. (Enríquez 180-181)

¿Está loco Marco? ¿Es cierta la afirmación de la narradora de que "la gente triste no tiene piedad" (176)? ¿O es que su reacción ante el mundo subterráneo poblado por mujeres y niños de cuerpos cosificados, devastados, y por los victimarios anónimos, es la única actitud justificable? ¿Marco se retira de la vida, se niega a apartar la vista, porque no es capaz de lo que Slavoy Žižek, en la recopilación de ensayos *Sobre la violencia. Seis reflexiones marginales,* llama la denegación fetichista y expresa con la fórmula "lo sé, pero no quiero saber lo que sé, así que no sé" (Žižek 70)?

En cierto sentido, la susodicha paradoja expuesta por Žižek está inscrita en lo que la psiquiatría comprende como "salud mental". La locura se desata cuando se derrumban los mecanismos de la defensa, es decir, sabemos más de lo que queremos saber. Mariana Enríquez crea una forma para este *exceso de saber.* Muchos de sus personajes, casi todas mujeres, sufren de algún trastorno mental diagnosticado y tienen la experiencia de un tratamiento largo e ineficaz. El diagnóstico podría explicar sus rarezas, circundarlas con convincentes justificaciones médicas, sin embargo, ocurre lo contrario: la locura deviene "razonable"; se contagia al público lector, que empieza a sospechar de cada palabra: cada detalle inocente en el cuerpo del texto puede abrir una herida. Si recurrimos a otro concepto teórico acuñado por Piglia, el mismo acto de la lectura se vuelve paranoico[16].

2. *La psique*

El susodicho efecto poético (y, asimismo, ético) es especialmente visible en el relato "El aljibe" (*Los peligros...*), según dice la autora, el primer cuento que escribió. La protagonista, Josefina, tiene veintitantos años y sufre constantes ataques de pánico que la invalidan para la vida "normal". Le tiene miedo a la oscuridad, a la multitud, es claustro y agorafóbica. La asustan manchas de luz en el techo que se parecen a la cara del diablo, el

[16] Con esta constatación aludimos a la noción de "ficción paranoica", uno de cuyos polos es "la manera en la que la literatura nos dice cómo el sujeto privado lee lo político, lo social" (Piglia 2003. Mattalia 2006 112).

canto de urutaú, los relinchos de un caballo, las historias de Anahí y del Alma Mula. La asustan sus propios síntomas: la taquicardia, los temblores. El tremendo miedo a la muerte es lo único que la mantiene con vida. Si no, se suicidaría: "Josefina no tenía idea de dónde había sacado esas cosas, pero sentía que las *sabía*, como sabía que no podía acercar la mano a una hornalla encendida sin quemarse, o que en otoño tenía que ponerse un saquito sobre la remera porque de noche refrescaba" (Enríquez 2017 28).

Sin embargo, no siempre había sido así. De niña Josefina era la única que no tenía miedo, ella y su padre. La caracterizaba una vivaz curiosidad infantil y las ganas de interesarse por todo. La abuela, la madre y la hermana mayor, en cambio,

> tenían miedo. Siempre tenían miedo. En verano, cuando Josefina y Mariela querían bañarse en la Pelopincho, la abuela Rita llenaba la pileta con apenas diez centímetros de agua y vigilaba cada chapoteo sentada en una silla bajo la sombra del limonero del patio, para llegar a tiempo si sus nietas se ahogaban. Josefina recordaba que su madre lloraba y llamaba a médicos y ambulancias de madrugada si ella o su hermana tenían unas líneas de fiebre. O las hacía faltar a la escuela ante un inofensivo catarro. Nunca les daba permiso para dormir en casa de amigas, y apenas las dejaba jugar en la vereda; si lo hacía, podían verla *vigilándolas* por la ventana, *escondida detrás de las cortinas*. A veces Mariela lloraba de noche, dicien-do que algo se movía debajo de su cama, y nunca podía dormir con la luz apagada. Josefina era la única que nunca tenía miedo, como su padre. Hasta aquel viaje a Corrientes. (26, cursiva nuestra)

El viaje a Corrientes en un Renault 12 (modelo fabricado en Argentina entre 1971 y 1994) y la edad de la protagonista (que durante aquel verano tenía seis años) son las únicas referencias temporales cifradas en la narración. El viaje está destinado a visitar la casa de Doña Irene, La Señora. Lo que atrae a la protagonista de su casa es, además de un pequeño altar de San la Muerte, el aljibe: un pozo blanco en el medio del jardín que le devuelve la imagen de "su cara como una luna con cabello rubio en el agua negra" cuando se le asoma ignorando "los aullidos de pánico" de su madre y la abuela (27). Ese es el último atrevimiento de Josefina. La adormece una ceremonia larga e incomprensible y cuando despierta, ya no le interesa mirar hacia el fondo del pozo. Vuelve a Buenos Aires aterrorizada. Las mujeres de su familia encuentran sosiego.

¿Estamos ante el caso de una niña víctima de la paranoia de las demás mujeres de la familia? ¿O más bien se nos cuenta la historia de una niña crecida en los tiempos de la dictadura, a la que estas mujeres querían proteger, aun si "proteger" supusiera desarraigar su curiosidad, su extraversión, e implementar una desconfianza desorbitada, patológica? ¿O se narra otra historia, la de una comunidad herida por el terror estatal que, como San la Muerte, empujaba a sacrificar al otro para salvarse a sí mismo, a delatar para sobrevivir?

El cuento termina con otro viaje a Corrientes: la protagonista, inspirada por su hermana mayor, decide volver a la casa de La Señora con la expectativa de recibir ayuda tal como la habían recibido, años atrás, sus familiares. Sin embargo, la Señora es incapaz de hacer algo por ella:

> Te los pasé [los miedos] a vos, nena, cuando dormías acá —le confiesa –. El Santito decía que no te iba a atacar tanto, porque estabas pura vos. Pero el Santito me mintió, o yo no le entendí. Ellas te los querían pasar, que te iban a cuidar decían. Pero no te cuidaron. Y yo lo tuve que tirar. A la foto, la tiré al aljibe. Pero no se puede sacar. No te los puedo sacar nunca porque los males

> están en la foto tuya en el agua, y ya se habrá podrido la foto. Ahí quedaron en la foto tuya, pegados a vos. (Enríquez 2017 33-34)

Con este final, el aljibe del título deja de connotar fuente de agua fresca. Trae a la mente pozos convertidos en fosas comunes de cuerpos anónimos o cuerpos arrojados al agua en los "vuelos de muerte". La palabra empieza a "acolchar" atrocidades subterráneas, se resignifica retrógradamente y a los lectores nos encamina hacia lo que, siguiendo a Žižek (y Lacan), se puede llamar "el significante-amo": ausente del dis-curso —como los cuerpos de los victimarios— e imprescindible para su circulación; que "'sutura' (...) y mantiene unido el campo simbólico" (Žižek 79-80). Detectarlo significa desarmarlo, invertir el discurso: el discurso de la locura femenina, inaguantable para los hombres (el abuelo se muere y el padre se va de casa, aunque las causas de ambos sucesos quedan sin revelar), deviene un discurso sobre las secuelas de la violencia extrema del Estado, de los hombres al poder.

En su antes mencionado análisis del relato "Ni cumpleaños, ni bautismos", Pietrak acude, con intención parecida a la que nos encamina en el presente artículo, al concepto de Elsa Drucaroff de "palabras grietas", por las que un hecho histórico se filtra en la "textualidad voluntariamente ajena a la política" (Drucaroff 374). En el caso de En-ríquez, cabría denominarlas también "palabras-heridas": autolesiones, cortes hechos en el cuerpo del texto por la misma autora para desencadenar asociaciones con otros cuerpos, también con el cuerpo simbólico de la comunidad. Hay en "El aljibe" una escena fugaz y, a nuestro modo de ver, ilustrativa para tal lectura: cuando Josefina acepta la propuesta de su hermana de volver juntas a Corrientes para pedir ayuda a La Señora, Mariela se levanta con entusiasmo, abraza a Josefina y hace caer al suelo una taza de café. La taza se rompe en dos. De nuevo surgen preguntas: ¿es posible un abrazo de sororidad, de hermandad, entre quienes salieron (relativamente) ilesas e ilesos de una época de terror y las víctimas cuyos cuerpos están marcados por el sufrimiento?

Si "El aljibe" presenta la destrucción de las relaciones entre parientes y, en un rango mayor, las sociales, el miedo incrustado en lo hondo de la piel a causa de las delaciones incluso intrafamiliares, "El patio del vecino" (*Las cosas...*) llama la atención sobre lo siniestro oculto entre las paredes de las casas de un barrio de vecinos. Los centros de detención clandestina, que guardaban las mayores atrocidades del siglo XX, localizados antaño en algunas casas privadas perdidas en los barrios vecinales; las casas contiguas que daban cobijo a los criminales de guerra, personas que, bajo la máscara bondadosa de padre de familia, ocultan su pasado de policías o militares responsables por las violaciones de los derechos humanos: todo ello aún alimenta el imaginario social haciendo sospechar de cada "hijo del vecino" y convirtiéndose, para escritores como Enríquez, en "una operativa del terror de los años 70 (…) muy apropiable literariamente" (Enríquez Friera 2016).

Mariana Enríquez no niega una cierta obsesión que le despierta esta convivencia del pasado con el presente argentino. Como le confiesa a Silvina Friera en la entrevista del 4 de abril de 2016:

> Yo pude haber ido a la escuela con chicos que estaban apropiados y también con chicos que estaban clandestinos. Y yo no lo sabía y ellos tampoco; es una infancia de máscaras con un terror menos explícito que el crimen brutal. Yo fui chica durante el alfonsinismo del *Nunca más* y si tenías acceso al libro era absolutamente terrorífico lo que contaba. *El terror en la dictadura estaba muy mezclado con lo cotidiano*: el centro clandestino con la música de la radio a todo lo que da para tapar los gritos. Un amigo me contó un recuerdo de infancia. Él vivía en una casa chorizo que tenía el patio en el fondo y la comisaría estaba en la misma cuadra. Él se acuerda que estaban comiendo en el patio, que tenía un galpón, y por el techo del galpón vio a una chica que estaba muy

> golpeada y les pidió quedarse ahí. Él tiene un recuerdo romántico de esa chica hermosa, ensangrentada, una cosa atractiva y al mismo tiempo tenebrosa. La familia no se bancó tenerla ahí y la chica se escapó. Y él no sabe qué pasó con esa chica. (Friera 2016, cursiva nuestra)

Este sería, a grandes rasgos, el argumento de "El patio del vecino", salvo el recuerdo romántico sustituido por un ansia de tranquilizar conciencias que Enríquez intuye en gran parte de la sociedad argentina actual.

Paula y Miguel son jóvenes y están casados. Han tenido la suerte de encontrar una maravillosa casa en alquiler, en un buen barrio bonaerense. Y eso que, como exclama la suegra de Paula durante la primera vistita: "Está *imposible alquilar* en Buenos Aires". La pareja tiene una gata, Eli, a la que Paula quiere más que a nadie. Miguel trabaja y Paula pasa los días intentando llevar adelante sus estudios universitarios, interrumpidos cuando se enfermó. Poco a poco descubrimos que no son una pareja demasiado feliz. Paula sigue saliendo de una grave depresión cuyo inicio parece provocado por un despido laboral de hace tiempo, y su condición provoca reiterativas discusiones:

> Cuando Paula decidió consultar con un psiquiatra, Miguel tuvo un ataque de furia y le di-jo que ni se le ocurriera ir a ver a uno de esos chantas, qué cosas tenía que contarle, acaso no confiaba en él. Incluso le había dicho que probablemente necesitaban tener un bebé, que el reloj biológico y un montón de ocurrencias extrañas más (...) Él nunca había demostrado otro tipo de prejuicio: estaba dirigido en exclusiva a los psiquiatras, a los problemas mentales, a la locura. Habían conversado sobre el tema hacía poco: Miguel le había confesado que, en su opinión, salvo

> las enfermedades graves, todos los problemas emocionales se podían mejorar *a voluntad*. (Enríquez 2016 135)

El despido de Paula fue consecuencia de un accidente. Trabajaba como supervisora en un centro de asistencia a chicos encontrados en la calle. Un día ingresaron a una niña de cinco años, que hablaba mucho de un amigo conocido en el Jardín Botánico, un niño-gato de ojos amarillos. De noche, durante el turno de Paula la niña cayó de su litera y se dañó dolorosamente una pierna. Paula no oyó el llanto; estaba charlando con un colega; para ahuyentar el cansancio habían fumado un par de porros, habían tomado una cerveza y puesto la música sin darse cuenta de que estaba muy alto.

En apariencia, lo que sucede después de la mudanza no es sino secuela de aquel descuido no intencionado que desembocó en la depresión: una noche Paula oye golpes a la puerta detrás de la cual no hay nadie; semanas más tarde ve en el patio del vecino a un chiquillo encadenado de un tobillo y se pelea con Miguel, quien la tilda de loca y se va de casa. El deber de enmendar aquella negligencia de hace años se superpone a toda acusación de la pérdida de la cordura, y Paula entra en la casa del vecino para ayudar al niño, pero no lo encuentra. Hace, sin embargo, un descubrimiento macabro: las alacenas de cocina "estaban llenas de carne podrida sobre la que crecían y solazaban gusanos blancos de la descomposición. Lo peor era que no podía distinguir qué carne era" (Enríquez 148-149); las paredes del vestíbulo están cubiertas con escritura "casi sin dejar espacio en blanco, con una letra elegante y pareja" (149); la protagonista descifra solo un par de palabras, hay también fechas. En el living encuentra "grandes y pesados libros de medicina de los años sesenta", algunos con esquemas del aparato reproductor femenino y dibujos añadidos en birome de "una pija enorme" y un bebé chupándose con lascivia un dedo en el útero. Paula oye la llave en la puerta y echa a huir. Justo para encontrarse, en su propio dormitorio, con el chico del patio del vecino que, monstruoso, clava los dientes limados en forma de serrucho en la panza de Eli.

Desde debajo de la trama se asoman una serie de asociaciones difíciles de resistir. El tipo de trabajo que ejercía Paula recuerda a aquellas trabajadoras sociales de las Casas Cunas, donde los militares dejaban relegados a los niños de los militantes desparecidos. La música que enmudece a quien está sufriendo hace pensar en una de las estrategias más frecuentes de ocultar las torturas. El interior de la casa contigua a la de Paula evoca sin falta a la figura de Josef Mengele, uno de los peores asesinos de la historia, tan famoso como terrorífico médico militar alemán, muy presente en el imaginario colectivo argentino ya que convivió durante más de una década con la sociedad bajo su propio nombre, como cualquier otro ciudadano respetable, en una casa del Gran Buenos Aires[17]. Y "el vecino de al lado" del relato de Enríquez no solo tenía aficiones similares, sino también modales parecidos: "el vecino de la casa de al lado era un hombre solo, de anteojos, que tenía horarios muy extraños, impredecibles, y que saludaba con corrección, pero sin simpatía" (139). Además, escribía "en un idioma que [Paula] desconocía" (151). Finalmente, el niño de ojos y dientes gatunos remite, posiblemente, al famoso mito urbano de Hombre-Gato, que en la década de los 80 atacaba y tenía aterrorizada a Buenos Aires primero y, posteriormente, a otras regiones. Por muchos testigos presenciales que se encontraran en aquel momento, cabe leer su leyenda como una construcción social del miedo experimentado en contextos de la crisis sociopolítica de aquella época. Mucho más que del "clamor por un mundo más previsible y seguro", como sostenía Jorge Halperín (50), del temor al modelo neoliberal en ciernes y vulnerabilidad de la vida urbana que traía, se trataba, creemos, del miedo a la inseguridad política y a los horrores de la dictadura recién derrotada. El miedo atávico al Niño-Gato aparecido lleva a Paula a la parálisis, a un derrumbe físico y psíquico: "Paula quiso correr, pero, como en las pesadillas, le pesaban las piernas, el cuerpo se negaba a darse vuelta, algo la mantenía clavada en la puerta

[17] La figura de Josef Mengele, provista de atributos muy parecidos a los que caracterizan al vecino del relato de Enríquez, la encontramos también en el libro y la posterior película de Lucía Puenzo: *Wakolda* (2001/2013).

de la habitación. Pero no estaba soñando. En los sueños no se siente dolor" (Enríquez 153).

Es impactante la transformación que ocurre en el relato: de un chiquillo desnutrido, desnudo y sucio en un monstruo pervertido y despiadado con el atributo de una masculinidad "desproporcionadamente grande" (Enríquez 153). ¿Será una codificación literaria de la idea de que todos podemos convertirnos en monstruos, de que experimentar crueldad no puede sino desembocar en más crueldad? Seguramente, pero hay otra herida que es posible intuir en el relato: la del vientre femenino apropiado por el otro (sea este otro fantaseado por la cultura patriarcal como el Estado, el hombre, sea como el niño mismo). Al principio de la narración tropezamos con una mención que parece marginal: Paula y su marido llevan más de un año sin tener sexo, lo cual Paula acepta con alivio y algo de agradecimiento. Parece lógico relacionar esta reluctancia con uno de los síntomas de la depresión o del tratamiento médico que la depresión exige. Enríquez, sin embargo, va socavando esta certeza inicial sugerida al público lector hasta llegar a la imagen que cierra el cuento: la del niño-hombre felino destripando con sus dientes la panza de la gata de la protagonista.

Julia Kristeva, una de las pensadoras que con más detenimiento estudió el fenómeno de la depresión, elaboró el concepto de "depresivo narcisista", aplicado a las personas en cuyo caso la tristeza constituye el núcleo del ser. Escribe Kristeva:

> la tristeza quizá sea la señal de un yo primitivo, herido, vacío. Un individuo así no se considera lesionado, pero sí afectado por una falta fundamental, por una carencia congénita. Su pena no esconde la culpabilidad o la falta de venganza urdida en secreto contra el objeto ambivalente. Antes bien, *su tristeza es la expresión más arcaica de una herida narcisista no simbolizable, infalible, tan precoz que no puede atribuírsele a ningún agente exterior (sujeto u objeto)* (...) El depresivo narcisista está de duelo

> no por un Objeto sino por la Cosa. (Kristeva 16-17, cursiva nuestra)

¿De verdad no hay ningún "agente exterior" responsable de la depresión, de la locura de la protagonista?, parece preguntar Enríquez entre las líneas de la historia que narra en "El patio del vecino" (y, de hecho, en tantos otros relatos). ¿No estará, acaso, más loco Miguel, quien, creyente en los poderes de la voluntad, desoye los mandatos del trauma y del duelo, desatiende a las víctimas, atento al pacto de silencio y olvido?

Mientras Kristeva, siguiendo la pautas psicoanalíticas, pone énfasis en la temprana lesión del vínculo entre la madre y su bebé como la posible causa del posterior malestar psíquico, Enríquez explora la tremenda angustia que puede provocar el establecimiento de este vínculo en una comunidad para la cual el patriarcado asumió la forma más violenta, más cruel: de dictadura, privando a miles de mujeres del derecho a decidir sobre el destino de su propio cuerpo y despojándolas, tanto a ellas como a sus parejas, de la posibilidad de crear vínculos amorosos con lxs recién nacidxs. Como si a la afirmación de Kristeva que la traumática e inescrutable Cosa "se inscribe en nosotros sin memoria, cómplice subterránea de nuestras angustias indecibles" (19), la escritora contestara tajantemente: "el terror siempre es político" (Néspolo 2017)[18].

3. *A modo de conclusión: la locura como denuncia*

Mientras terminaba de redactar el presente texto, me acompañaba el libro *Violencia de género y Psicoanálisis. Agonías impensables* de otra psicoanalista, Irene Fridman. Muchos de sus capítulos los atraviesa el paralelo, a

[18] La cita es precedida por las palabras redactadas para la sección catalana de *El Mundo* por Matías Néstolo con referencia a la cuentística de Enríquez: "La pesadilla nunca es inocente. Ni el miedo responde siempre a cuestiones atávicas o antropológicas, sino que también es político y surge de contextos históricos concretos" (2017, en línea).

veces explícito, otras veces solo insinuado, entre la sistémica crueldad hacia las mujeres y los regímenes dictatoriales[19]. Escribe Frid-man:

> Se puede encontrar muchas similitudes entre este silenciamiento [de las mujeres que denuncian un acto de violencia cometido contra sí] y lo ocurrido con lxs desaparecidxs de la dictadura argentina. Esta imposibilidad de denunciar, junto a la impunidad de la que gozan tanto los perpetradores de violencia de género como quienes ejercen violencia política, produce efectos subjetivos y simbólicos de índole traumática. No parece casual que quienes dieron visibilidad y cuerpo a lxs desaparecidxs hayan sido las integrantes de otro grupo de mujeres, las Madres de Plaza de Mayo, que reclamaban por la aparición de sus hijxs otorgándoles con su accionar, un lugar en el silencio oficial". (Fridman 26)

Tampoco parece casual que en la cuentística de Mariana Enríquez la mayoría de las portadoras de la locura sean mujeres, lo mismo inconscientes —o no conscientes del todo— de los orígenes de sus sín-tomas que incansables en la tarea de denunciar con estos a los victimarios invisibilizados, diluidos, anónimos, y no por eso menos reales. En tal sentido sí que sufren "por su propia voluntad", encarnando la afirmación de que "cuando la piel de la comunidad queda dañada, (...) es un daño que se siente en la piel de las personas que forman la comunidad" (Ahmed 68-69).

En un texto de ficción de Ricardo Piglia, "La loca y el relato del crimen" (1975), el periodista de profesión y lingüista de formación Emilio

[19] Tal vez la analogía se haga más ostensible en el capítulo que coteja las ideas de Marqués de Sade acerca de la "felicidad en el mal" con el concepto de "banalidad del mal" acuñado por Hannah Arendt con referencia a Martin Eichmann.

Renzi, enviado al lugar de un crimen de feminicidio, presta oído al discurso de una mendiga psicótica de la calle, Echevarne Ángelica Inés, a la que le dicen Anahí. Descubre que de entre sus balbuceos compulsivos surgen palabras únicas que componen un enunciado perfectamente lógico y coherente, que delatan al culpable. El redactor en jefe le prohíbe publicar una revelación semejante: "Me parece fenómeno el jueguito de palabras, pero paramos acá. Hacé una nota de cincuenta líneas que a la mina la mataron a puñaladas (…) No hay que buscarse problemas con la policía" (Piglia 2020). Así que Emilio Renzi escribe un relato para dejar hablar a la loca Anahí, quien en un flujo de palabras logró incluir unas pocas que codificaban la verdad sobre lo ocurrido. Tal vez este sea el rol de la ficción también para Mariana Enríquez: crear un espacio para las palabras de las locas, las palabras que desubican, las que no pueden cicatrizar.

Si descomponemos la palabra "psicopatología", si diseccionamos sus partículas etimológicas, detectaremos el sufrimiento (*pathos*) y la razón o la palabra (*logos*). Y la psique, que como es bien sabido remite al griego *psyché,* es decir, alma. Es tentativo vislumbrar en las protagonistas de Enríquez herederas de la Psique mitológica, la cual quebró la norma impuesta por Cupido, una suerte de "pacto de ceguera", y encendió una vela para conocer la cara de quien amaba. En consecuencia, la relación se rompe: Cupido no soporta la desobediencia y la abandona. Esta es la experiencia de Josefina de "El aljibe", que procura saber qué enigma esconde el pozo de la infancia, y de Paula de "El patio del vecino", que se empeña en descubrir quién vive del otro lado de la tapia, qué pasa allí… Y de tantos otros personajes que eligen no anestesiarse para que lxs lectorxs sepamos que no están soñando. Es que "[e]n los sueños no se siente dolor" (Enríquez 2016 153).

Bibliografía

Ahmed, Sara. *La política cultural de las emociones.* Trad. Cecilia Olivares. UNAM, 2015.

Drucaroff, Elsa. *Los prisioneros de la torre: política, relatos y jóvenes en la postdictadura.* Emecé, 2011.

Enríquez, Mariana. *Los peligros de fumar en la cama.* Anagrama, 2017.
---. *Las cosas que perdimos en el fuego.* Anagrama, 2016.
---. "Al género de terror hay que traducirlo a nuestra realidad". Silvina Friera. *Página 12*, 4 de abril de 2016. https://www.pagina12.com.ar/diario/suplementos/espectaculos/4-38447-2016-04-04.html

Fridman, Irene. *Violencia de género y el psicoanálisis. Agonías impensables.* Lugar Editorial, 2019.

Halperín, Jorge. *Mentiras verdaderas. 100 historias sobre de lujuria, horror y sexo que alimentan mitologías populares.* Atlántida, 2000.

Kristeva, Julia. *Sol negro. Depresión y melancolía.* Trad. Mariela Sánchez Urdaneta. Monte Ávila Editores Latinoamericana, 1997.

Mattalia, Sonia. "La ficción paranoica: el enigma en las palabras". *Riccardo Piglia. La escritura y el arte nuevo de la sospecha.* Ed. Daniel Mesa Gancedo. Universidad de Sevilla, 2006, pp. 109-126.

Néspolo, Matías. "Mariana Enríquez: 'El terror siempre es político'". *El Mundo.* 8.02.2017. https://www.elmundo.es/cataluna/2017/02/08/589b76ffca47413c2c8b462d.html

Pietrak, Mariola (inédito) "Nueva porno/grafía del mal. El cuerpo pornográfico en dos relatos argentinos".

Piglia, Ricardo. *Formas breves*. Anagrama, 2001.

---. *La loca y el relato del crimen*. https://lecturia.org/cuentos-y-relatos/ricardo-piglia-la-loca-relato-del-crimen/962/, 2020.

Semilla Durán, María Angélica. "Fantasmas: El eterno retorno. Lo fantástico y lo político en algunos relatos de Mariana Enriquez". Revell, 2018, pp. 261-277.

Žižek, Slavoj. *Sobre la violencia. Seis reflexiones marginales*. Trad. Antonio José Antón Fernández. Paidós, 2009.

Materiales audiovisuales

Enríquez, Mariana. *Narrativa de terror por Mariana Enriquez*. Posgrado Escrituras: Creatividad Humana y Comunicación. 4 de mayo de 2017. https://www.youtube.com/watch?v=bHdM7Wq6fe4.

---. *Cómo me hice escritora: clase magistral de Mariana Enríquez*. 9 de abril de 2020. https://www.youtube.com/watch?v=AyTz_XfYEpI.

El cuerpo deseante como des-quicio de lo familiar: *Matate amor* de Ariana Harwicz

Alicia Montes
Universidad de Buenos Aires

Miro la naturaleza y ella me mira a mí.
El deseo es una alarma que no puedo desactivar.
Matate, amor, Ariana Harwicz

I. Intervalo y lógica difusa

En la lógica aristotélica, cuando se producen dos enunciados contradictorios, porque uno niega lo que se afirma en el otro, solo uno de ellos es verdadero. Así, en *Matate amor* (2018) de Ariana Harwicz, por ejemplo, la lectura textual desde esta lógica provocaría que solo uno de estos dos enunciados, A: *Ella quiere ser parte de una familia - B: Ella no soporta ser parte de una familia*, pudiera considerarse verídico y no los dos al mismo tiempo. Teniendo en cuenta este género de afirmaciones que se excluyen una a la otra, la lógica tradicional formula la ley del *tercero excluido* del siguiente modo: si "A es B" o "A no es B", lo tercero no está dado (*tertium non datur*).

Esta ley, que elimina toda tercera posibilidad, no da cabida a una instancia que tenga la forma de un espacio tensionado entre los enunciados A y B. Por lo tanto, no sería valido decir, refiriéndose a la protagonista de la novela: *ella quiere, pero no desea ser parte de una familia* o *ella quiere una familia, pero su deseo está en otro lugar*, por ejemplo. La racionalidad aristotélica solo da cabida al binarismo verdadero/falso y piensa que el mundo es blanco o es negro y no puede ser ambas cosas, o muchas más, al mismo tiempo. Así, si pensamos esta lógica como modelo de un mundo posible, la pareja que constituye la familia disfuncional que se figura en la novela de Harwicz queda atrapada en una dicotomía insalvable en la que no tiene cabida el deseo, que es el tercero excluido de esa relación. Para que la familia se sostenga, el deseo de ambos debe ser sustituido por la voluntad de permanecer unidos, pues una excluye al otro, y no hay entre-lugar de existencia posible entre ambos.

Una secuencia del relato es la puesta en abismo de este hiato insalvable. En ella, mientras el marido mira extasiado con su erecto telescopio el fulgor de las estrellas, la mujer detiene su mirada triste en los oscuros agujeros que han dejado en la tierra los topos. (Harwicz 2018 12). Solo puede mirarse la luz o la sombra y esto traza una hendidura insalvable entre los cuerpos que ya no pueden reconocerse uno al otro más que como parte del simulacro de una familia feliz.

Como alternativa compleja a esta visión binaria de la realidad, que no permite variaciones y múltiples posibilidades entre A y B, ha surgido la denominada "lógica difusa" o "borrosa". Esta es una teoría desarrollada por Lotfi Asker Zadeh en 1965 (Lameda 2018) que puso a consideración de la física y de las matemáticas la propuesta de una razón multivalente cuyos principios no son A o B sino A y B. Este modelo por su apertura y polivalencia sería una imagen más próxima a la realidad compleja y contradictoria que habitan los seres humanos. La lógica borrosa postula estructuras que están permanentemente en *orden-desorden-autoorganización*. Por esta razón, se las denomina *sistemas caóticos*: no están en equilibrio, sino en un desorden que contiene su propia organización. Así, cuando un factor extraño entra en ellos se modifican las condiciones iniciales en las que se encontraba pues se provoca un desequilibrio, un caos, que buscará autoorganizarse y generará una nueva configuración sistémica cuyo resultado es imprevisible e irreversible. Este elemento ajeno, que entra al sistema y lo desorganiza, recibe el nombre de *atractor extraño* y es el significante de lo imprevisto, lo aleatorio, la casualidad, el azar. Produce un proceso que hace que una serie de hechos conduzcan a otra serie de hechos y así sucesivamente, como si no existiera ni comienzo ni fin, sino un *continuum*.

La lógica borrosa permite pensar el mundo como una red de interconexiones, en la que cada suceso aleatorio tiene efectos transformadores sobre todo el sistema. Lo que sucede a nivel micro repercute a nivel macro. Así, si considera que la familia patriarcal monogámica occidental desde la perspectiva de los sistemas caóticos, y no como una institución sometida a la razón aristotélica del tercero excluido, bastará con que un factor como el deseo se salga de control, o no encuentre su lugar en ella, para que se convierta en un *atractor extraño* y genere toda suerte de modificaciones, haciendo entrar en crisis la estructura compleja y contradictoria que sostiene la felicidad doméstica para reconfigurarla: "necesito un búfalo y me dan un puercoespín. (...) solo pienso en saciar mi cuerpo, que va detrás correteando, sudando" (83).

La lógica binaria elige entre el 0 o el 1 y deja afuera cualquier valor que se establezca en el intervalo que va del 0 y al 1, es decir, la infinita gama de grises que hay entre el blanco y el negro. Esta lógica es propia del mundo heteronormativo y patriarcal en el que vivimos y la familia está organizada en torno a ella, pues los roles, el cuerpo, los géneros, el deseo y la sexualidad se piensan en términos de A o B. Salir de este tipo de razón implica desnaturalizar todas las creencias en torno a los valores, las conductas y las instituciones que se postulan en términos de universalidad y de sustancia. Por ello, las premisas de la *lógica borrosa* llevan a replantear el uso y significado de la *ambivalencia*, como concepto inclusivo ya que aun si se da valor a dos cuestiones opuestas, sigue estando en la lógica de la dicotomía. La ambivalencia se configura como tensión entre dos valores y no supone las posibilidades del multivalor.

Matemáticamente la *lógica borrosa* incluye el entrelugar que se establece entre el 0 y el 1 aceptando la existencia de una serie multivalencias contradictorias que toman la forma estética de *la paradoja*. Por ello, algo puede ser al mismo tiempo verdadero y falso, estar adentro y afuera como en una cinta de Moebius (Fischer Pfefle 2003 13-17). Esto explica por qué la paradoja se convierte en figura central de la narración en *Matate amor*. Así, por ejemplo, la protagonista le propone a su pareja "Casémonos" (118) y, al mismo tiempo, piensa obsesiva y desesperadamente en huir de "mi" hombre y de "mi" hijo, para poder encontrarse con la mirada amorosa de "mi" ciervo, imagen en la que se figura su deseo desaforado de amor y vida plena, salvaje (121). La imagen del ciervo, además, pone en jaque la cuestión de *la familia* y *la propiedad* pues borra con su animalidad vital la diferencia entre lo propio y lo impropio de la felicidad humana y contamina las fronteras entre lo humano y lo animal.

Desde la perspectiva de la lógica borrosa o difusa, *Matate, amor* (2018) de Ariana Harwicz da forma estética a las transformaciones desorganizadoras de lo familiar que suscita el deseo de una mujer que se siente aprisionada en la trampa de una serie de instituciones sociales (la pareja, la maternidad, la familia). Estas formas sociales contingentes se pueden percibir como el efecto de una lógica binaria reproductiva, excluyente, opresiva y siniestra (*unheimlich*). Por ello, la historia que se narra en la novela de modo discontinuo, incompleto y con saltos temporales, a lo largo de cuarenta y seis secuencias de diversa longitud, es la de la lucha de su protagonista por superar el conflicto que se produce entre el deseo impersonal e incontrolable que la atraviesa, en el que se entretejen tanto pulsiones eróticas como tanáticas, y el *deber ser* que se impone para convertirse en una mujer normal, aceptar una vida familiar que la frustra continuamente y construir "una felicidad" no demasiado exigente, en medio de un *locus amoenus* rural. En estas condiciones de posibilidad binarias, solo parece haber lugar para la infelicidad del encierro hogareño y el disciplinamiento definitivo, a través de la medicalización del malestar y la sumisión al orden dado, o la muerte. "Una familia normal es lo más siniestro. (...) O no hay nada más siniestro que ser el fruto de una familia normal" (92).

El mandato social naturalizado acerca cómo se forma una familia y cuál debe ser el comportamiento de una mujer en pareja, *que debería ver la realidad con los ojos de su marido* como observa el personaje de *La Sra. Dalloway* de Virginia Wolff, novela que cita la narradora, se cuestionan a través de sus efectos: la frustración, el sufrimiento y la angustia que se manifiestan en el cuerpo de la protagonista. El personaje central de *Matate Amor*, una bárbara que no encuentra su lugar en la racionalidad del orden logocéntrico, como Medea, se debate entre la decisión de huir, matarse o matar a su marido e hijo, y el deber de aceptar la vida que lleva, resignándose a fingir lo que no es ni siente. En la voz narradora late la necesidad de conectarse con una animalidad que se distancia de toda idea de sujeto disciplinado y dócil e implica una conexión profunda con la vida impersonal y salvaje. Esta necesidad se ve reprimida cotidianamente por su voluntad reproductiva de ser y actuar como una mujer "normal" para preservar la vida familiar.

Por esta razón, el vínculo con la tierra y con las pulsiones elementales se vuelve un factor disruptor en la novela. Las referencias al bosque, que circunda la casa de la protagonista, y a los animales (el ciervo, los topos, los caballos, las vacas, el búfalo, etc.) interrumpen el mundo insatisfactorio de lo doméstico y la linealidad narrativa del orden representativo aristotélico (Rancière 2010), con escenas o fantasías en las que cobra centralidad el deseo y la sensualidad corporal. Estos pasajes dan lugar a expansiones líricas, descripciones alucinadas u oníricas y detenciones del discurso narrativo. En ellas, emerge un imaginario que vincula a la protagonista con aquello de la vida irreductible a un yo y al esquema familiar esencializado: la plenitud de una animalidad que lo atraviesa todo. En el relato, lo animal funciona como *continuum* orgánico, afectivo, material que redistribuye lo sensible, afecta lo humano y lo pone en crisis, desnaturalizando los ordenamientos biopolíticos y las convenciones del sistema patriarcal (Giorgi 14-17). La protagonista atrapada entre el cerco de lo familiar (el ruido de las voces de "sus" hombres, los mandatos acerca de cómo debe ser una madre y una mujer) y el afuera inhóspito y fascinante de la animalidad (el deseo sin límites, el espacio donde vida y muerte se entrelazan) pone en juego la materialidad de su cuerpo para atravesar el límite de lo humano, figurado como un alambrado desgarrador que separa lo uno de lo otro.

> Era la hora en que las moscas dejan en paz los ojos del caballo después de haberlo torturado en cada pestañeo durante todo el día, en hileras negras, en remolinos oscuros se van y los dejan solos y ciegos. Los animales nos seguían intrigados. Y mientras mi familia sucumbía a las radiaciones de la infidelidad, *meto la mano en el alambre de púa que divide a las bestias de hombres y espero que el*

> *caballo se digne a galopar con las fauces abiertas y descargar su avidez.* E incluso cuando escucho la palabra divorcio y papeles pienso qué experiencia de lujo es estar tirada contra el piso de un paraje mugriento cerca de un cementerio municipal. Bosta y paja alrededor, pero *tener un cuerpo hambriento encima que no es un cadáver*, que no es un presidiario de guerra, el lujo de tener sobre las tripas un hombre entero, pies y cabeza sobre mí. (...) El tipo encima de mí se mueve con ondeos, me toma del cuello, me hunde, no le veo los hilos a la pasión y sigue apasionante. Telón. Abogados y disolución de la familia de común acuerdo. Cifras, firmas, leyes, papelerío. Pero eso no va a ocurrir. Busco a alguien que pueda perturbarme como lo haría un animal moribundo. *Y cuando deseo soy una vaca con la cabeza atorada. Y si deseo soy un ciervo entrando al bosque como lo haría un novio a la iglesia.* (Subrayo yo 73-74)

La crisis y ruptura de una familia burguesa monogámica que la saca del encuadre patriarcal naturalizado se narra desde una perspectiva visceral que pone en primer plano las pulsiones del cuerpo y el espesor agónico de una voz narrativa que desea intensamente ser tocada y amada o atravesar con su cuerpo el cristal de la ventana que la separa de una vida no estandarizada y de la libertad. La narradora, ubicada en un intervalo paradójico, no quiere desear aquello que desea, pero actúa el deseo imaginaria y materialmente, al mismo tiempo que lo reprime, obligándose a aceptar el cerco de lo familiar que la desangra día a día. De este modo, se daña a sí misma y a los demás, con la desesperación instintiva de un animal que ha caído en una trampa que lo aprisiona dolorosamente y en el intento de salir de ella se desgarra el cuerpo y actúa de manera enloquecida.

Así, en el discurso narrativo, emerge una mirada extrañada e hiriente sobre la vida familiar y esta perspectiva configura los vínculos a través de hipérboles, paradojas y metáforas de una intensidad y violencia significativa que excede aquello el discurso puede volver inteligible. El lenguaje trasgrede el límite de lo decible en el marco de una familia normal y, en su lucidez no sabida, imprime en su tono la crueldad y la brutalidad de la vida:

> El niño mira a su mamá romperse, desmoronarse. Pero sonríe al ver los residuos en el aire y piensa que son copos de nieve oscura sin preocuparse de mí, alegre con la preparación del invierno. (…) Mi aliento a búfalo me sofoca. Podría empañar vidrios enteros, los ventanales de un castillo, ciudades espejadas por ríos angostos. Soy una bestia que respira lento y pesado que saca el aire al resto. Miro la noche y me parece un baúl con candado. (…) ¿Qué querés de mí?, dice mi marido. (…) Cojeme de una buena vez. Pero lo que tenía ganas de hacer, mientras se acercaba a mi erecto, era comer flores venenosas, champiñones venenosos, piedras. (60-62)

Un sentimiento de expropiación de sí emerge en quien narra y esta experiencia se cifra como el tironeo entre una ansiedad animal que la enloquece y lo familiar vivido como encierro carcelario e impostura. Esta situación produce, en la protagonista, vínculos paradójicos, de amor-odio, con su hijo y con un marido, que viaja, la engaña, mira las estrellas y habla con el discurso racional de Jasón el griego, pero apenas puede percibir y entender los sentidos de la agonía de esa mujer con la que convive y a la que ha dejado de desear. La infidelidad emerge como un factor más de crisis familiar a modo de fantasía recurrente en la narradora, que interpreta obsesivamente sus signos, y como realidad fantasmal que explica desde las sombras el hiato producido entre esos dos cuerpos, el de ella y el de él, que no logran encontrar el modo de volver a conectarse eróticamente y agonizan presos de las convenciones y la mutua incomprensión.

A la desconexión entre deseo y modo de habitar la existencia cotidiana, se suma la brutalidad de un medio rural, desmitificado en su condición de ámbito privilegiado de la felicidad, que parece producir violencia, seres autoengañados y frustrados o cadáveres. Frente a esta suma de señales negativas, se levanta como alternativa liberadora el deseo de disolución en el *continuum* de lo viviente que atraviesa el cuerpo de la protagonista quien, sin embargo, no termina de liberarse de los lazos asfixiantes que ella misma contribuye a perpetuar. Estas contradicciones desquician la relación entre ella y el mundo que la rodea y retardan la concreción de su anhelo salvaje de libertad. Así, la protagonista experimenta en la carne el llamado de la brama del bosque y al mismo tiempo, presa de los estereotipos sociales que subrayan su insuficiencia como mujer y madre, agoniza queriendo al mismo tiempo vivir en plenitud y morir. Todo se desliza en un *como si* enloquecedor. La existencia se desarrolla en el intervalo conflictivo que se configura entre la animalidad de lo impersonal y el disciplinamiento normalizador de lo familiar. Desde ese espacio paradójico, sangrante y enloquecedor se narra y se sostiene, entre la hipérbole del deseo y la elipsis de lo que no se simboliza, una historia insatisfactoria de pareja ("Nunca estás *cool*, nunca estás zen (…) Sé normal y calmate, dice y baja", Harwicz 102), y de maternidad:

> Quiero ir al baño desde que terminó el almuerzo, pero es imposible hacer otra cosa que ser madre. Y dale con el llanto, llora, llora, llora, me va a trastornar. Soy madre, listo. Me arrepiento, pero ni siquiera lo puedo decir. (…) Soy madre en piloto automático. Lloriquea y es peor que el llanto. Lo alzo, le ofrezco una sonrisa falsa, aprieto los dientes. Mamá era feliz antes del bebé. Mamá se levanta todos los días queriendo huir del bebé y él llora más. (…) No me deja dejarlo.

(...) Ser madre es tan poco excitante. Me muero
de ganas. (99)

II. Amores perros

En la novela, la protagonista señala "Somos parte de esas parejas que mecanizan la palabra 'amor' hasta cuando se detestan; amor no quiero volverte a ver" (9). En este sentido el título, *Matate, amor*, está constituido por una falsa paradoja cuyos elementos constitutivos son un verbo en imperativo que expresa literalmente una orden de muerte y el vocativo "amor", que supone un afecto signado por el cariño y el deseo de cercanía. Sin embargo, la novela despeja esta aparente contradicción, pues la palabra "amor", como vocativo del marido, está vaciada de todo contenido: es un mero cliché desgastado por el uso. Algo que se dice por costumbre, ya no significa nada. En otra secuencia narrativa, luego de que ella sintiera la extrañeza de estar incluida en una escena de festejo familiar carente de significado (su hijo cumple dos años), se encierra en la habitación. Del otro lado de la puerta su marido, que quiere que regrese a la fiesta le dice: "no lo arruines todo", ella le responde "Matate, amor" (151).

Esta puesta en abismo del relato subraya el hiato que se produce entre el deseo de hurtarse a este simulacro de felicidad y la estructura necesariamente inclusiva y cerrada de lo familiar que no admite discon-tinuidades en su red. De esta manera, cuando la separación se vuelve inevitable, las palabras que cierran *el relato imposible de la familia feliz*, se convierten en la apertura narrativa de una historia de duelo que es también conexión profunda con la vida: "Estuve de luto mucho tiempo, pero en un momento tuve, como una viuda cuando pone la llave en la puerta de su casa, por primera vez, como cuando cena sin hablar, por primera vez, como la viuda cuando se acuesta sola, por primera vez, una tristeza excitante, salvaje" (155).

La narración de este *des-amor* en el seno de lo familiar se cuenta de manera desordenada, haciendo foco en ciertas escenas significativas, que muchas veces repiten algunos motivos (el deseo de matarse atravesando la puerta de cristal, el encuentro de su cuerpo con el cuerpo de su amante, la desesperación de estar atrapada en la trampa de la maternidad o el matrimonio, etc.) de manera faulkneriana, mientras otras se narran rápidamente u omiten, ya que la elipsis y la reticencia se contraponen a la detención obsesiva en algunas secuencias y a la expansión detallista de ciertos estados subjetivos de la protagonista, cuya mirada visceral y extrañada domina el relato.

Por otra parte, haciendo uso de la estilización, que universaliza su experiencia, ninguno de los personajes tiene nombre. Este anonimato le da carácter mítico al conflicto, que tiene reminiscencias de tragedia familiar griega, *Medea* de Eurípides específicamente, situado en un espacio rural ambiguo y en un tiempo presente impreciso. En esa inespecificidad, se configura una sociedad inmersa en el *deber ser* de convenciones sustancializadas y se expone, a modo de sinécdoque, la frustración individual que queda de manifiesto en aquellos miembros que *no encajan* en el modelo: la narradora que se ve a sí misma como una "letrada y graduada universitaria" convertida en "bestia"; Frank, su vecino, que se mata de un tiro durante la última Navidad o la vecina que se quema en el incendio de su casa, entre otros casos desgraciados

El encuentro erótico de los cuerpos solo encuentra espacio fuera de lo familiar. Así, en lo que se podría denominar la sexta sección de la novela (30-33), el punto de vista de la protagonista se complejiza, pues la narradora produce un movimiento envolvente, una voluta lírica, que confunde su mirada y su voz con la del amante, quien la mira acostada sobre la tierra y piensa como ella, subrayando que el elemento pasional es punto liberador de ataduras y convenciones en el relato, la posibilidad de que mirada y materialidad carnal encuentren su punto de fuga.

> Ahora hablo como él. Siendo él, pienso como ella y se me seca la boca. No sé qué hace tirada como un despojo entre la hierba densa y ligera, boca arriba. Tiene la misma remera de ayer. Rosa, sin mangas. El mismo pantalón negro

> de la semana pasada. Ya le conozco todo el ropero dice. (...) ¿Cómo será tener sus ojos sobre los míos? (...) Embobado con una mujer de polleras acampanadas que pasa sus tardes echada como un anfibio en el césped de su jardín (...) Pienso en ella y tengo arcadas deseo (...) Esta imagen crece en mí haciendo estragos. El horror de este deseo. Una imagen te envenena, los ojos de un búho y ya es tarde. La pongo contra la pared, deshago el rodete con los dientes y la ahorco con mis besos. (30-33)

El dispositivo narrativo figura la contaminación de miradas y de voces en el punto de disolución del deseo y el vínculo con la tierra. El texto comienza con la voz de ella diciendo en presente (ahora) narro como él (igual que él, simulando ser él) lo que se puede interpretar ya sea como una referencia metatextual que alude al proceso de producción del relato en torno a la construcción de personajes (habrá otras alusiones de este tipo en otros tramos), ya sea como una erosión de la idea de subjetividad individual que a través de la voz (sinécdoque del cuerpo deseante) supera la idea de individualidad como figura de la discontinuidad. En otras secuencias (37-38), el monólogo-fluir de conciencia se traslada a la experiencia del *otro* (el hombre-ciervo que materializa la plenitud del deseo, el llamado de lo animal) que se vuelve yo de una enunciación que lo construye como personaje, objeto de deseo, opuesto al del marido-no-deseante. Paralelamente, el hombre de la moto que desea a la protagonista, el padre de la niña-pez, replica en espejo la conducta infiel de la pareja de aquella respecto de su propia mujer. En la novela, la terceridad aparece signada por el conflicto ya sea que se constituya con la figura del otro/la otra de la pareja monogámica, ya sea el hijo o la hija. Ese lugar que no tiene cabida en la lógica aristotélica de la pareja es *lo excluido*, construye y deconstruye en el texto la lógica familiar naturalizada, que muestra su carácter de trampa asfixiante.

> La noche estaba alta, negra, suave, sobre nosotros. Una oscuridad hosca y pretenciosa. (...) Empujé la moto hasta la calle y encendí el motor a una cuadra más lejos. Ví los árboles talados de un hachazo hueco. Vi los cráneos agujereados de los conejos esparcidos como florcitas en la entrada del bosque. Vi un grupo de mariposas nocturnas que revoloteó sobre mi cabeza y entraron en mis oídos y el cuello de mi camisa. De a poco lograron embrollarse en mi pelo y se metieron en mi nariz. (...) Esperaba verla surgir desde la ventana con ojos rojos. O flotando sobre el tejido vestida de negro. Estando ahí en su zona pude sentir el odio que le escarba el vientre y rogué porque no me contagiara la depresión de tener que vivir. Es infecta la muy puta. Y tan linda. (37)

El carácter de simulacro de existencia feliz, centrado en lo reproductivo familiar-económico, es cuestionado en cuanto a espacio do-méstico seguro y germen de la continuidad de la vida. Esta estructura característica del sistema patriarcal emerge en su extimidad como producto cultural siniestro, pues produce docilidad en los cuerpos, engaño, frustración y embrutecimiento vital. En la mirada violenta de la narradora que como un cuchillo desarticula el relato feliz de la existencia burguesa, la familia revela su carácter convencional y antinatural. Por eso, a lo largo de la novela se acumulan las historias de seres atrapados, infelices o desgraciados (Zelda Fitzgerald, Septimus, Frank, la vecina que se quema viva dentro de su hogar-cárcel, la suegra de la protagonista) en una trama vital que los destruye o los deja en absoluta soledad.

Por otro lado, la visión idealizada de la vida en el campo, como espacio bucólico de dicha y pureza, contrapuesto a los males de la ciudad, se dinamita y es reemplazada por una configuración que lo presenta como un medio brutal, constreñido por prejuicios y rituales reproductivos de lo dado y signado por la violencia y la muerte. Sin embargo, en ese mismo medio, la naturaleza salvaje del bosque, que rodea con sus asechanzas y con su llamado salvaje el mapa de lo "civilizado", emerge como pulsión poderosa y contradictoria de vida. *Eros* y *tánatos* se entrelazan, allí, en un eterno retorno dionisíaco en el que se disuelve la individualidad. En ese afuera de lo familiar, en esa otredad donde no impera el *deber ser* cultural sino la necesidad, la protagonista, excéntrica en su medio y en la frontera con la locura como Zelda Fitzgerald con la que se identifica cuando va camino a la internación en un siquiátrico, es un cuerpo atravesado por un deseo que está más allá de ella misma y surge como necesidad corporal que emana de la tierra, como bramido sexual que la interpela: "Soy una víbora en celo enroscada entre el bidé y el inodoro" (82).

Sin embargo, en las contradicciones que la caracterizan y a pesar de la lucidez hiriente de su mirada, la castración civilizadora del deseo y de la sensorialidad animal contamina su propia perspectiva y la hace mirarse como un ser sádico, una mujer desviada, sucia, bestial y agresiva. Lo ilegible de su vitalidad desbordada, su anormalidad incorregible, es medicalizado y traducido al discurso de la norma burguesa e irrumpe como desvío, enfermedad u otredad animal: "soy más bestia que esos zorros desahuciados con la cara teñida de rojo y un palo atravesándoles la boca de par en par" (8).

En este sentido, su *pathos* desquicia el orden familiar, lo des-ordena y trastorna. Desquiciar es sacar de lugar una puerta, desencajarla de su marco. El quicio es la parte en la que se asegura la hoja, donde están los goznes o las bisagras. Por ello, sacar de quicio es, por extensión, sacar algo de su *natural* curso o estado, hacer perder la cordura. La operación desquiciante que produce el relato de la narradora determina un cortocircuito en lo familiar y destruye el marco ideológico en el que los roles, las conductas y las subjetividades cobran sentido y se vuelven naturales. Revela, en el efecto de extrañamiento que produce, el basamento económico y convencional de la estructura familiar, su condición de creencia naturalizada. El cuerpo-voz de la narradora mira su existencia cotidiana como escisión conflictiva entre su *Ego-corpus*, el yo-conciencia de la racionalidad burguesa, sometido a los dictámenes de la sociedad y su *Corpus-ego*, una subjetividad vivida desde el cuerpo, desbordada por el llamado de la tierra (Nancy 2000). El primero, reflexiona y toma distancia de sí y se mira actuar desde afuera con las categorías de la racionalidad cartesiana del sujeto moderno y por ello se impone una voluntad de normalización, para poder sostener los lazos familiares. El segundo, deja emerger una mirada impregnada de angustia, una carnalidad atravesada por el deseo sexual y por una violencia primitiva capaz de destruirlo todo, aún a sí misma: "corrí fuera de la casa, por primera vez, atravesando el vidrio de par en par. Y toda roja crucé los pastizales como si fuera una pradera y en el camino atropellé conejos y lechuzas, o ellos me atropellaron a mí" (56-57).

La palabra desbordada y excéntrica de la narradora, que se estructura desde un entrelugar paradójico en el que se cruzan en diversos grados mandatos sociales y pulsiones del deseo, está configurada por un tono tragicómico, es cortante y filosa como un cuchillo. Esto le permite distanciarse de la escena hogareña cotidiana para interpretar, en clave de desilusión, el carácter complejo de las relaciones afectivas que allí se dan entre ella, su hijo y su marido, pero también en su sometimiento a las leyes que rigen lo familiar: "Si no hubiera habido ese gesto de darme vuelta, si yo hubiera cerrado las piernas, si le hubiera agarrado la pija, no tendría que ir a la panadería a comprar la torta de crema o chocolate y las velitas, medio año ya" (9).

A diferencia de Septimus, el personaje de *Mr. Dalloway* de Virginia Woolf al que se hace alusión en uno de los tramos de la novela, que se suicida luego de varios intentos de autoagresión, la protagonista de *Matate, amor* elige vivir, a pesar del dolor y el malestar que la atraviesan, y actúa su pasión en dos registros: como rabia descontrolada y como deseo sexual que no puede reprimir. De este modo, se comporta como quien *sabe-no-sabe* los alcances de sus actos, transgrede el límite de lo tolerable por su marido y logra que él ponga fin a la tortura que ella misma alimenta con sus contradicciones: el mismo día en que se festeja el segundo cumpleaños de su hijo huye de la casa, arrastrada por el deseo, para encontrarse con el amante y de ese modo traspasa una frontera que vuelve imposible toda convivencia familiar y disuelve el triángulo erótico y familiar para dejarla en una soledad liberada de ataduras (152-155).

III. *Los tonos de la maternidad*

La voz de la narradora habla de la maternidad en un registro que se caracteriza por los tonos paradójicos. Uno de los tonos es la injuria, nacida de un sentimiento que la lleva a ver en el hijo solo el producto de un descuido durante un acto sexual mecánico con su marido. En este registro, el hijo es considerado con extrañeza y lejanía, como si fuera un extraterrestre cuyo llanto es imposible de comprender, pero que vampiriza su vida, cargándola de obligaciones y mandatos. El otro tono es amoroso y salvaje. Se relaciona con el instinto animal que vincula a una hembra y su cría. Responde a un patrón de conducta cuya finalidad biológica es el cuidado y adiestramiento del hijo para que llegue a la madurez y adquiera la posibilidad de sobrevivir en un medio hostil, tal como se manifiesta en la secuencia entre la narradora y su hijo en el bosque (69-71) y, más adelante, en su decisión de dejarlo a cargo del padre cuando cumple dos años.

Nora Domínguez (13-14) menciona que, en las escenas de maternidad que ha seleccionado como fundantes en su trabajo *De donde vienen los niños*, las flexiones de la voz exhiben ciertos elementos significativos sobre la relación madre-hijo que la definen. Observa que no hay grado cero de la voz cuando se trata de la maternidad ya que configura un espacio de tonos que suelen estar cargados de sentimentalidad tanto como matices del exceso amoroso o inflexiones que lo glorifican o lo denigran. En el caso de *Matate, amor*, la voz opera la transgresión de todos los sentimientos y mandatos considerados *naturales* en una madre, dejando emerger la furia, el rechazo y la incomodidad frente a esa existencia vulnerable que la expropia de su vida:

> Pasé la mañana insultando al bebé. Le dije de todo menos lindo. Al bebé. Qué no le dije, lo recontra insulté. Una boca sucia la madre. Lo

> llené de agravios al pobre. (...) Me miró diciendo: mamá, pis, y lo mandé a hacer pis solo, a que se alimente por sus propios medios. (...) Estoy cansada de que no esté bien andar a escopetazos o denigrar al bebé. (85)

Esta madre no habla con los tonos en los que manifestaría el amor de una mujer-madre "estándar" (61), en su forma del afecto se revela una animalidad impersonal que la obliga a parir simbólicamente de nuevo a su hijo en el bosque, para establecer un vínculo diferente, bárbaro, con él que elude el sentimentalismo, pero implica una experiencia de la vida en la que ésta se encuentra íntimamente ligada a la muerte:

> El bebé lloraba con falsas convulsiones. (...) Me lo até al cuerpo y fuimos un canguro con su cría trotando a lo largo del predio con espinas, abejas y flores silvestres. (...) Al llegar al bosque lo desaté y lo dejé andar cuesta abajo. Un instante después lo perdí de vista, corrí con los brazos. Algo dije. Escuché un disparo y di vuelta la cabeza con la misma intriga cándida de los bambis. Paré las orejas. ¡Qué fue ese estruendo? ¿Dónde está el bebé? Mi corazón se aceleró tanto que pensé que lo vería embarrado entre hojas caídas. Después lo busqué como solo una madre busca a un hijo. No corriendo ni caminando, no mediante acciones físicas. Lo encontré acostado sobre unas ramas más altas que lo que yo hubiese trepado. Me hacía cu-cu-ma-ma con la mano. Apenas camina y ya pudo treparse a un árbol. He parido un pequeño bárbaro. Subí y nos quedamos abrazados. (...) Vimos también la muerte de

> un pichoncito desprendido del nido. El pico negro y afilado de su mamá abierto de pavura. Le di a probar el agua empantanada del estanque. De comer los pétalos de las flores más coloridas y perfumadas. De morder las hojas para beber la savia. Imitamos los sonidos de los animales y fuimos parte de ellos. (...) Metí a mi hijo en el agua helada y sin querer lo bauticé. Qué Dios me perdone. Vi que estaba demasiado blanco para ser real. No era un niño sino un cuadro, el boceto de un niño, el arquetipo. Había languidecido como las bestias que paren críos muertos a la mitad del camino y se quedan ahí durante días después del nacimiento pateándolos para que resuciten, lo sacudí y lo envolví en mi carne roja. A medianoche se reanimó. (69-70)

La narradora huye frente a las asignaciones simbólicas de la madre que establecen equivalencias entre femineidad y maternidad y, en base a esa identidad mujer-madre, organizan tanto el conjunto de las prescripciones que legalizan las diferentes acciones que rigen la secuencia *concebir-parir-criar* una descendencia y el proyecto de vida posible de las mujeres concretas, como así también los discursos sobre ella (Domínguez 19). En la relación madre-hijo entronizada como la relación afectiva por excelencia, el padre queda afuera, pues justamente para concretarse con felicidad parece necesitar de esa exclusión, que en la novela de Harwicz es asumida naturalmente por la pareja de la protagonista. La narradora quiere invertir esa posición de ajenidad paterna, excluyéndose a sí misma del vínculo, para establecer la díada padre-hijo que le permitiría recuperar su condición de mujer deseante y su vida.

Nora Domínguez observa que por lo general los hijos representan y las madres son representadas por la voz de sus hijos, como en la viñeta de *Yo, Matías* de Sendra (1993) en la que aparece el personaje de Matías tomando la palabra mientras su madre permanece fuera de cuadro; o son construidas en la escena literaria a partir de momentos claves. Uno es el amamantamiento, tal como es narrado en la novela de Norah Lange *Cuadernos de infancia* (1937), donde la práctica de la maternidad aparece como memoria de un aprendizaje llevado a cabo en una familia de mujeres, en tanto conocimiento que circula de madres a hijas y que se trasmite sin palabras, como mimetismo y repetición. De este modo, se construye "el destino de mujer con la imagen de un 'cerco' custodiado por quienes habrán de sostenerlo" (Domínguez 10).

La tercera escena, pertenece a la novela *El túnel* (1949) de Ernesto Sábato. Incluye una pintura llamada *Maternidad* que será objeto de polémica entre dos miradas. Una es el punto de vista de una mujer, María Iribarne, que ha quedado prendada de una pequeña escena del cuadro. La segunda es la del pintor Juan Pablo Castel, sobre la mirada de María, y funciona como una máquina interpretativa masculina que enloquece ante el posible juego de significaciones que encierra ese gesto. De la imagen pequeña en el cuadro, la de la madre, no se habla, no parece poder decirse nada, solo importa porque en su interior hay otra. Este espejeo entre la escena silenciada y la que suscita interpretaciones y es parlante, encierra la tercera de las formas de configuración de la maternidad en la literatura argentina. Las madres en este sistema literario de tres escenas nunca es un objeto de representación privilegiado, surgen en un registro intermitente que las coloca en constante tensión entre la presencia y la ausencia, entre la centralidad y la exclusión (Domínguez 10-11).

Estas observaciones nos parecen clave para analizar la peculiar forma que toma la maternidad en el texto de Harwicz. Por un lado, a diferencia de la viñeta de Sendra que analiza Nora Domínguez, la mujer toma aquí la palabra para narrar, aunque bordeando el lenguaje de la locura, la puesta en crisis del lugar que ser madre ocupa en el sistema heteronormativo y falogocéntrico de la familia patriarcal. Sin embargo, al tomar la palabra, y otorgar sentido a lo narrado, se figura a sí misma en un rol que acepta con frustración y pasiva entrega al designio, consciente o no, de su marido y no como destino elegido: "cada vez que lo miro veo a mi marido casi eyaculándome la espalda cuando se le cruzó la idea de darme vuelta y entrar en el último segundo" (8-9).

Se discute, así, la naturalización de la mímesis que construye el círculo de la trasmisión del saber-ser-madre y de la simpleza del amor maternal, el placer del amamantamiento o el vínculo intuitivo que permite a una madre calmar el llanto del niño. Por otro lado, si la mujer rompe el silencio y brinda una posible respuesta al enigma de la maternidad, que no se revela en *El túnel*, es para contar una experiencia desquiciante que se juega en el intersticio de la pulsión erótica del deseo, que no pasa por lo reproductivo ni por la voluntad de sostener una familia.

La familia, justamente, aparece en la novela como un sitio en el que se ponen en juego negociaciones de posiciones de poder discursivo e interpretativo. Estas negociaciones se configuran narrativamente en la polémica de voces que surge entre las palabras de la protagonista (que reclama que su marido la toque, la desee, la vea a ella igual que hace el ciervo) y las de su marido (que no la ve, que le pide que sea más normal y *cool*, que no entiende lo que le pasa y lo interpreta como locura). En la novela, la voz femenina es el escenario donde se hace evidente y de manera desaforada el peso que tiene sobre una mujer la cristalización de los mandatos de la vida familiar. Esos mandatos rechazados como prisión, sin embargo, pesan en su autopercepción y la hacen decir que no alcanza a representar su papel de madre y de mujer satisfactoriamente. Esta certeza, que surge de la comparación entre su comportamiento y el cliché de mujer imperante, la convierte en un cuerpo que transita agónico el entredós desquiciante que se teje entre la voluntad de no luchar y someterse a esa ilusión de felicidad en la que ya no cree y el *acting out* que la lleva a poner fin a una situación de su infancia (el regreso no querido al seno de su familia) que no elaboró lo suficiente y que irrumpe en el relato como deseo de concreción de esa huida inconclusa. Hay un hecho del pasado en su vínculo con el mundo familiar que la lleva a actuar "como desquiciada" y a cometer actos impulsivos y agresivos contra sí misma y contra los demás. Así, atraviesa el vidrio de una ventana y se corta toda, mata a un perro de un tiro, o sale corriendo el día del cumpleaños de su hijo para tener sexo con el hombre-ciervo que materializa de manera fantasmática sus deseos (144-145).

En este sentido, la voz de la narradora emerge, en medio de escenas dolorosas de abandono y depresión vital, para contar su excentricidad y sus contradicciones respecto a un orden en el que no encaja, pero en el que quiere seguir, como la niña perdida que se deja llevar, por ese cuerpo masculino cuyo roce la excita, de regreso con sus padres a pesar del desgarramiento interior que eso significa, pues implica contrariar su deseo. Así, admite que lo que la salva de la muerte o de la locura no es el amor a su marido ni a su hijo, sino el ojo dorado del ciervo "mirándome todavía", porque es "el que sabe mirar mi tristeza infinita" (71). Hay en ella algo salvaje que se asfixia y tiene que ver con la necesidad de una vida no domesticada, pero su voluntad se aferra a la familia y se exige a sí misma "dejar de pedirle peras al olmo", "contener su demencia", "usar el cuarto de baño", "acostar al niño", "masturbar al hombre y dejar la insurrección para mejor vida" (68).

De esta manera cita y replica el destino del personaje del cuento "Amor" de Clarice Lispector que añorando la experiencia riesgosa de la gran llama del amor que la atravesó en su juventud, y supone la entrega a una vida peligrosa y salvaje, elige la pequeña llama de la domesticidad que la hace seguir viviendo como una mujer vacía que se complace en ver crecer a sus hijos, ocuparse de su casa, hacer las compras y dejarse llevar dócilmente de la mano por su marido, para no pensar en el espanto que la atraviesa.

IV. Fotografías de familia

La novela se inicia con una imagen doble de gran potencia significativa que materializa el desquicio de lo familiar (7-10). El primer plano da forma estética a una mujer, la narradora, devenida madre y pareja de un varón al que llama "mi" hombre y más tarde "mi" marido, pero nunca "mi" amor. En esta imagen, se figura a sí misma reclinada sobre la hierba y mirando la palma de la mano en la que el sol le da "la impresión de llevar un cuchillo con el que iba a desangrarme de un corte ágil la yugular" (7). Construye, así, imaginariamente la puesta en escena de un rito sacrificial en el que es simultáneamente victimaria y víctima. Desde ese borde impreciso y fantasmal en el que vida y muerte se aproximan, oculta entre la maleza y al acecho, como una fiera o un enemigo, la protagonista espía con distancia desencantada una segunda escena en la que no participa, pero que otorga sentido al lugar vacío que ha dejado en el ámbito de la familia. El telón de fondo de esa figura es la casa "entre decadente y familiar" que habita, un antiguo tambo de crianza de ganado y ordeñe.

Lo mirado en esa escena es la imagen de su marido y de su hijo jugando con el agua en una pileta de plástico azul. En esa escena de alegría y placer, ella ocupa el espacio del tercero excluido, porque no tiene cabida en la felicidad ajena y sencilla de esos dos cuerpos "en cueros" que chapotean en la pileta un domingo, víspera de un día feriado, y se miran entre sí. Esta escenificación que deconstruye el triángulo de la sagrada familia, madre-padre-hijo, exhibe la posición vertical de esas masculini-dades erectas y el sonido, indescifrable para la narradora, de sus voces, organizadas por una lógica que le es ajena. La configuración diádica de miradas especulares y cerradas en sí mismas se contrapone a la horizontalidad de la madre recostada sobre la tierra que, desde lejos, y escondida, los mira y se ve a sí misma separada de esos cuerpos, sobre la tierra y con un metafórico cuchillo en la mano.

La imagen escindida en dos planos muestra lo familiar como forma agonizante, desde el comienzo mismo del relato, y deja a la vista un bies siniestro: es la metáfora de la vida atrapada en un cliché que provoca un deseo extremo de muerte. La disyuntiva imaginaria del personaje, *matarse o matarlos*, se traviste en *disimulo* que permite obturar y ocultar el deseo de eliminarlos de su vida con la máscara del colgado de ropa: "Dejé caer el cuchillo. Fui a colgar la ropa como si nada. Abroché bien las medias de mi bebé y de mi hombre. Los calzoncillos y las camisas (...) La colgada de ropa fue un éxito" (7-8). En la escena, performativa, se ejecuta metafóricamente el deseo de "dejarlos colgados", de huir y/o de borrarlos de su existencia.

Sin embargo, cuando el personaje se integra maquinalmente al ritual de lo familiar acatando la apelación-mandato de su marido, se in-tensifica su depresión y la pulsión autodestructiva: "Yo trago la cerveza en sorbos largos y aspiro por la nariz queriendo estar exactamente muer-ta" (10). La anónima protagonista subraya su autoexclusión respecto de la escena feliz del padre y el hijo disfrutando del agua y del brindis familiar que cierra este primer tramo del relato. Se descalifica y se ve a sí misma como una "mujer débil y enfermiza que sueña con un cuchillo en la mano" y que no comprende cómo llegó a ser "la madre y la esposa de esos dos individuos" (8). Su resistencia al cumplimiento del rito familiar del día domingo se evidencia en la configuración de un cuerpo participante, pero vaciado de deseo

En la voz narrativa confluyen las contradicciones de quien está atrapada en una red que se ha tejido con el *deber ser* naturalizado de lo familiar, el *deseo* de huir y la *voluntad* de permanecer. No está claro para el personaje, excepto en algunas escenas, qué quiere hacer aunque no lo desee y qué no quiere pero desea hacer. En su discurso se despliegan de manera violenta posibilidades del devenir mujer marcadas socialmente como negativas: ser una puta, ser loca, ser asesina o convertirse en suicida. La felicidad familiar no aparece como proyecto de vida posible para ella. De allí que haya un pasaje abrupto entre la fantasía del rayo de sol convertido en cuchillo que irrumpe como un instrumento fálico (para matar hay que penetrar los cuerpos como un hombre, repetir el gesto y la decisión falogocéntricos) y su autopercepción de mujer débil y enfermiza no apta para cumplir el rol de madre de familia (fuera del esquema subjetivo heteronormativo no hay lugar para la configuración de una subjetividad femenina fuerte). Al mismo tiempo que se ve como una "campechana ignorante que cuelga ropa y se seca las manos en la falda antes de entrar a la cocina" (10), y parodia esa visión construyendo la escena como una ficción que lleva a cabo para que no descubran sus intenciones: "soy una falsa mujer de campo", "No se dieron cuenta" (9). Se hace patente una tensión creciente entre el deseo violento, en el que eros y tánatos se conjugan, y el deber de e integrarse a la forma de lo familiar: "Dejo el cuchillo sobre el pastizal quemado, espero que cuando lo encuentre parezca un bisturí, una pluma, un alfiler. Me levanto caldeada, molesta por un hormigueo en la entrepierna" (9).

La instantánea de la domesticidad familiar presentada como teatralización funciona como puesta en abismo que deconstruye el relato de la felicidad hogareña. Por esta razón, se acumulan acciones vaciadas de sentido por el tono irónico de la enunciación: "Brindamos por la felicidad del bebé y bebemos cervezas, mi hijo sobre su sillita mastica una hoja. Le meto la mano y chilla, me muerde con las encías. Mi marido quiere plantar un árbol para darle larga vida al bebé y yo no sé qué decirle, sonrío como una gansa" (10). La circularidad y el encierro de su vida se marcan a través de la similitud entre el comienzo y el final de la *foto familiar*: ella recostada sobre un tronco en posición horizontal y pasiva, frente a la actividad de los cuerpos masculinos que cortan madera para preparar el invierno.

La distribución de los roles reproduce un esquema de tareas que se ajusta a la ley de la heteronormatividad: lo femenino se actúa como tender la ropa-preparar la comida-ocuparse del hijo/lo masculino, jugar en el agua con el hijo varón-cortar troncos-viajar). Sin embargo, en el vínculo entre hijo, vida reproductiva, continuidad de la especie y maternidad feliz, emerge siempre como interrupción, como hiato, junto al vaciamiento de sentido del ritual o de las palabras, el deseo de muerte. Lo mismo sucede respecto de la relación con "su" hombre que para sostenerse implica su conversión en sujeto de una estructura disciplinaria y castradora. En un tramo de la novela esta sujeción de la pareja al vínculo se materializa como falta de conexión sexual y deseo mutuo: en lugar de hacer el amor juntos, cada uno decide masturbarse en soledad y a escondidas del otro (22).

Una frase de *La señora Dolloway* de Viriginia Woolf, en la que quien narra observa respecto de ella "Como un cuchillo atravesaba todas las cosas y al mismo tiempo estaba afuera mirando" (6), puede leerse como metáfora de la visión del vínculo que la une y la separa tanto de su hijo y de su marido como de la vida que lleva con ellos. Esa misma frase señala el principio constructivo que organiza la novela porque la narradora-protagonista se presenta a sí misma a partir de un *desdoblamiento especular* en la que *es quién mira*, con distancia y amarga ironía una estructura familiar insostenible y asfixiante que se desmorona, y también *es lo mirado*: una mujer-animal que agoniza dentro de una trampa que ella misma ha ayudado a construir y de la que no puede salir por sí misma, sino después de un último *acting out* que vuelve imposible la vida en común para siempre: "El bosque eran árboles como tigres alzados. No voy a poder olvidar, dijo [el marido], y por primera vez fue solemne. (…) dio media vuelta y me vio perderme entre los matorrales. El primer momento fue puro dolor que no se comparte ni con uno mismo" (154-155). El final definitivo del vínculo se define de la misma manera en que se tramitó la familia: organización, racionalidad y palabra, por un lado; huida, silencio y deseo, por el otro. Sin embargo, por primera vez, él la ve entrar al bosque, igual que el ciervo. En esa mirada final, se cifran los límites de la lógica que sostiene lo familiar, que, en la novela, solo puede percibir el deseo para expulsarlo.

V. Un cierre abierto, una voz muda

En *La desaparición del sujeto*, Peter y Christa Bürger, al referirse a la escritura femenina de los siglos XVI al XX, señalan que en la medida en que las mujeres adscriben al rol de esposas y/o madres no se sabe nada de ellas, quedan invisibilizadas y solo cuando comienzan a salirse del orden falogocéntrico, o a defenderse contra él, se vuelven visibles y su palabra cobra consistencia. Sin embargo, esta redistribución de lo sensible, que permite que la luz de la palabra se pose sobre su figura y sus vidas, se da en el límite de su desaparición (la muerte, la enfermedad, la angustia vital extrema) y/o en contra de algo que las oprime (la familia, la sociedad, la pobreza, la ausencia de la amada). Fuera del orden patriarcal heteronormativo se experimentan como insignificantes y la autonomía del sujeto femenino se narra como meramente negativa, como lo que queda afuera del campo de la subjetividad falogocéntrica. Su emergencia aparece *solamente* como un modo de escabullirse de la determinación. El hecho de que no haya otra posibilidad para ellas constituye su *ennui*, su angustia, su desesperación, su fragilidad existencial.

Situadas en el afuera del campo del sujeto moderno, cuya matriz responde a la tríada masculina Montaigne-Descartes-Pascal según Bürger, el yo femenino habla el lenguaje de la enfermedad, de la inestabilidad anímica, de la desvalorización de sus posibilidades subjetivas, y vive la sublevación ante aquello que la condiciona de manera agónica. Este es el caso de la narradora de la novela de Ariana Harwicz. La rebelión de la protagonista se produce en contra del cerco en que la aprisiona la familia patriarcal y se configura como un espacio de indeterminación que la hace dudar entre aceptar esa vida disminuida que la enferma y la vuelve desgraciada o buscar la muerte; entre elegir el disciplinamiento que la convierta para siempre en una mamá-esposa estándar o sumergirse en la impersonalidad solitaria de lo animal, con salvaje tristeza.

Lo cierto es que las figuras femeninas de los textos que analiza Christa Burger (Mme. de Sévigné y Colette Peignot, entre otras) no parecen poder construirse más que en su referencia al hombre y al marco del orden patriarcal que las ubica en el afuera del sistema (336-340). En este sentido, Adriana Cavarero (1990), forzando la ruptura del marco logocéntrico masculino y haciendo irrumpir en él una experiencia femenina como diferencia, busca en el discurso de la antigüedad formas y prácticas de resistencia contra ese orden, como la carcajada de la doncella de Tracia que se burla del hombre distraído en su pensamiento o el tejer-destejer tiempo para ella de Penélope como modo de resistir al control de su tiempo que le imponen los pretendientes.

Respecto de la primera, en el diálogo *Teeteto*, Platón narra cómo una joven del pueblo se burla de Tales de Mileto, cuando éste ensimismado y distraído en la contemplación de las estrellas y del cielo, se cae dentro de un pozo que había en la tierra. Esta anécdota platónica fue usada a lo largo de la historia para subrayar que la gente común ser ríe del afán metafísico de los filósofos que no sirve para solucionar las cosas prácticas de la vida. Cavarero encuentra otros sentidos en el episodio. Según esta pensadora feminista revela la misoginia de Platón que ve en ella la contrafigura negativa del filósofo. No por casualidad, observa, la joven proviene de Tracia, una región asociada con el mundo femenino, nocturno y ctónico. Platón inserta la anécdota para describir al verdadero filósofo, que dedica su vida a la investigación de lo universal eterno, las ideas, más importantes que las cosas materiales, sensibles, mortales e inestables. La tierra y los pozos que hay en ella, meras copias distorsio-nadas del mundo ideal, son ocupación de mujeres o de gente sin vuelo intelectual.

La cuestión en torno al discurso femenino y sus prácticas de resistencias en el marco de la cultura falogocéntrica, que estudiaron tanto Peter y Christa Bürger como por Adriana Cavarero, se repiten en la novela de Harwicz aunque con variaciones. En la ficción, toma forma sensible el conflicto surgido entre las necesidades vitales y el deseo de una mujer que se siente una extranjera en el mundo familiar, como Medea la bárbara en el mundo griego, y el estereotipo ideal de familia burguesa heteronormativa, que determina roles cristalizados para el hombre y la mujer. En este esquema, el personaje del marido, como Ulises, viaja y engaña a su mujer y, como Jasón, usa el lenguaje convincente de los sofistas para hablar con ella, pero no puede entender qué le pasa. En este esquema patriarcal, la narradora toma la palabra, pero no para formular un relato futuro, un proyecto vital, que la tenga como centro. Ella solo puede contar su *ennui*, su insatisfacción y su anormalidad agresiva. La protagonista padece la existencia como madre y esposa como si fuera una enfermedad y languidece junto a un hombre con el que ya no comparte más que la gestación azarosa de un hijo y un tambo convertido en hogar. Su vida solo puede ser narrada en relación con sus hombres (el hijo, el amante, el marido); de ella solo puede contar su deseo (sexual, de muerte), su rabia y su agonía.

Su pareja, como Tales de Mileto, prefiere mirar las estrellas con el telescopio y se exalta ante esa belleza que lo llena de energía, pero es incapaz de percibir la tierra que sostiene sus pies y ver en ella los "cráteres" que han hecho los topos, como así tampoco la crisis de su matrimonio, que es responsabilidad de los dos y no solo de la manera exagerada y violenta que manifiesta en lo cotidiano ella; tampoco puede entender, abrazar y sentir el cuerpo anhelante de la mujer que tiene junto a él, parada sobre el pasto helado, esperando que vea su tristeza igual que el ciervo. Sin embargo, a diferencia de la doncella Tracia, la narradora ya no puede reír ante la torpeza de quien no puede ver lo que tiene al alcance de la mano y sobre la tierra, aunque la ironía afilada como un cuchillo y el gusto amargo del sarcasmo marquen su discurso desolado. La patencia de esos agujeros en la tierra, de esos huecos "sin estrellas" y "la ausencia de luz" son la figura de su condición fuera de lugar, de la muerte y del sinsentido que la asedian y que le impiden disfrutar como suya también la felicidad de los otros: "su exaltación me hace daño" (12-13).

En *Matate amor*, el discurso femenino cobra protagonismo, pero solo para hablar del dolor, la insatisfacción, la rabia, la desilusión, el deseo sexual o de muerte, en medio de una estructura familiar falogocéntrica que la oprime. Así, cuando al final de la novela el cerco de la infelicidad en que ha quedado atrapada se rompe y ella, aún en duelo por la pérdida, comienza a percibir dentro de sí el estremecimiento salvaje y solitario de la vida, no será la palabra sino el silencio el que abra la posibilidad de un nuevo relato, en el instante mismo en que la historia familiar se clausura. Sin embargo, este silencio en su pensatividad (Rancière 2010) , en su exceso de sentido, en sus contradicciones, sugiere, sin determinarlo, que fuera del marco de referencia de la familia patriarcal y del orden masculino solo cabe la posibilidad de una vida sin un proyecto subjetivo individual por encima de ella, en la zona liminar, común e impersonal de la animalidad en la que se manifiesta lo viviente.

Bibliografía

Bürger, Peter y Christa Bürger. *Una historia del sujeto moderno*. Akal, 2001.

Cavarero, Adriana. *Nonostante Platone. Figuri Femminili nella filosofia antica.* Editore Riuniti, 1990.

Domínguez, Nora. *De donde vienen los niños.* Beatriz Viterbo Editora, 2007.

Fischer Pfaeffle, Amalia. "Devenires, cuerpos sin órganos, lógica difusa e intersexualidades". Diana Maffía. *Sexualidades migrantes.* Feminaria Editora, 2008, segunda edición, pp. 11-32.

Giorgi, Gabriel. *Formas comunes.* Eterna Cadencia Editora, 2014.

Harwicz, Ariana. *Matate amor.* Mardulce, 2018.

Lameda, Carlos y Ennodio Torres Cruz. "Lotfi Zadeh el genio creador de la lógica borrosa". *Revista Ciencias y Tecnología*, Vol. 12, N.º 2, Julio-diciembre, 2018, pp. 127-133.

Lispector, Clarice. "Amor". *Cuentos reunidos.* Ediciones Siruela, 2008.

Nancy, Jean Luc. *Corpus*. Ed. Arena, 2000.

Rancière, Jacques. *El espectador emancipado*, Manantial, 2010.

Sábato, Ernesto. *El túnel.* Sudamericana, 1966.

Wolff, Virginia. *La Sra. Dalloway*. Lumen, 2013

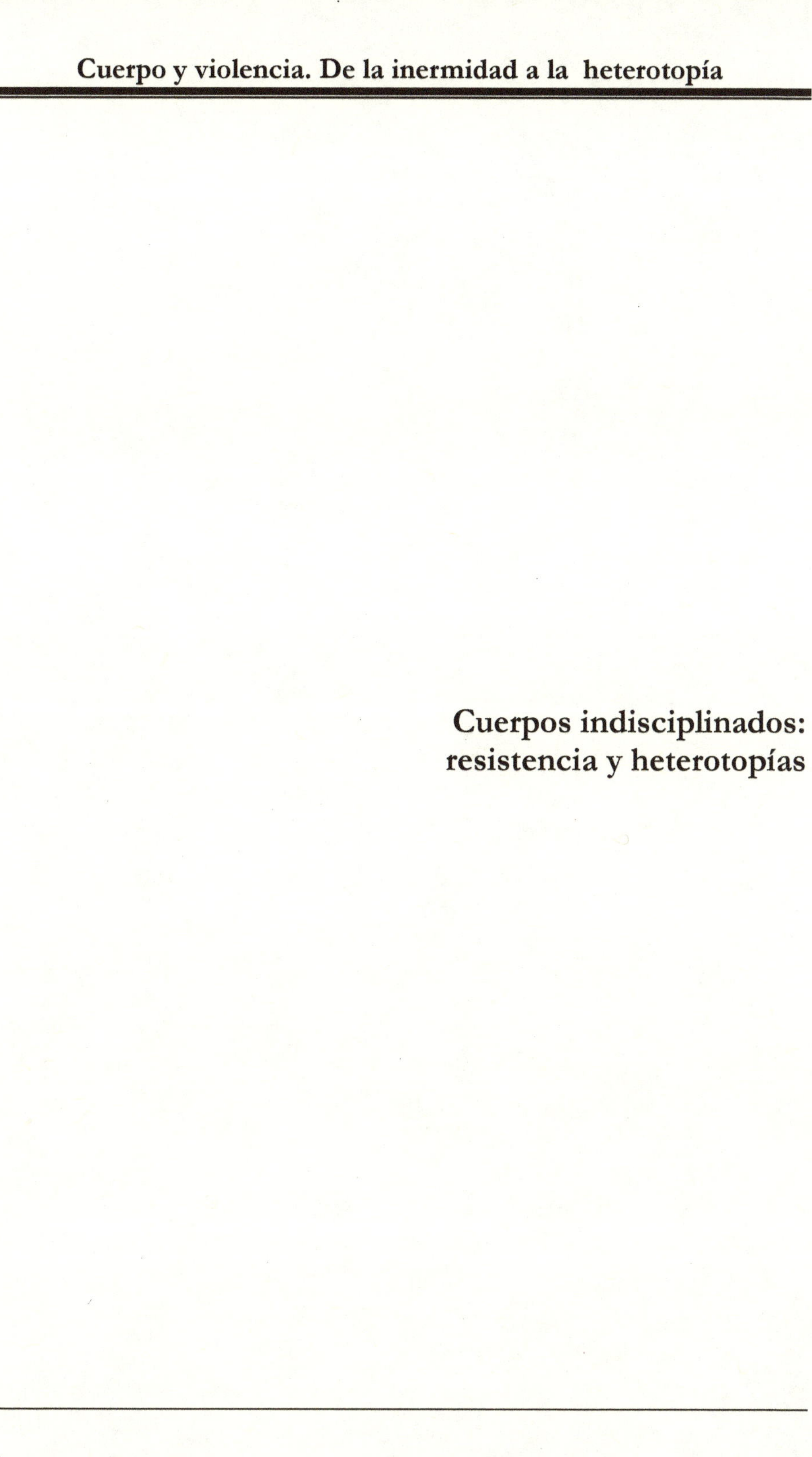

Cuerpos indisciplinados: resistencia y heterotopías

Cuerpos soñados: el escritor como alga en *2666* de Roberto Bolaño

Entre biopolítica y psicopolítica: las algas ficcionalizadas

Roland Spiller
Universidad Goethe de Frankfurt

La clasificación de los seres vivientes se realiza en diferentes disciplinas, especialmente en la biología. Si incluimos la literatura, el campo de los seres por clasificar aumenta infinitamente, basta pensar solamente en el *Manual de zoología fantástica* de Jorge Luis Borges. Sin embargo, en *2666* la referencia intertextual es *Algunos animales y plantas del litoral europeo*, un manual –el primer libro robado de Bolaño– que se basa en seres reales, especialmente en algas que fascinan al protagonista, Hans Reiter, el futuro escritor Benno von Archimboldi: "lo tenía dentro de la cabeza (...) y mientras buceaba iba pasando páginas lentamente" (799). Con el libro en mente, el personaje identifica las algas y reconoce sus deslumbrantes formas. Por lo tanto, su significado se sitúa, como quisiera proponer en este ensayo, entre biopolítica y psicopolítica. Si consideramos el cuerpo como mediador de códigos culturales, sean biopolíticos o psicopolíticos o de otro tipo, la identificación con las algas podría indicar una naturalización. Se trata sin embargo justo de la tendencia contraria: esta identificación muestra, en el sentido de Judith Butler, el carácter performativo del cuerpo y su construcción literaria y estética. Su carácter fabuloso y fantasmagórico está aumentado por su ambiente real, el fluido y amorfo universo del agua. El joven comienza

> a dibujar en un cuaderno todo tipo de algas. Dibujó la *Chorda filum*, que es un alga compuesta por largos cordones delgados que pueden, sin em-

bargo, llegar a alcanzar los ocho metros de longitud. Carecen de ramas y su apariencia es delicada, pero en realidad son muy fuertes. (800)

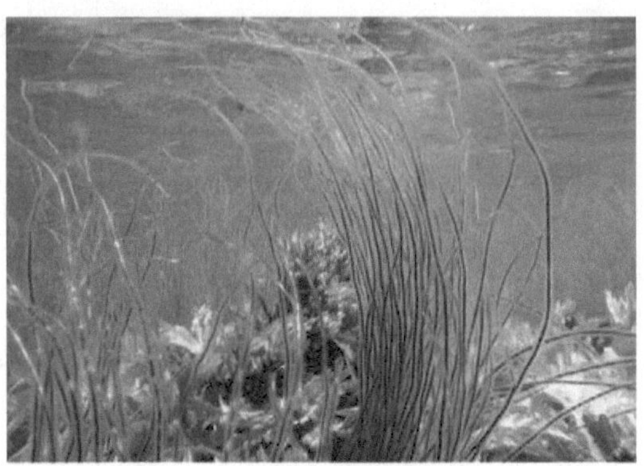

Chorda filum Imagen 1
Foto: Rolf Nyström
https://quizlet.com/88003350/alger-flash-cards/

Dibuja también "la *Leathesia difformis*, que es un alga compuesta por bulbos redondeados de color marrón oliváceo, que crece en las rocas sobre otras algas. (…) Nunca vio ninguna, pero soñó muchas veces con ellas" (800).

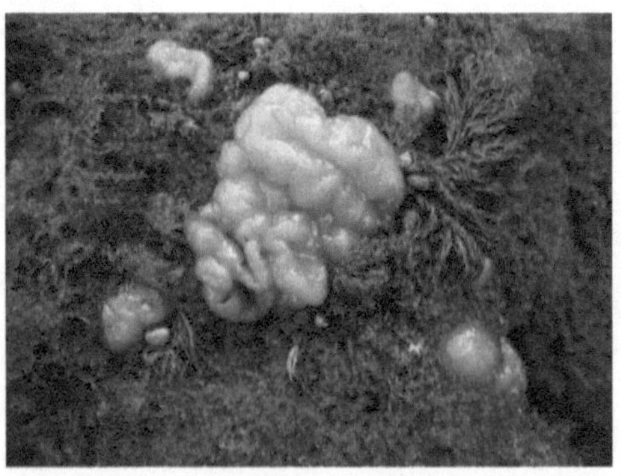

Leathesia difformis

Si las algas sirven para concretar el imaginario y la autoimagen del futuro escritor, la mención del sueño subraya la función de la imaginación en el proceso mimético y ecfrástico. Las descripciones de las algas en la novela son ejemplos del uso de la écfrasis en Bolaño que podría ser analizado en el nivel retórico, estilístico y poético. En el contexto de este trabajo es suficiente indicar la poética que encubre todos estos elementos a partir de los cuales se puede interpretar la visión del mundo inherente a ella. Hans Reiter se identifica con las algas, no con una en especial, sino con las algas en su fantástica pluralidad. Veamos, entonces, los próximos ejemplos: "Dibujó la *Sargassum vulgare*, que es un alga que vive en las playas rocosas y pedregosas del Mediterráneo y que, entre las frondas, posee pequeños órganos reproductores pedunculados" (801):

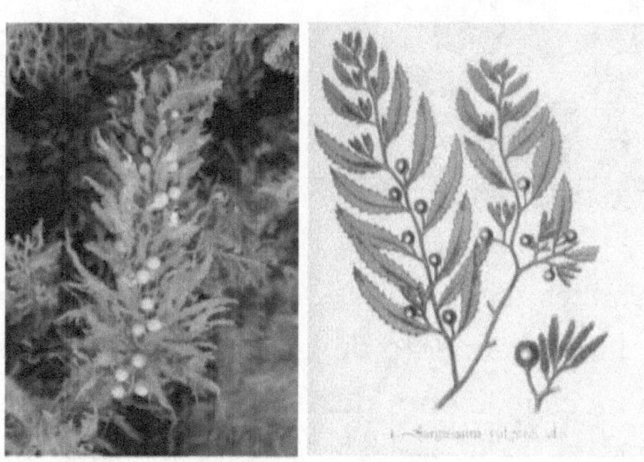

Sargassum Vulgare, imagen 3
https://artscult.com/algae-00987/
Foto: João Neiva
https://marineforests.com/reports/1253/

Mientras que las descripciones de las algas provienen del narrador de la novela, la importancia de las algas para el protagonista se manifiesta en su recepción activa. Reiter dibuja la *Padina pavonia* (imagen 4) y la *Ascophyllum nodosum* (imagen 5).

Las algas son obras de arte naturales sumamente estéticas, fantásticas, de una sobrecogedora riqueza en cuanto a formas y colores. En la novela, son objeto de distintos tipos de mediatizaciones: descripciones, dibujos, imaginaciones y sueños. Lo que no muestran las fotos son los movimientos fluidos, la fina flexibilidad flotante de estos seres en movimiento permanente. Su fineza estética indica belleza, sensibilidad y también vulnerabilidad. Existen varias clasificaciones de las algas y distintos modos de representarlas. Frente a ese universo fantasmagórico cabe preguntarse con Borges –acompañado por la risa de Foucault– por las taxonomías, es decir, los sistemas de clasificación. ¿A qué criterios se recurre para definir las categorías que ordenan el saber? ¿Qué marcos epistemológicos determinan las clasificaciones que parecen ser naturales?

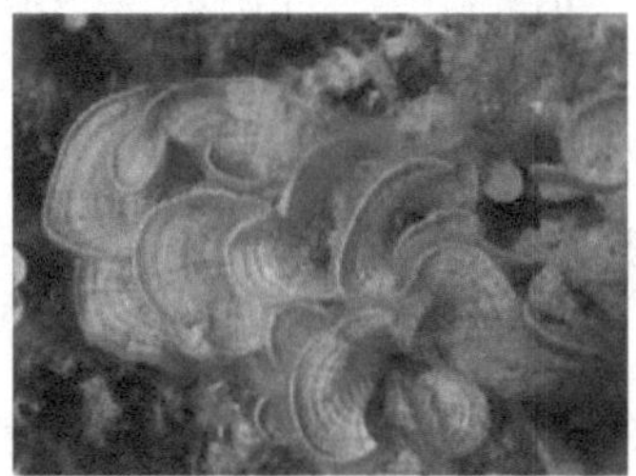

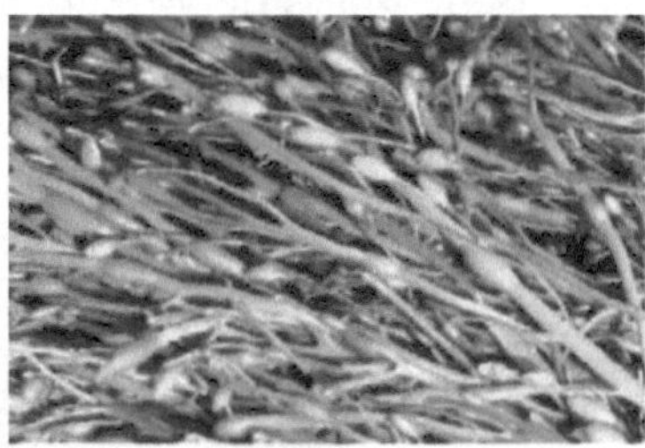

Con los avances tecnológicos, nuevas disciplinas como la neurobiología cambian el ordenamiento de las algas al integrar aspectos filogenéticos basados en investigaciones del ADN. Sin embargo, el criterio más común para establecer las especies y las subcategorías hasta ahora han sido las características morfológicas del cuerpo. Bolaño las integra creando un "efecto de realidad" (*éffet de réel*) conceptualizado por Roland Barthes, específico, *infrarrealista* en sus propios términos, sin recurrir a la invención de algas imaginarias. Tampoco sigue el modelo de Borges haciéndole buscar a su protagonista "la escritura de Dios" escondida en el pluriforme universo de las algas, ni recurre a la enumeración caótica, otra de las estrategias narrativas preferidas de Borges. En fin, no recurre a la taxonomía inventada que es el principio de base del cuento "El lenguaje analítico de John Wilkins" de Borges que inspiró la famosa introducción de Michel Foucault en la *Les mots et les choses*:

> Este libro nació de un texto de Borges. De la risa que sacude, al leerlo, todo lo familiar al

> pensamiento —al nuestro: al que tiene nuestra edad y nuestra geografía—, trastornando todas las superficies ordenadas y todos los planos que ajustan la abundancia de seres, provocando una larga vacilación e inquietud en nuestra práctica milenaria de lo Mismo y lo Otro. Este texto cita "cierta enciclopedia china" donde está escrito que "los animales se dividen en a) pertenecientes al Emperador, b) embalsamados, c) amaestrados, d) lechones, e) sirenas, f) fabulosos, g) perros sueltos, h) incluidos en esta clasificación, i) que se agitan como locos, j) innumerables, k) dibujados con un pincel finísimo de pelo de camello, l) etcétera, m) que acaban de romper el jarrón, n) que de lejos parecen moscas". En el asombro de esta taxonomía, lo que se ve de golpe, lo que, por medio del apólogo, se nos muestra como encanto exótico de otro pensamiento, es el límite del nuestro: la imposibilidad de pensar esto. (6)

Sin embargo, la presentación de las algas no cuestiona la taxonomía, al contrario, la reproduce y la conduce al extremo. Se trata de una estructura característica de la novela: la conexión de acumulaciones como, para nombrar solamente el ejemplo más chocante, los feminicidios en Santa Teresa, que se entrelazan en configuraciones variables con otros temas centrales. No se cuenta un feminicidio, ni dos o tres, sino más de cien. Estas acumulaciones cumplen varias funciones y al entrelazarse abren diferentes perspectivas sobre las temáticas centrales como la violencia, la crueldad y la literatura.

Las algas, en sentido deleuziano, representan una diversidad rizomática en la unidad y el fluir permanente de la vida (Deleuze y Guattari 1976). No obstante, en el contexto que propone el personaje de Hans Reiter, vale preguntarse: ¿en qué medida sirven para caracterizar al protagonista? Su función es por lo menos doble: por un lado, dan a co-nocer su mundo interior; por otro lado, muestran cómo él es percibido por una mirada externa. Reiter se ve a sí mismo y es visto por los otros como un alga. La coincidencia de la autoimagen con la imagen de los otros lleva a pensar en una identidad coherente, que al mismo tiempo puede ser cuestionada, ya que el carácter rizomático se opone a la fijación identitaria. Sin embargo, su primera lectura, el libro mencionado, es decisiva para su vida entera. Cuando se le ofrece una oportunidad, bucea en ríos y mares para observar las algas. La primera vez que Heinz Vogel lo ve en el agua en una situación extrema, lo confunde con un alga. Esta confusión le preocupa también después de haberle salvado la vida:

> ¿Cómo pudo confundir a un niño con un alga? Se preguntó. Y luego: ¿en qué puede parecerse un niño a un alga? Y luego: ¿hay algo que pueda tener en común un niño con un alga? (806)

La pregunta por la similitud y sus criterios, aunque en el cuento borgiano, es otro tema que Foucault enfoca en la introducción de *Las palabras y las cosas*. Aquí sí, "se trata de la extravagancia de los encuentros insólitos" (Foucault 8). La desconcertante proximidad entre un ser humano y un alga le roba el sueño a Vogel:

> Después, puesto que ya no iba a poder dormir durante toda la noche, se puso a pensar en el niño al que había salvado. Era muy flaco, recordó, y muy alto para su edad, y hablaba endemoniadamente mal. Cuando le preguntó qué le había pasado le contestó:
>
> -Nasao na.
>
> -¿Qué? –dijo Vogel- ¿Qué has dicho?
>
> -Nasao na–repitió el niño. Y Vogel comprendió que nasao na significaba: no ha pasado nada. (806)

Es la primera de las pocas frases enunciadas por Reiter en el texto. Al poner el foco sobre un futuro escritor, la novela despliega su biografía incluyendo sus relaciones con los padres, que no tienen ningún trasfondo literario. Hans Reiter es literalmente un *infans*, del latín "que no habla", una hoja culturalmente vacía. También, como adulto, permanece como un ser opaco, casi mudo. El silencio del protagonista escritor dice mucho y subraya el valor de las pocas cosas que dice.

La frase indica que la condición del devenir escritor produce una deformación lingüística, un uso propio que deforma el "buen uso" de la lengua. La lengua misma, un cuerpo mutilado, constituye el *corpus delicti*. A Vogel le encanta este "mal uso" de la lengua, le hace preguntas solamente para escucharlo hablar: "...cómo se llama ese bosque, decía Vogel, y el niño respondía elosque destav, que quería decir el bosque de Gustav" (807). El escritor-alga se distingue por un uso propio de la lengua. Su relación con el mundo pasa por los buceos, que podríamos considerar como una forma de sueño consciente y por el uso desviado de la lengua. La novela contiene, además, más de 250 sueños explícitos, que constituyen una arquitectura onírica multifuncional cuya meta principal es cuestionar, como con las algas, las relaciones entre realidad, imaginación, mundo interior y exterior.

La figura del escritor-alga es un aspecto poco investigado por la crítica. Ursula Hennigfeld, que analizó el mito del agua en *2666*, cita *L'eau et les rêves* de Gaston Bachelard:

> Esta vegetación onírica está ya inducida por la ensoñación que contempla las plantas del agua. La flora acuática es, para algunas almas, un verdadero exotismo, una tentación de soñar un más allá, lejos de las flores del sol y de la vida límpida. Son numerosos los sueños impuros que florecen en el agua (...) Y nuestro corazón es removido por esta dinámica del negro. (Bachelard 190-191)

A Hans Reiter no le atrae la impureza, sino la *rêverie* acompañada por emociones fuertes. En términos psicoanalíticos, se trata de una manifestación del *Todestrieb*, la pulsión de muerte, pero también del "sentimiento oceánico", cuestionado por Freud en el ensayo *Das Unbehagen in der Kultur* (*El malestar en la cultura* 1930[20]). Para Carl Gustav Jung el agua representa el inconsciente, al cual el futuro escritor se lanza "a todo pulmón". En ese sentido, desde una perspectiva jungiana, la inclinación a sumergirse en el agua puede ser considerada como *rêverie* y como una manifestación del *anima*, el arquetipo femenino en el hombre. Desde una perspectiva de género, la tendencia acuática representa el *anima*: la sumersión es también una introspección, que corresponde al esquema femenino. Ya como adulto, en uno de sus buceos durante la guerra:

> A veces encontraba estrellas de mar, que se quedaba mirando todo lo que aguantaban sus pulmones, hasta que finalmente se decidía tocarlas antes de emerger. Una vez vio a una pareja de peces óseos, *Gobius paganellus*, perdidos en una selva de algas, a quienes siguió durante un rato (*la selva de algas era como una cabellera de un gigante muerto*), hasta que una angustia extraña, poderosa, se apropió de él y tuvo que salir rápidamente, pues si hubiera quedado un rato más sumergido la angustia lo habría arrastrado al fondo. (845, el subrayado es mío)

La cita contiene la coexistencia del placer estético, la seducción por la belleza de las estrellas de mar y el miedo, que produce la muerte representada poéticamente en la imagen oximorónica de la cabellera de

[20] Freud se pregunta si el "ozeanische Gefüll einer unauflösbaren Verbundenheit mit der Welt", el sentimiento oceánico de un vínculo indisoluble con el mundo exterior, de "ser-uno-con-el-todo", constituye la fuente de la religiosidad (31-33).

un gigante muerto, que podría ser interpretada como una premonición de su propia muerte.

La isotopía de la muerte que recorre toda la quinta parte de *2666* está ligada metonímicamente al tema central de los feminicidios en Santa Teresa en el capítulo anterior. El padre de Hugo Halder es pintor. Cuando el hijo, uno de los pocos amigos de Reiter, le pregunta qué pintaba, este le responde "que sólo eran mujeres muertas. ¿Retratos de mi tía? No, dijo mi padre, otras mujeres, todas muertas" (853).

Antes de profundizar en la temática onírica, es preciso recordar otros rasgos corporales distintivos de Hans Reiter: su altura y su torpeza. Ambos marcan al escritor como ser diferente, es un paria, como el "Albatros" del poema de Baudelaire. Sus padres también se distinguen por condiciones físicas que junto a Reiter exponen la vulnerabilidad del ser humano. Incluso existe una genealogía de la vulnerabilidad y de las mutilaciones: la madre es tuerta, el padre cojo y Hans un hombre físicamente híbrido: un alga de estatura gigantesca. Ambos rasgos son desplegados a través de una serie de sueños. Las caracterizaciones oníricas matizan el dualismo entre cuerpo y alma o espíritu, indican los límites y las correlaciones entre corporalidad y espiritualidad. Mi propuesta es leerlos como mediaciones entre biopolítica y psicopolítica. Desde esta perspectiva la vulnerabilidad puede afinar los sentidos y crear una sensibilidad que se manifiesta en lo artístico, o en la contemplación, hacer ver cosas que otros no ven. La vulnerabilidad, más allá de indicar la precariedad de la vida, heridas y cicatrices, adquiere otros valores que permiten la elaboración de experiencias traumáticas.

Los cuerpos mutilados y enfermos permiten lecturas socioeconómicas. Judith Butler mostró en *Frames of War. When Is Life Grievable?* (2009), que la vulnerabilidad es una condición existencial en la globalización acelerada que se concreta en marcos económicos, sociales, discursivos y mediáticos específicos. Alejandro Baer y Nathan Sznaider, en el ámbito de los derechos humanos, consideran la vulnerabilidad como el origen del "Nunca más" (Sznaider 8). Asimismo, la vulnerabilidad en los textos de Bolaño se manifiesta muchas veces en el contexto de la enfermedad.

El talante onírico remite al dualismo entre cuerpo y mente, la *res extensa* y la *res cogitans* que enmarcan la convocatoria de estas jornadas, que subordina lo corporal a lo espiritual. En el campo de tensión de este dualismo se sitúan también las definiciones del sueño[21] que oscilan entre un proceso cerebral bioquímico sin sentido y un acto creativo que abre el acceso al inconsciente. Los ejemplos ya mencionados indican correlaciones abiertas y móviles entre cuerpo y sueño, ambos se mezclan frecuentemente como constructos discursivos en Borges, pero también en la literatura latinoamericana desde la mitad del siglo pasado[22].

Como estrategia narrativa, los sueños crean un segundo nivel de textualidad, una *mise en abyme* formal que enfatiza las discontinuidades, las fragmentaciones, y que pone en cuestión la propia narración. A nivel del contenido permiten desplegar registros emocionales, fantásticos, irracionales o mágicos que muestran la vulnerabilidad y la sensibilidad de las identidades supuestamente fijas. Por un lado, Reiter sueña con algas; por otro lado, la descripción de sus buceos constituye sueños de segundo grado, que acercándose a la *rêverie* tienen más elementos conscientes que los sueños nocturnos. Incluyendo este tipo de sueños, el tema onírico crea una estructura narrativa más diferenciada que permite comprender la poética de Bolaño. En *2666* encontramos, como en *Los detectives salvajes*, una reflexión sobre la figura del escritor que está conectada en varios niveles con la reflexión sobre la literatura en una sociedad marcada por la violencia. Contextualizado en el marco acuático onírico, Hans Reiter se parece a Max Aue, el protagonista de la novela de Jonathan Littell *Las benévolas* (*Les bienveillantes*, 2006). Aue, que a diferencia de Reiter es un nazi convencido y un asesino enloquecido, también es un nadador y un buceador obsesionado[23].

---

21 Véase Spiller: 2015/ 2016.

22 Volker Roloff investigó esta conexión fundamental, véase especialmente "Traumdiskurs und Körper. Beispiele aus der lateinamerikanischen Literatur" (1995 273).

23 Este aspecto considerado por Hennigfeld como "parentesco" (148) merecería un análisis más pormenorizado.

La referencia acuática marca el desarrollo literario de Reiter quien, siendo soldado durante la Segunda Guerra, se sumerge en la lectura. Después de obtener unas órdenes como héroe de guerra, aunque en rea-lidad no lo es por despistado, se convierte en un lector ávido y, en última instancia, en un buceador literario. Gravemente herido, en lugar de las armas opta por las letras. Al terminar la guerra escribe una primera novela. Su cuarta novela trata de los ríos. Su quinta novela *Bifurcaria Bifurcata* se refiere a un alga (parda perenne que crece en rocas, en charcos intermareales y sobre la arena), que bien podría servir como ilustración para el cuento "Jardín de los senderos que se bifurcan" de Borges a quien se rinde un homenaje discreto con la mención de esta alga.

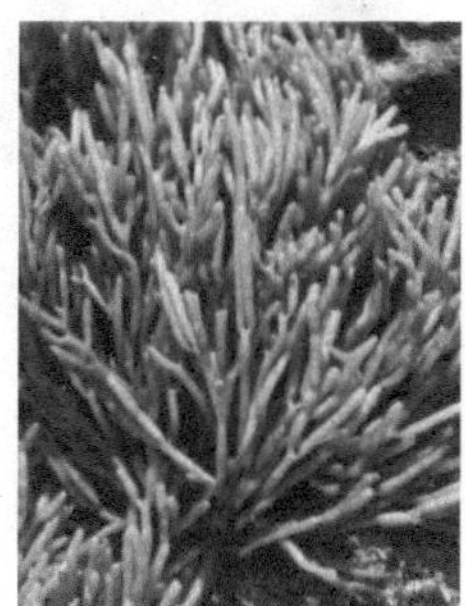

Bifurcaria bifurcata, imagen 6.
https://www.ecured.cu/Archivo:Bifurcariabifurcataplaya_plnt.jpg

Este quinto libro es el primero que no le gusta a su editor Bubis quien, al conocerlo, le había cuestionado su seudónimo extravagante: "Benno von Archimboldi". La explicación que no se encuentra en la novela se deduce del alemán antiguo: Benno significa el "Bärenstarke" ("fuerte como un oso", equivalente a "fuerte como un toro" en castellano). No menos sugestiva resulta la reminiscencia al pintor Giuseppe Arcimboldo. Sus cuadros representan figuras humanas compuestas por plantas, animales y elementos naturales. Además de la famosa serie *Quattro Stagioni*, se encuentra el cuadro "Agua" de la serie *Quattro Elementi*, donde emplea animales acuáticos y un alga para crear la figura humana.

La representación del cuerpo resumida hasta aquí se concentra en la última parte de la novela. Sin embargo, la imagen del escritor como híbrido de alga y gigante se encuentra también en las cuatro partes an-teriores. Al mismo tiempo, las otras partes contienen otras nociones corporales. Como en otros textos de Bolaño, se destaca el cuerpo sexualizado.

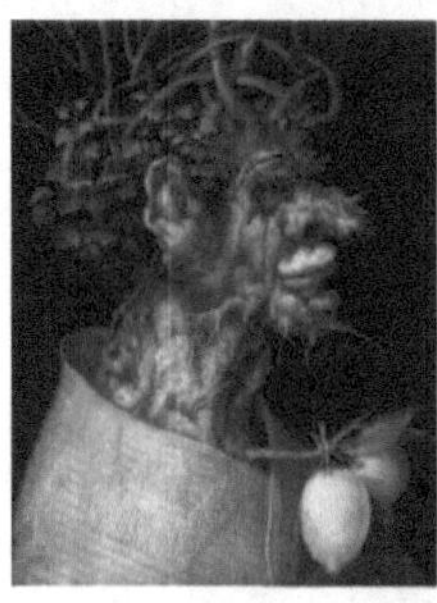

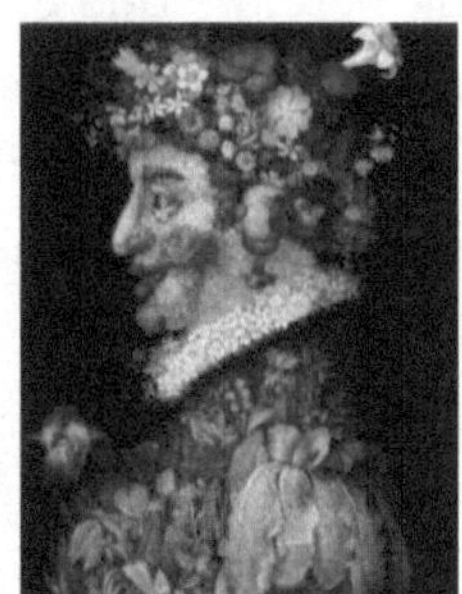

Giuseppe Arcimboldo, *Inverno*, *Quattro stagioni* (Las estaciones), 1563, imagen 7.
Giuseppe Arcimboldo, *Primavera*, *Quattro stagioni* (Las estaciones), 1563, imagen 8[24].

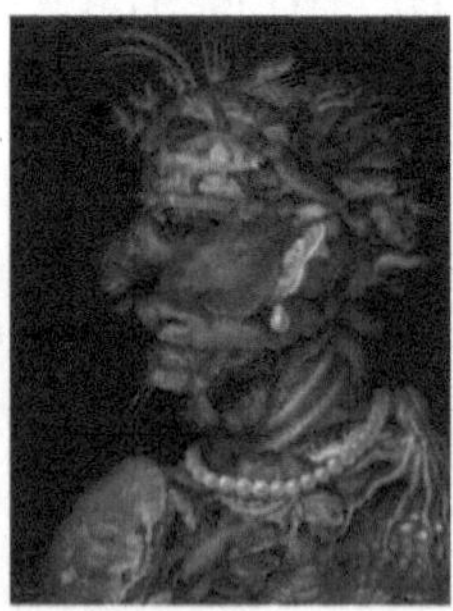

Giuseppe Arcimboldo, *Acqua*, de la Serie *Quattro Elementi*, 1566, imagen 9.
https://de.wikipedia.org/wiki/Giuseppe_Arcimboldo#/media/Datei:Arcimboldowater.jpg

[24] Ambas imágenes "public domain" en: https://commons.wikimedia.org/wiki/File:Giuseppe_Arcimboldo__La_Primavera_-_Google_Art_Project.jpg

Al lado de Hans Reiter adulto figura el general rumano Entrescu, un aristócrata culto, dotado de una virilidad sobrehumana que se compara con la de un caballo, el símbolo de la vitalidad y la energía sexual por antonomasia. Sin embargo, el "superhombre" (855) nietzscheano es también un buceador onírico, hablando sobre sus hombres constata:

> -Me introduzco en sus sueños, (...), me introduzco en sus pensamientos más vergonzosos, estoy en cada temblor, en cada espasmo de sus almas, me meto en sus corazones (...) y todo esto hago sin el menor esfuerzo, sin pretenderlo, sin pedirlo, ni buscarlo, impelido sólo por la devoción y el amor." (855)

Entrescu, al igual que Cristo, morirá maltratado y crucificado por sus propios soldados; un sacrificio que lleva a su extremo el "mandato de masculinidad", investigado por Rita Segato (2016).

¿Psicopolítica vs. biopolítica?

> En el fondo, el evolucionismo, entendido en su sentido amplio, (...) se convirtió con toda naturalidad, en el siglo XIX, al cabo de algunos años, no simplemente en una manera de transcribir en términos biológicos el discurso político, no simplemente en una manera de ocultar un discurso político con un ropaje científico, sino realmente en una manera de pensar las relaciones de la colonización, la necesidad de las guerras, la criminalidad, los fenómenos de la locura y la enfermedad mental, la historia de las sociedades con sus diferentes clases, etcétera. En otras pala-bras, cada vez que hubo enfrentamiento, crimen, lucha, riesgo de muerte, existió la obligación literal

de pensarlos en la forma del evolucionismo. (Foucault 2003 220)

Con el concepto de la *biopolítica* Foucault replanteó el fenómeno del racismo de Estado en el siglo XIX.[25] Se trata de un ejercicio del poder sobre el ser humano y una forma moderna de gobierno, que abarca la esfera simbólica. Como método analítico, el del filósofo francés, permite poner en tela de juicio las normas que regulan a los cuerpos, y también sobre el lugar que tiene el antagonismo tradicional de salud y enfermedad, un tema presente en la novela entera, pero sobre todo en la quinta parte. Este tema concierne la representación de los aspectos vitales que son controlados por el estado. En relación con la Segunda Guerra mundial y con los feminicidios no se trata de la protección de las vidas de los sujetos por parte del Estado, sino del sacrificio. La biopolítica decide sobre la vida y la muerte desde una perspectiva anónima y colectiva. Su actor principal ya no es, como en el siglo XIX estudiado por Foucault, la voluntad del soberano, sino los mecanismos geo- y necropolíticos del siglo XX.[26] Achille Mbembe define el poder necropolítico, que tiene sus orígenes en el sistema colonial, ya no como control biopolítico, sino más bien como una tanatopolítica que se basa en la muerte para regular y controlar las vidas.

Por su parte, Byung-Chul Han propone en su libro *Psychopolitik. Neoliberalismus und die neuen Machttechniken* (2014)[27], que el esquema biopolítico tal como lo concibió Foucault ya no sirve para el análisis de las constelaciones neoliberales de poder en el presente que explotan sobre todo la psique.[28] Para Byung-Chul la clave de los regímenes neoliberales no es la bio, sino la psicopolítica:

---

25 Foucault (2007) se refiere a la figura del Estado y a la razón gubernamental, para explicar las dinámicas en torno a autolimitación en la práctica de gobierno gracias a la nueva economía política.

26 La necropolítica de Achille Mbembe se basa en la biopolítica de Foucault adaptándola al contexto africano y poscolonial; véase: *Necropolítica* (2006) y "Necropolitique" en: *Traversées, diasporas, modernités*, en: *Raisons politiques*, 2006, pp. 29-60.

27 *Psicopolítica. Neoliberalismo y nuevas técnicas de poder.*

28 "Die Biopolitik ist die Regierungstechnik der Disziplinargesellschaft. Sie ist aber ganz ungeeignet für das neoliberale Regime, das vor allem die Psyche ausbeutet". (35)

> Para incrementar la productividad ya no se superan resistencias corporales, sino se optimizan procesos psíquicos y mentales[29] (Han 39)

Sin aplicar este concepto directamente a la novela de Bolaño, la psicopolítica abre un horizonte analítico, que el propio Foucault había comenzado a investigar bajo el rótulo de *souci de soi* (cuidado de sí y tecnologías del yo) como observa también Byung-Chul Han (41). Foucault piensa, en la dirección opuesta, que el cuidado de sí mismo no es auotexplotativo. Es la categoría analítica que nos interesa aquí. Foucault se interesó en mecanismos psíquicos no solamente en sus últimos trabajos, sino también en el primero, en su libro sobre Ludwig Binswanger *Le rêve et l'existence* (1954). En este libro observa cómo para Binswanger el sueño es un aspecto existencial del ser humano[30].

Teniendo en cuenta lo anterior, la psicopolítica del escritor alga puede concebirse como una forma del cuidado de sí mismo, que no corresponde al perfeccionamiento del yo en función del sistema socioeconómico, sino lo contrario: se perfecciona como sujeto contradiscursivo. El escritor alga es un híbrido entre una planta multiforme y un hombre gigante que cuestiona las taxonomías y los límites de lo humano no solamente frente a animales y plantas, sino también en el contexto sociohistórico del posthumanismo del siglo XX. Al poner en diálogo los feminicidios de Ciudad Juárez y el nacionalsocialismo alemán la novela puede ser leída desde las perspectivas biopolíticas en la línea de Giorgio Agamben y John Berger, cuyos puntos de vista, basándose en Foucault, consideran la "animalización" del hombre desde el Holocausto. Asimismo, Bolaño puede servir de referencia teórica pues al incluir el mundo vegetal y las plantas, retoma y cuestiona al mismo tiempo los límites de plantas, animales y hombres, poniendo en tela de juicio el dualismo cuerpo-espí-

[29] Zur Steigerung der Produktivität werden nicht mehr körperliche Widerstände *überwunden*, sondern psychische und mentale Prozesse *optimiert*" (39). La traducción es mía.

[30] "...es nichts anderes ist als eine bestimmte Art des Menschseins überhaupt" (99).

ritu y reflejando ambos desde el mundo onírico. Las representaciones corporales se inscriben en la estructura onírica que determina la novela entera, también la cuarta parte, donde la vidente Florita Almada parece ser la única que conoce a los asesinos. Los cuerpos aparecen en una tensión semántica que abarca la vulnerabilidad y la lucha: gozan un vitalismo erótico, se enferman y son mutilados, asesinados en crueles rituales no sacrales como los del general Entrescu y las mujeres en Santa Teresa. Con los sueños Bolaño recurre a un segundo nivel y a otras perspectivas que se conectan con la acción principal en una red transversal como en el sueño con un río lleno de cadáveres durante la Segunda Guerra Mundial en el cual Reiter está buceando y nadando para, finalmente, salvar su vida.

El último sueño y resumen

En el último sueño que introduce el final de la novela la soñadora es Lotte, la hermana de Reiter, que está en Santa Teresa para visitar a su hijo en la cárcel:

> Soñó con un cementerio en donde estaba la tumba de un gigante. La losa se partía y el gigante asomaba una mano, luego otra, luego la cabeza, una cabeza ornada con una larga cabellera rubia llena de tierra. Se despertó antes de que la llamaran desde la recepción. Volvió a poner el sonido a la tele y se pasó un rato dando vueltas por la habitación y mirando de reojo un pro-grama de cantantes aficionados. (1113)

No es la primera vez que Lotte sueña con su hermano. Se trata de una serie de sueños que contienen imágenes del cuerpo y que dan a conocer las correlaciones abiertas mencionadas arriba. Aquí, a diferencia del resto del libro Hans Reiter, el gigante rubio no se sumerge, sino que emerge de su tumba, como en una película de zombis. La escena contrasta con la banalidad de las imágenes del programa de televisión con cantantes aficionados que está mirando de reojo Lotte. El narrador esconde sus sentimientos en un escenario plurimediático que entrelaza varios órdenes visuales: el cine mental del sueño que recurre al género zombi y la televisión. La última aparición de Hans Reiter no ocurre como alga, sino como gigante. Para la hermana menor él es una figura del *animus*, que no surge del agua, de la vida, del inconsciente, sino de la tierra, de una tumba, de la muerte. Es como si frente a la violencia y la crueldad que sacuden la ciudad a la que llega Lotte, la sensibilidad del escritor alga no sirviera y se necesitara a un vencedor de la muerte, un héroe sobrehumano.

Se puede resumir que el enigmático escritor alga se sitúa en el contexto más amplio de esta novela que cuestiona los regímenes biopo-líticos introduciendo un concepto de psicopolítica que corresponde más al Foucault temprano y tardío que a Byung-Chul Han. El escritor alga representa más un cuidado de sí que una autoexplotación neoliberal. Este tipo de *souci de soi,* la puesta en escena (performativa) del escritor como alga, se inscribe en la experiencia de la alteridad en la modernidad, cuyas manifestaciones en la literatura latinoamericana merecen ser investigados más profundamente. Solamente Borges y Cortázar, dos referencias claves para Bolaño, ofrecerían materiales abundantes y ejemplos contundentes como el cuento "Axolotl". Estéticamente representa un modelo de escritor que media entre interioridad y exterioridad experimentando con las algas, que son objeto de lectura, de experiencia vital, de memoria, de descripciones (*ekfrasis*), de dibujos y de sueños. Sus manifestaciones no se limitan a una forma determinada, sino a la *performance* pluriforme de las algas que contiene el principio generativo de *2666*: la variación de esquemas, sin imponer por eso un modelo hegemónico de representación corporal como lo muestra la última escena onírica que retoma la isotopía del gigante cuyo significado ofrece material para investigaciones futuras.

Bibliografía

Bachelard, Gaston. *L'eau et les rêves. Essai sur l'imagination de la matière*. Corti, 1993 [1942].

---. *El agua y los sueños. Ensayo sobre la imaginación de la materia*. Fondo de Cultura Económica, 2005 [1942].

Baer, Alejandor y Sznaider, Nathan. *Memory and forgetting in the Post-Holocaust Era. The Ethics of Never Again*. Routledge, 2017.

Berger, John. "¿Por qué miramos a los animales?". *Mirar*. Gustavo Gili, 2001.

Bolaño, Roberto. *2666*. Anagrama, 2004.

Butler, Judith. *Frames of War. When Is Life Grievable?*. Verso, 2009.

Chiantaretto, Jean-François y Matha, Catherine. *Ecritures de soi, écritures du corps*. Hermann, 2016.

Byung-Chul, Han *Psychopolitik. Neoliberalismus und die neuen Machttechniken*. Fischer, 2014.

Deleuze, Gilles y Guattari, Félix. *Rhizome*. Éditions de Minuit, 1976.

Foucault, Michel. "Introduction". Binswanger, Ludwig. *Le rêve et l'existence. Dits et écrits*. Gallimard, 1994 [1954]. 65–119. (Trad. española de Morey, Miguel. "Introducción". *Entre filosofía y literatura. Obras esenciales*, t. 1. Paidós 1999. 65–120).

---. *Las palabras y las cosas. Una arqueología de las ciencias humanas*, Traducción: Elsa Cecilia Frost Editor: Moro ePub base r1.0 (*Les mots et les choses, une archéologie des sciences humaines*, Paris: 1966).

---. "L'eau et la folie". *Dits et écrits* I. Defert, Daniel y Ewald, François. Gallimard, 1994 [1963], pp. 268-272.
---. *Hay que defender la sociedad: Curso del Collège de France (1975-1976)*. Akal, 2003.
---. *Nacimiento de la biopolítica: Curso del Collège de France (1978-1979)*. Fondo de Cultura Económica, 2007.

Hennigfeld, Ursula. "El mito del agua en la literatura mexicana y *2666* de Roberto Bolaño", en *iMex. México Interdisciplinario. Interdisciplinary Mexico*, año 3, n° 5, invierno-winter, 2013, p. 4.

Littell, Jonathan. *Les bienveillantes*. Gallimard, 2006.

Mbembe, Achille. *Necropolítica. Sobre el gobierno privado indirecto*. Melusina, 2011.
---. "Necropolitique" en *Traversées, diasporas, modernités*, en *Raisons politiques*, 21. 2006, pp. 29-60.

Roloff, Volker. "Traumdiskurs und Körper. Beispiele aus der lateinamerikanischen Literatur", en Behrens, Rudolf y Galle, Roland. *Menschengestalten: zur Kodierung des Kreatürlichen im modernen Roman*. Königshausen & Neumann, 1995, pp. 269-284.

Segato, Rita Laura. *La guerra contra las mujeres*. Traficantes de sueños, 2016.

Spiller, Roland. "'Cuando despertó, el dinosaurio todavía estaba allí'. La pesadilla de la historia en Guatemala. Ejemplos literarios de Horacio Castellanos Moya, Dante Liano, Rodrigo Rey Rosa y Carol Zardetto desde la neurobiología". Spiller, Roland et.al. *Guatemala: Nunca más. Desde el trauma de la Guerra Civil hacia la integración étnica, la democracia y la justicia social*. F & G, 2015, pp. 167-211.
---. "Entrar y salir de Borges: analogía onírica, inmersión e intertextualidad en *Ficciones* y *El hacedor*". Béhar, Roland y Louis, Annick. *Borges – la boîte à outils*. Actes de la recherche à l'ENS 2016ª, pp. 37-49.

---. "'Solo en sueños (…) nos asomamos a veces a lo que fuimos antes de ser esto que vaya a saber si somos'. Julio Cortázar y Adolfo Bioy Casares: sueños en clave transcultural". Spiller, Roland. *Julio Cortázar y Adolfo Bioy Casares: relecturas entrecruzadas*, Erich Schmidt, 2016b, pp. 11-38.

---. "Sueño y literatura como modelos de pluralización de las (re-)lecturas en *Ficciones* y *El hacedor* de Jorge Luis Borges". Ramos-Izquierdo, Eduardo. *Alrededor de* Ficciones *y* El hacedor*: lecturas y relecturas plurales*. Colloquia, 2017. 73-88.

Macedonio Fernández: el cuerpo y la forma del sí mismo

Mónica Bueno
Universidad Nacional de Mar del Plata

Presentación

El hombre que decide vivir en pensiones, para quien escribir es el resultado de pensar y no la antesala de publicar, y que además se aleja, con un gesto a la vez arcaico y utópico, de la profesionalización del escritor, un hombre que puede desembarazarse del éxito o del prestigio (propio o ajeno) -pensemos en su actitud ante la llegada de Marinetti a la Argentina y las anécdotas varias que rozan siempre el humor, el desparpajo y la inteligencia; un hombre escondido detrás de una cortina que juega con su anunciada presencia, la foto con la guitarra y el poncho al hombro, los papelitos desperdigados en las mesas de café y en los libros de la Biblioteca Nacional anunciando su candidatura a Presidente, un hombre que apuesta a la epifanía de la inexistencia...

Macedonio Fernández remite, sin duda, a los años veinte. En términos generales, la crítica coincide en considerarlo el punto más extremo del arco programático de la vanguardia argentina. Sin embargo, Macedonio escribe y publica desde fines del siglo XIX.

La vida y la literatura

Si la literatura ha sido para Macedonio una zona de experimentación absoluta, la vida es un lugar de litigio donde el experimento se constituye como una manera de búsqueda absoluta de efectuación de lo humano. Sus teorías se desprenden de dos movimientos que valen tanto para la vida como para la literatura: la observación y la especulación. Así teoriza sobre el arte, los géneros literarios y la forma de la novela, pero también sobre el humor, el Estado, la salud, el dolor, el valor y el esfuerzo, la Metafísica, la ética.[31]

En la edición de las teorías de Macedonio que Adolfo de Obieta compila, podemos leer un apéndice de su Teoría de la salud, llamado Biología, donde define la Vida:

> Que algo exista siempre no es la vida, pero que algo tenga reacciones para existir, es la vida, cuya existencia es hallarse combinado para reaccionar en pro de todo lo que haga perdurar la forma individuada (esto es, vivir, existir) y en contra de todo lo que estorbe esa permanencia. Cuando una piedra –que participa también de la forma estable- haga algo para que no la destrocen, se aparte de un camino o de una máquina, se ampare de la humedad, etc. Ya tendría vida: que sienta o que no sienta no es cuestión del problema de la vida. La sensibilidad es lo que le atribuimos, pues somos incapaces de otorgar sensibilidad a lo que no tenga expresión de sensibilidad, mas no vemos por qué va a ser necesario eso: que otros

[31] Si le restituimos al término su significado etimológico, desde Aristóteles, la teoría es el conocimiento especulativo considerado independientemente de toda aplicación. En este sentido, la teoría parte de una actitud contemplativa. Podemos, entonces, reconocer en Macedonio el primer pensador que en la Argentina produce una teoría del art que excede el espacio genérico que la controla. La teorización macedoniana está en todas partes, sobre todo en sus ficciones. *Museo de la Novela de la Eterna* es una novela y una teoría sobre el género. Si nos preguntamos por la forma de ese texto debemos contestarnos que en la forma está la teoría y que, como en abismo, en ella, su metafísica, su ética. A partir de los años veinte, el único camino válido para descubrir las ficciones que las creencias construyen está para Macedonio en el arte. En la literatura encontrará la diferencia de un lenguaje, en la novela, las formas de una ficción que se opone a las que el Estado y las instituciones muestran como verdaderas. Macedonio es un teórico porque es un contemplador y su teoría del arte dialoga, sin prejuicios de centros y már-genes, con Kant y Freud. Las tres teorías tienen diferentes objetivos. Mientras Kant tiene el sentido puesto en la representación y en la búsqueda de la cualidad del efecto de la obra de arte sobre quien la contempla; mientras la teoría de Freud se basa en la del arte como satisfacción de deseos; la de Macedonio, en cambio, establece en la técnica el modo de suscitación de los estados alucinatorios necesarios para la conmoción de la conciencia.

> conozcan que algo vive no es la condición de la vida para ese algo, ni que ese algo sienta. ("Teorías" 199)[32]

Macedonio confronta las teorías de la Biología acerca del origen de la vida, la evolución o la generación espontánea de los seres vivos y define su posición acerca de la cuestión. Todo el escrito responde a una concepción cientificista de la vida. En principio, parece alejarse de sus presupuestos metafísicos. Sin embargo, su concepción holística del pensamiento le permite integrar esta definición de vida a su metafísica y hacer con ella literatura. En este sentido, sus teorías sobre la vida y la experiencia como conocimiento se vinculan (se adelantan) a una línea de la biología que Humberto Maturana llamó la "biología del conocer", que se hace cargo de explicar el operar de los seres vivos en tanto sistemas cerrados y determinados en su estructura. (2006 29)

Nuestro escritor entiende la Materia de la Vida en donde lo humano tiene una colocación particular. Nos aclara:

> Llevamos ligada a nuestra conciencia una materia inseparable, un cosmos continuo para dos cosas; para la retención mnemónica, sin la cual las secuencias experimentadas se tendrían sucesivamente sin producirse el Conocimiento como para operar sobre el cosmos por medio de órganos, para conseguir o prevenir lo que pueda sostener o destruir la figura individual. (...) Todo esto no tendría sentido alguno para la vida si no fuera que ese soma individual tiene la propiedad capital, dramática, de absorber materia en sí indefinidamente y muéstrase esto en un crecimiento que anuncia ya el plan de Vida; crecer hasta individuar en una sola persona animal o vegetal, la totalidad de la materia. ("Teorías" 310)

Al mismo tiempo, la preocupación por el yo como entidad definible aparece en algunos de estos primeros artículos; tanto "Psicología atomística" como la "Ciencia de la Vida" muestran el intento por rodear una teoría del sujeto que exige una redefinición de los términos "conciencia" y "yo", fundados en principio, en el cientificismo propio de fin de siglo, según él mismo reconoce posteriormente y que va llevando hacia su concepción metafísica. Dice en un cuaderno de apuntes fechado en 1896: "No obstante, creo en la actual posibilidad de individuos solos que ejerzan una influencia mágica sobre los hombres, que conviertan al mercader en poeta, al indiferente en entusiasta, al depravado en un ser puro [...]" ("Antiguos" 70).

Es interesante ver cómo en esos cuadernos que escribe durante toda su vida recoge no sólo experiencias propias. Aparecen citas de filósofos antiguos y modernos, de biólogos, de artistas que reflexionan sobre la naturaleza humana y, fundamentalmente, sobre el placer y el dolor. El objetivo está puesto en el conocimiento de la anatomía o la fi-siología con miras a la felicidad. Macedonio acumula reglas de orden práctico destinadas a contrarrestar el dolor. Estos cuadernos que tituló "El li-bro para sí mismo" dialogan con las Teorías que son el resultado de su experimentación. En el Diario que ocupa toda su vida exhibe largas listas, experiencias y advertencias, atravesadas por párrafos de vuelo metafísico o de tipo ontológico así como de fragmentos poéticos.

No toda es vigilia la de los ojos abiertos, publicado en los años veinte a instancias de sus amigos, es uno de los libros en los que Macedonio escribe sus teorías sobre la vida y describe sus prácticas. La centralidad argumentativa está en la configuración del yo y sus presunciones y negaciones (el sueño, la muerte, las emociones). "El yo hecho de estados de creación pasajeros", nos dice nuestro autor.

Mi cuerpo viviente: experiencia y experimento

El cuerpo tendrá para Macedonio un lugar privilegiado en el análisis del yo y su relación con el mundo. En *No toda es vigilia...* distingue dos cosmos: la materia inmediata o el mi-cuerpo y la materia mediata o mundo. En esta interrelación, Macedonio construye su noción de experiencia como la posibilidad de experimentar el mundo a partir de la percepción. "Hay la variedad de sucesos que simultáneamente ocurren en la conciencia manifestada por otros cuerpos análogos al mío, y los que sólo ocurren en la conciencia manifestada por mi cuerpo" ("Vigilia" 403) El *esse est percicipi* adquiere, en las conjeturas macedonianas, la fuerza de la *Erlebnis* (acontecimiento y relato de la experiencia). La experiencia del mundo a través de lo que él llamará la sensación-guía y la imagen se constituyen como dispositivos que entrelazan su fenomenología de la cotidianidad con su particular Metafísica.

> ¿Cómo llegamos a llamar nuestro a ese cuerpo? Porque encerrando cada cuerpo humano una conciencia o sensibilidad acompañando a cada cuerpo de los que llamamos humanos una conciencia, alguna de esas conciencias tiene que llamar mío a algunos de esos cuerpos y la mía llama mío a un cuerpo de tal figura, tamaño, color. ("Vigilia" 214)

Este texto de 1908 describe la perspectiva con la que realiza sus experimentaciones sobre su propio cuerpo. Para Macedonio, el cuerpo es materia y fundamento (fenómeno) de esa posibilidad del yo frente al mundo. Hay tres líneas en las que la experimentación y observación del cuerpo, de su propio cuerpo, encuentra una forma de conocimiento: en primer lugar, el cuerpo y las relaciones de dolor y placer, en segundo lugar, la Higiene frente a la Terapéutica y las reglas del buen vivir y finalmente, la *altruística* y el cuerpo del otro (el propio cuerpo enamorado). Las tres lí-neas de exploración tienen la huella de la potencia del cuerpo entendida como posibilidad que se hace acto en lo cotidiano. "No sabemos lo que puede un cuerpo" escribió Baruch Spinoza. En Macedonio esa idea es conjetura y utopía. El concepto de "cuerpo utópico" de Michel Foucault tiene la impronta que Macedonio le otorga: un lugar de las posibilidades, es decir, un lugar absoluto. "Mi cuerpo, implacable topía" señala Foucault y es en el posesivo donde está toda la teoría de Macedonio, pero también la búsqueda de una Metafísica sobre la que volveremos.

Percepción y cuerpo: las formas del placer y del dolor

La percepción es el mecanismo que Macedonio va a instalar como procedimiento en relación con lo que él llama la conciencia o psiquis y el mundo. Su especulación se funda en la singularidad de los cuerpos y los indicios que cada cuerpo da a la psiquis sobre las cosas y los otros cuerpos. Se trata de mi cuerpo vinculado a todo lo que hay en el mundo, pero también a su propia esfera de existencia, carnalidad y Materia.

Merleau Ponty señala que las vanguardias recuperan un viejo sentido de cómo hacer experiencia del mundo fundado en la percepción. Sostiene que las vanguardias reponen ese sentido absoluto de la percepción como experiencia y retoman la premisa del empirismo: cuando se habla de un objeto *real* se está hablando, en verdad, de la percepción del objeto.[33] En la modernidad, el valor de la percepción como conocimiento queda resguardado por el arte.

Pensar las vanguardias como una forma nueva de percepción – así lo hace Merleau Ponty- parece dar sentido a una definición particular de experiencia pura. Percibir es entonces, redefinir lo real a partir de experimentos que se resuelven en técnicas y procedimientos artísticos. Esa búsqueda de la experiencia pura que se torna experimento de los sentidos, redefine, a partir de los materiales y las construcciones artísticas, la experiencia estética.

[33] Señala Merleau Ponty: "uno de los méritos del arte y del pensamiento modernos (con esto entiendo el arte y el pensamiento desde hace cincuenta o setenta años) es hacernos redescubrir este mundo donde vivimos pero que siempre estamos tentados de olvidar" en una de sus conferencias sobre el tema de 1948. Más adelante agrega: "Mientras que la ciencia y la filosofía de las ciencias abrían así la puerta a una exploración del mundo percibido, la pintura, la poesía y la filosofía entraban resueltamente en el dominio que les era así reconocido y nos daban de las cosas, del espacio, de los animales y hasta del hombre visto desde afuera, tal y como aparece en el campo de nuestra percepción, una visión muy nueva y muy característica de nuestro tiempo (Merleau Ponty 9-14).

En muchos de sus trabajos, Merleau Ponty destaca la importancia del cuerpo como encarnación de la conciencia. El filósofo francés define la percepción como el acto fundamental de la Erlebnis que implica un modo particular de experiencia de cada sujeto. Justamente las vanguardias recuperan, según M. Ponty, el registro particular de la vida del cuerpo y el uso artístico y literario de ese registro. Es precisamente el trabajo que Macedonio se impone para entender el sentido de lo humano. Su análisis de la cenestesia y la escucha del cuerpo se impone en ese registro que le lleva a definir conceptos a partir de esa experiencia que discute con los grandes nombres de la filosofía. La búsqueda de la percepción pura lo lleva también a la observación y el análisis de las formas del recuerdo y la búsqueda de la memoria pura que el cuerpo registra. Su particular fenomenología de cuerpo, mundo y percepción implica también el expe-rimento de negación:

> En ciertos momentos de plenitud mental olvido mi "yo", mi cuerpo, mis vinculaciones, mis recuerdos, el pasado, todas las impresiones y actos que determinaron mi alejamiento y todo el largo trayecto de evasión y distanciamiento. Paréceme que siempre he estado allí o que acabo de empezar mi existencia. ("Vigilia" 43)

La percepción resulta fundamentar, decíamos, para sostener su *eudemonología* es decir una serie de reglas que tratan de equilibrar y reconocer la experiencia del dolor y el placer. Junto con la percepción se propone el análisis de la emoción en relación con las manifestaciones somáticas. Así le indica al lector: "Nadie está tan lleno de miedos como el que escribe esto". "¿Qué me propongo en este libro? ¿Demostrar que en la generalidad de las vidas hay más placer que dolor?" Más abajo se responde: "Lo que me propongo es el examen de las intensidades y duraciones del dolor con la esperanza de aquietar mi alma y la del lector" ("Vigilia" 50)

Para Macedonio, la experiencia sólo es aceptable a través del experimento entendido como exploración de posibilidades. En este sentido, la vinculación lógica entre experiencia, memoria, pasado y tradición es destruida en función de un saber que se adquiere sólo por la práctica de ciertas operaciones destinadas a descubrir, comprobar o demostrar determinados fenómenos.

Esta intención de verdad práctica como camino para la verdad metafísica recorrerá su "Crítica del Dolor" y su *eudemonología.* Allí intentará reconocer la intrínseca relación entre dolor y placer y formular ciertas reglas que permitan la mejor forma de vida. Como Schopenhauer en *El arte del buen vivir*, se propone un tratado de la existencia feliz que regule la vida cotidiana. La e*udemonología* es una crónica que parte del registro deta-llado de los cambios y fenómenos psíquicos y corporales del sujeto, por lo tanto, el sentido de experimentación es su condición. [34]

En el plan de su escritura, la Crítica del Dolor debe complementarse con la *eudemonología*, es decir: "el arte, extraído de la consulta combinada de todas las ciencias o de un saber más extenso, de indicar las conductas, o reglas cuya observancia fuera más útil, es decir más evitadoras de dolores o procuradores de placeres" para llegar a un "arte de vivir". ("Teorías" 45)

Dice Adolfo de Obieta, su hijo, al respecto: "Fundamentalmente, es un cuaderno con muchísimas anotaciones de carácter *eudemonológico*, es decir, tendientes a asegurar la felicidad.". Según Obieta. Macedonio pretende acumular muchísimas reglas de vida, o conceptos, o puntos de doctrina, que puedan traducirse en elementos que colaboren para la felicidad del hombre en todo el planeta. "Es como si partiera de la base de la condición humana acá sobre la tierra, y entonces, tenemos que preocuparnos

[34] "Tomo la noción de la sabiduría de la vida en su acepción inmanente, a saber: en el sentido de hacer la vida lo más agradable y feliz posible, estudio que pudiera llamarse también "eudemonología", sería un tratado de la existencia feliz" dice Schopenhauer al comienzo de la Introducción de su libro. Inmediatamente aclara después que esta feli-cidad del vivir puede sólo entenderse como aquello que es preferible a la no-existencia. (Schopenhauer, 39). Este será el punto de partida de la *Crítica del dolor* de Macedonio: "Se llama optimismo, sin embargo, la creencia de que la vida es generalmente mejor que la inexistencia, que la vida contiene por lo general más placer que dolor" ("Teorías" 18)

por atesorar indicaciones útiles de todo campo, sobre todo en el campo social, personal y en el campo corporal.", nos aclara Adolfo. Es decir que uno, en tanto ser humano, no podría dejar de entender bien los mecanismos de su cuerpo, su anatomía, su fisiología, sus sentimientos, sus reglas de salud, sus reglas de curación. (Bueno 2001,3).

Una Terapéutica de la percepción

Esta preceptiva que parte del experimento con su cuerpo, con las sensaciones y estados y con las representaciones e imágenes le permite proponer una *Teoría de la salud* con el subtítulo de *Negación de la Terapéutica*. Su teoría se funda en lo que llama la "Higiene en Salud" frente a la "Terapéutica de la enfermedad". Herbert Spencer será el referente con el que dialoga para describir, a partir de lo que llama la "sensación-guía", la Higiene como una serie de ejercicios que implican una suerte de reconocimiento de la sensación que el cuerpo exhibe cuando está en salud. Para Macedonio, las Terapéuticas tradicionales son consecuencia del olvido por parte de la civilización de las formas naturales del cuerpo. Los historiadores de la noción de cuerpo coinciden, en general, en reconocer la tradición de las Terapéuticas en la modernidad vinculadas a la enfermedad y la farmacología. Para Macedonio, la verdadera Terapéutica es esta suerte de Higiene que parte de la percepción y del "observarse viviente". Propone reeducarse en la sensación: "Se observa aquí la efectividad de una regla que vengo investigando: que un modo irregular o abusivo de usar de una función causa una enfermedad del órgano de esa función". ("Teorías", 207) Más adelante agrega: "Me formo la noción de una Higiene todopoderosa" (...) Entiendo que esta Higiene es la única posible terapéutica y creo que todas las enormes actividades que se gastan buscando remedios para las enfermedades son radicalmente perdidas". ("Teorías" 207)

La Altruística: el cuerpo del otro

Uno de los atributos que Macedonio le adjudica a la epifanía del ser en el yo, la huella del no yo, es la Altruística o Pasión y encuentra que el cuerpo es la efectuación en otro cuerpo de lo que llama "lo divino entre iguales". "Mi cuerpo", nos dice, pierde su individuación en el cuerpo del otro y adquiere una experiencia nueva, peculiar que Georges Bataille ha definido como "gasto". Se trata de una potencia extrema del cuerpo que se hace acto en esa intimidad sagrada donde se experimenta al mismo tiempo la inmanencia y la trascendencia. Este será, uno de los fundamentos primordiales de la Metafísica de Macedonio:

> Para todoamor (altruístico, no de apetitos: la traslación del Yo) lo sentido es lo que siente Ella: lo no sentido: lo que ella sintió y lo que Ella sentirá: una realidad actual y dos nociones que suman la sustitución del yo que el todo amador perdió venturosamente para siempre: vivir a Ella es su yo (...) la traslación del yo, un yo de elección paralizado a un Cuerpo casual sino a uno elegido)("Vigilia", 222) Pasión es vivir la vida de otro con secundaridad, casi nulidad de la propia. Es sin duda un Estado emocional pero es también metafísico en cuanto anula la ligazón a un cuerpo. ("Vigilia" 335)

Una de las principales especulaciones de Michel Onfray en su *Teoría del cuerpo enamorado* parte de Baruch Spinoza quien sostiene que nadie sabe lo que puede un cuerpo. El sentido de experiencia que la afirmación implica coincide con la postulación macedoniana de las posibilidades de lo dado que en su Metafísica es también la exploración de la negatividad: el yo y el no yo, el cuerpo y la nada, la muerte y la no muerte.

Metafísica y literatura

En Macedonio la relación experiencia/experimento se convierte en la estrategia epistemológica, "metafísica" según propia definición, de toda su teoría del arte pues, como auténtico vanguardista, cree que el arte cuanto más se aleja de las relaciones con el pasado que aseguran el status quo de un sistema de creencias, más experimental es. Sus reflexiones sustentan la negación dialéctica del arte moderno para la que nada heredado puede quedar intacto y es en este sentido que todo lo acumulado suena a estorbo y es necesario un cuidadoso borramiento de las huellas para producir el desorden de lo dado. Este movimiento entrópico se ficcionaliza en su "novela buena". Recordemos que Macedonio concibe un plan de doble novela: su "novela buena" *Museo de la novela de la Eterna* en oposición franca al relato paródicamente folletinesco, la "novela mala", *Adriana Buenos Aires.* La entropía que se produce muestra que no hay novela buena sin novela mala. Lo bueno y lo malo se definen a partir de la distancia de la novela -del arte- con la vida. Como Cósimo el herrero, el personaje de uno de sus cuentos, le propone al lector una cirugía de extirpación, pero ese movimiento debe lograrse desde adentro mostrando la ficción de las amarras con el pasado, la innecesaria máscara de la experiencia acumulada, para lograr ese estado de inocencia primera. Los postulados de su novela futura de estados dan cuenta de esa propuesta desvinculadora: "La prosa será como la música: una sucesión de estados sin prolijidades de motivación (...). Aparecen sin pasado: ante una felicidad, que no se soñó para esperarla sino como imposible, y para sentirla más real, cortaron sus pasados, los hicieron sueños, vínculos, familias, recuerdos, olvidaron." ("Museo" 281).

"Uno sólo se experimenta a sí mismo" dice Zaratustra al final de la peregrinación. Macedonio lleva este axioma al punto extremo de que postulación metafísica, el grado de una formulación teórica de la novela.

Presencia/ ausencia: el cuerpo y el fantasma

Si la pasión encierra para Macedonio la posibilidad de acceder al "asombro de ser" y la llave está en la relación con los cuerpos, Pasión y Contemplación son los dos únicos métodos en Metafísica. Para explorar ese postulado Macedonio se hace escritor ya que se opone a lo Real -declara en *No todo es vigilia...*-pues está plagada de imágenes que anulan la necesidad de la presencia del ser amado: "La amada en una imagen y la real se igualan en detalle y vivacidad; ¿por qué requerimos todavía realidad, por qué marchamos en busca de su presencia, de verla y tocarla, si nuestra recordación de rostro, contacto, voz es tan precisa como la presencia?". ("Vigilia" 56) Este será el eje ficcional de la primera parte de *Museo* que lleva a los personajes a ser en el ensueño de la Estancia La Novela. La Realidad espera en la gran ciudad donde estos seres apasionados retornan a la engañosa máscara del yo. En la Estancia, los mismos personajes construyen la Altruística en la Pasión porque Eterna, Presidente, Quizagenio o Dulcepersona aceptan el desafío de "Vivir la vida de otro, con secundariedad, casi nulidad de la propia".

La tradición literaria de la figura del ausente ("figura de la privación" la llama Roland Barthes) hecha presencia en la escritura tiene asimismo otras derivaciones que se reconocen en el marco de esa relación: por un lado, la consolación ante la muerte que en la antigüedad era un género que hacía de la experiencia propia o ajena, una forma literaria [35](*Museo* parece recuperar esa tradición en el marco de la novela). Por otro, la representación del fantasma que se ubica en una zona siempre difícil de delimitar entre el personaje y la figura humana. En *Museo,* la Eterna es el fantasma de una mujer amada, no, la mujer. Su representación es una "presentización" (para decirlo en términos de Benjamin) de un cuerpo ausente en la escritura. Corinne Enaudeau reconoce esa particular paradoja que implica la representación: "representar es sustituir a un ausente, darle presencia y confirmar la ausencia" (45). La máxima tensión de la escritura de *Museo* está en una arquitectura ficcional que permite la presencia del fantasma.[36]

---

[35] "La Ausencia es la figura de la privación; a un tiempo deseo y tengo necesidad: está ahí el hecho obsesivo del sentimiento amoroso. Rusbrock ('El deseo está ahí, ardiente, eterno pero Dios está más alto que él, y los brazos levantados del Deseo no alcanzan nunca la plenitud adorada') El discurso de la Ausencia es un texto con dos ideogramas: están los brazos levantados del deseo y están los brazos extendidos de la necesidad" señala Barthes (48-49).

[36] "La representación solo se presenta a sí misma, se presenta representando la cosa, la eclipsa y la suplanta, duplica su ausencia. Decepción de haber dejado la presa por la sombra, o incluso júbilo por haber ganado con el cambio: el arte supera a la naturaleza, la completa y la realiza" (Enaudeau 45).

La invocación del ausente restituye la escena perdida. Del mismo modo que Beatriz en la *Comedia*, la Eterna es la figura de la ausente. Los nombres propios a los que refiere la Eterna (su esposa muerta, su amiga Consuelo o, tal vez, alguna otra mujer) desaparecen en la invocación. La transmutación que los acontecimientos vividos ("sucesos" llama Macedonio) deben sufrir para convertirse en artísticos requieren de la anulación de la referencia. Los personajes son figuras puras de la Novela (en su teoría del personaje basa Macedonio el efecto de inexistencia en el lector).[37]

Macedonio parece cumplir el mismo propósito de Dante: recuperar en un presente absoluto, en un lugar intangible, la mujer perdida. A lo largo de la novela (de los prólogos y la novela, debemos aclarar) la Eterna es descripta con un detallismo poético que le otorga ese carácter fantasmal al que aludíamos: "Con trenzas anudadoras, como ha de ser también mi novela que atará también el alma del lector, alta, hermosa de formas, ojos y cabellos negros" ("Museo" 132).

La Eterna y Dulcepersona son dos caras de la figura femenina ideal y cada una define la concepción poética de lo femenino, la doble imagen de la Pasión[38]. En *No toda es vigilia la de los ojos abiertos*, Macedonio dedica varios momentos a pensar la imagen del cuerpo de otro como forma de percepción de lo real pero también como presentización del sueño (lo "fantástico tierno", como él lo llama, tiene ese mecanismo). En *Museo*, la imagen exorciza la ausencia y define un estado peculiar de la ficción. La experiencia está determinada por la evocación y el relato (las dobles anécdotas) de esa imagen evocada.

Así se actualiza una presencia que sólo existe en el acto de la lectura. En el caso de *Museo* los personajes lo saben y el Autor también. La evocación constituye la dinámica de la lectura como experiencia revela-dora de lo que en verdad no está. La Eterna semeja la Idea de un original que está

[37] Uno de los puntos centrales de su teoría de la novela se encuentra en la construcción del personaje como figura autónoma y opuesta al concepto de persona en la vida.

[38] La mujer ha sido para Macedonio una de las cuestiones recurrentes en su obra. Basta recordar las referencias en su tesis doctoral al lugar jurídico de la mujer en la historia del derecho o los poemas finiseculares donde la figura femenina es una especie de puente metafísico entre el paisaje y el poeta.

ausente: la evocación del autor que atraviesa y constituye la fuerza de su retrato poético despierta la evocación de las figuras ausentes de cada lector, y, al mismo tiempo, la mirada sobre los signos de la inexistencia.

Museo pretende deslindar, en primer lugar, la riqueza infinita de la vida (donde está, según el Autor, el Misterio[39]) de la realidad, entendida como la experiencia del sujeto en lo social y lo cotidiano. La Erótica de Macedonio se funda en el poder de la literatura que recupera las imágenes perdidas y las lleva a un espacio nuevo donde autor y lector asisten a la inexistencia de esas imágenes, una nada contundente y consoladora. No se trata del erotismo de los cuerpos sino del dulce aire de su ausencia que se hace experiencia comunitaria, experimento de eternidad que el deseo humano requiere. "Erotismo del corazón" llama Bataille a esa forma que está hecha del deseo y la postergación.

Deunamor y la no-existencia

Uno de los personajes que mejor revela esta constitución de un estado en su figura es Deunamor. Su rango de no existencia precisa la marca metafísica de la novela y la vinculación del personaje con el autor en el sentido inverso al de la construcción realista de su figura: el atributo de la no existencia es deseo del Autor y su vida es una tensión hacia este estado anhelado:

> El autor conoció a Deunamor durante muchos años, tratándolo continuadamente, y notó que a partir del deceso de su esposa, a quien aparecía amando intensamente, algún matiz inaprensible casi en su conducta y en sus expresiones se había alterado de una manera inquie-

[39] Adolfo de Obieta lo reconoce: "La Providencia lo ungió de sentido del Misterio, con extraña polivalencia para la Metafísica, la ciencia, la poesía, el arte" Cfr. "Macedonio Fernández" (Obieta XXIV).

> tante aunque indefinida... Y así, poco a poco, Deunamor fue perdiendo su sensibilidad, hasta quedar reducido a un cuerpo sin conciencia. ("Museo" 62)

Lo imposible es efectuación ficcional, estado metafísico que la literatura denomina "personaje". Como decíamos antes, no se trata de llevar lo aprendido a la vida sino mostrar la experiencia de la no-vida en un personaje cuyos atributos están en el nombre. Cuerpo y figura definirán la diferencia entre personaje y persona. El retrato es un recurso que Macedonio utiliza frecuentemente para lograr el efecto de verosimilitud en la analogía (analogía paradójica) entre persona y personaje. Un buen ejemplo del modo en que Macedonio utiliza el retrato como técnica para producir el efecto de perplejidad e incongruencia ¨-el efecto del antirrealismo, podríamos decir- resulta ser el imposible personaje Alphabeticus La estructura del retrato literario que dibuja la forma de la biografía es la que va a "respetar" para destruir las expectativas que tradicionalmente esa estructura ha despertado: el nombre, el cuerpo, el origen, sus acciones y caracteres son de corte "fantástico" pero el narrador parece no reconocer esa fisura con lo humano.

La relación entre personaje y persona en la literatura realista se establece a partir de patrones miméticos de representación. La identidad ficcional del personaje es una suerte de espejo de la forma identitaria de la persona. En ese juego de creencia, el personaje no sabe de su condición de pura textualidad y actúa como persona. Uno de los requisitos del efecto de lo "real" es la constitución de personajes verosímiles. Como señala Francine Masiello "El escritor parte de la suposición de que uno lee para satisfacer la apremiante necesidad de conocer el personaje y el transcurso de la historia". (529). En *Museo* esa relación especular se hace pedazos y, fiel a su propuesta ética de "trabajo a la vista", pone a jugar ficcionalmente la oposición persona /personaje. Es imposible tratar de homologar las dos formas porque el mismo texto las separa. Sin embargo, no se trata de seres fantásticos que responden a diferencias ontológicas extremas. Por el contrario, los personajes de *Museo* "parecen" seres humanos, actúan como tales, pero lo incongruente es que ellos se reconocen como personajes de novela, inexistentes en términos de vida.[40] Su conciencia de su "ser de personaje" hace que, en determinados momentos de la novela, deseen la vida:

> -¿Qué haces aquí, Quizagenio, en este capítulo donde te he encontrado, andando en busca tuya?
>
> -Buscaba el lugar de la novela donde puede haber vida; creía que fuera aquí en la ventana de "La Novela" donde se respiraría y vendría vida para nosotros dos.
>
> -¿Para qué Quizagenio? Ya ves que el Presidente no busca vida. ("Museo" 310)

Personajes en el campo; personas en la ciudad nos propone Macedonio y juega con la instancia del doble carácter: ellos eran simplemente personas en la ciudad hasta que el Presidente los elige y los lleva a la Estancia. ¿Qué queda de su categoría de persona cuando se hacen personajes? El carácter esencial que el nombre alegórico describe. Dulce-Persona, Quizágenio, el Presidente, la Eterna, el Viajero, Deunamor son figuras cuyo carácter se define por su experiencia en los diferentes "estados" que hacen la novela.

"Todo *personaje* medio-existe, pues nunca fue presentado uno del cual la mitad o más no tomó el autor de personas de vida".[41] Los perso-

---

[40] Al respecto Francine Masiello sostiene que Macedonio "desnuda a sus personajes de su fuerza totalizadora en la ficción al rechazar el concepto de esencia y sentimentalidad prevalentes en el arte mimético". (Masiello,529) Podemos matizar esta afirmación diciendo que las condiciones de identificación del lector con estos personajes están en el "estado" que cada uno de ellos como "máscara" refiere: la soledad, la ausencia, el miedo, la felicidad, el amor, la pasión las reconocemos "humanas" en esas alegorías.

[41] Completamos la cita y observamos como la paradoja se complica: los personajes y los restos de la vida en ellos y los personajes y los restos de la ficción en ellos: "Por eso hay en todo personaje una incomodidad sutil y agitación en el "ser" de personaje, como andan por el mundo algunos humanos que un novelista usó parcialmente para personaje y que sienten una incomodidad en el "ser" de vida. Algo de ellos está en la novela, fantaseado en páginas escritas, y en verdad no puede decirse dónde están más" ("Museo" 39)

najes sueñan ser reales y sospechan la vida. La no existencia es una experiencia de lectura que se vislumbra en los efectos de los personajes salidos a la vida. La diferencia está en una tensión nunca resuelta entre la materia de las personas de vida (los personajes de Museo en la ciudad) y las personas de arte, alegorías de estados humanos. El cuerpo y la figura se tornan dispositivos de las dos categorías y anulan ficcionalmente la univocidad del yo.

Literatura y vida: la práctica del sí mismo

En contra de la figuración del "yo", la práctica del sí mismo permite desocultar el Misterio del ser, en términos macedonianos. El "sí mismo" es una suerte de camino para develar, entonces, el enigma de lo humano.

Los experimentos en la vida y en la literatura le permiten a Macedonio esa suerte de "ejercicios espirituales y corporales" que anota en sus cuadernos y en su diario. A la manera de los estoicos o los epicúreos, Macedonio actúa el viejo apotegma del "Ocúpate de ti mismo" en un aspecto peculiar y propio por el que el cuerpo y el espíritu, las sensaciones y emociones, el vivir cotidiano y los acontecimientos de su vida se constituyen en objetos de análisis y estudio para determinar, como los antiguos griegos, la "epitemelia" (la mirada hacia sí).[42] Las técnicas –tecnologías del yo las llama Foucault- del sí mismo son esas prácticas que concebían la

[42] En la Primera Lección de su *Hermenéutica del sujeto*- libro que marca cierto cambio de perspectiva del pensamiento foucaultiano-, Michel Foucault reconoce que el "Conócete a ti mismo" de la Antigüedad va acompañada de otra exigencia: "ocúpate de ti mismo". Este principio se denomina "épitemélia". Foucault determina tres aspectos de esre concepto: "es una actitud, una actitud en relación con uno mismo, con los otros y con el mundo" señala. Al mismo tiempo, implica un desplazamiento de la mirada hacia el interior. Evidentemente se trata de lo que llamamos "la experiencia interior" (Bataille, los místicos, William James reconocían este tipo de experiencia; Macedonio la define como experimento sobre sí). El tercer aspecto es consecuencia del anterior: "la épitemélia designa también un determinado modo de actuar, una forma de comportarse que se ejerce sobre uno mismo, a través de la cual uno se hace cargo de sí mismo, se modifica, se purifica, se transforma o se transfigura". Evidentemente, este modo de actuar sobre sí implica un modo peculiar de la subjetividad. Macedonio "inventa", a partir de la "experiencia interior", una subjetividad peculiar. ("Hermenéutica" 33-43)

filosofía como una forma de vida.[43]. En contra de la figuración del "yo", la práctica del sí mismo permite desocultar el Misterio del ser, en términos macedonianos. El "sí mismo" es una suerte de camino para develar, entonces, el enigma de lo humano. El descubrimiento de ese "sí mismo" es, para Macedonio, también el punto de contacto con el otro, la posibilidad de verdadera comunicación. De ahí que toda su obra sea siempre una larga conversación –tal como fue en su vida.

Si la experiencia estética resulta, en principio, una experiencia crítica del mundo, en la obra de Macedonio, la crítica se instituye en relación con esa invención que es el hombre. Su poética se opone a la concepción dada de la vida que la encajona en "lo real" para recordarnos que la vida es la maravilla del aire que entra y sale de nuestro cuerpo, la mirada en el otro, la palabra que cura en la mágica conversación.

La vida y la literatura son para Macedonio lugares de la "higiene" del alma y del cuerpo. Su *Erlebnis* tiene un parentesco directo con los ejercicios "espirituales" de los helenistas para los que la filosofía es, antes que nada, un modo de vida[44]. Su sentido de experiencia se construye en principio para sí como experimento cuidado y detallado sobre el cuerpo y la mente, sobre el deacuerdo entre las emociones y las pasiones. Ese experimento da sus frutos y construye ejercicios esprituales sobre el despojamiento del yo, la pérdida de las certezas o los modos de describir la enfermedad del cuerpo y el alma. Por otra parte, la escritura de esta particular experiencia da forma a una comunidad infinita, que existe en la lectura y se afinca en la literatura como espacio de todos los posibles.

---

[43] Desde nuestro punto de vista, nos parece que el pronombre "yo" dificulta la comprensión de esa práctica espiritual. Nos parece que "el sí mismo" da cuenta con mayor eficacia de ese desapego de las contingencias menores de lo humano al que nos referíamos antes.

[44] Al respecto, confróntese el artículo de Juan Lamarche en el que se recorre la posición de filósofos com Hadot y Foucault acerca de la recuperación de esta noción arcaica de la filosofía relacionada directamente con la vida. Señala Lamarche: "Hadot postula una tesis fuerte: la filosofía griega, por lo menos desde los pitagóricos y la Academia es asumida como un "ejercicio espiritual" en función de una transformación del yo que permita conjurar los sufrimientos y padecimientos propios de la vida" (Lamarche 273)

Bibliografía

Agamben, Giorgi. *Profanaciones.* Adriana Hidalgo, 2005.
---.*Infancia e historia.* Adriana Hidalgo, 2001.

Barthes, Roland. *Fragmentos de un discurso amoroso.* Siglo XXI, 1996.

Bueno, Mónica (ed). *Conversaciones imposibles.* Corregidor, 2001.

Enaudeau, Corinne.*Paradoja de la representación.* Paidós, 2003.

Fernández, Maccedonio. *Papeles de Recienvenido y continuación de la nada.* Corregidor, 2004.
--- *Epistolario.* Corregidor, 1991.
---*Teorías.* Corregidor,1990.
--- *No todo es vigilia la de los ojos abiertos y otros escritos metafísicos.* Corregidor, 1990.
---. *Papeles Antiguos. (Escritos 1892-1907).* Corregidor, 1981.
---. *Museo de la Novela de la Eterna; primera novela buena.* Corregidor, 1975.

Foucault, Michel. *El cuerpo utópico. Las heterotopías.* Nueva Visión, 2009.
--- *Hermenéutica del sujeto.* Ed. La Piqueta, 1994.

Lamarche, Juan "La filosofía como forma de vida". *Actas del IX Coloquio Internacional de Filosofía*, San Carlos de Bariloche, octubre, 2008, pp 271-280 2008.

Masiello, Francine. "Borges y Macedonio". *Lenguaje e ideología. Las escuelas argentinas de vanguardia.* Hachette, 1986.

Maturana, Humberto.*Cogniçao, ciencia e vida cotidiana.* UFMG Editora, 2006.

Meleau Ponty, Maurice. *El mundo de la percepción.* Fondo de Cultura Económica, 2003.

Obieta, Adolfo. "Macedonio Fernández". *Museo de la Novela de la Eterna,* Colección: Archivos ALLCA XX University Paris X- UNESCO _ FCE, 1993.

Schopenhauer, Arthur. *El arte del buen vivir.* Edaf, 1985.

De la bella durmiente cautiva a la Beya vengativa: el sueño como praxis somática de resistencia y liberación

Marie Audran

Universidad de Rennes 2

En la Nueva Narrativa Argentina y en particular en la narrativa de algunas escritoras entre las cuales se encuentran Gabriela Cabezón Cámara, Fernanda García Lao, Ariana Harwicz o Mariana Enríquez, surgen nuevos paradigmas corporales que desafían el paradigma escindido y/o inmunitario de la modernidad (Esposito 2004): transcorporalidades que desbordan la concepción sustancialista, dual y normativa del cuerpo, hacia devenires híbridos, múltiples, posibles. En mi investigación me concentro en la mutación y la reversión de la figura de la cautiva en la narrativa argentina contemporánea escrita por mujeres. Si la figura de la cautiva, heredada de la modernidad que se encuentra en las fundaciones de la literatura argentina, captura a la mujer en esa encarnación idealizada, romántica, pasiva, entre la civilización y la barbarie, la NNA opera un desplazamiento (poscolonial, posfeminista, posmoderno) hacia la emancipación y el empoderamiento.

El coloquio que nos une nos propone reflexionar sobre las relaciones entre el cuerpo y la violencia: lo que se da en el paso de la figura de la cautiva a la figura de la empoderada es una reversión de esta relación. El presente artículo interroga las modalidades de la conversión de la violencia en praxis autodefensiva en la trayectoria del personaje Beya de la nouvelle de Gabriela Cabezón Cámara *Le viste la cara a Dios* (2011). La *nouvelle* es un encargo de la editorial Sigueleyendo (e-book) que propone a autores inventar versiones subversivas de cuentos tradicionales para la "Colección de bichos. Clásicos infantiles para adultos".

El sueño del cuerpo: Beya cautiva en el régimen escópico porno patriarcal

Gabriela Cabezón Cámara retoma y tuerce el cuento "La bella durmiente" al relatar, en *Le viste la cara a Dios,* las etapas del cautiverio de una mujer en una red de trata: su rapto en la calle, su ablandamiento me-diante el consumo forzado de drogas, su domesticación mediante la tortura, su explotación como mercancía u objeto consumible. En poco tiempo, el cuerpo de Beya se transforma en carne inerme que actualiza una larga tradición de representación de cautivas y otros *necrocuerpos* (Se-gato) violados, explotados, violentados, apropiados en la literatura argentina). Gabriela Cabezón Cámara subraya esta actualización transhistórica desde el epígrafe de la *nouvelle:* «Aparición con vida de todas las mujeres y nenas desaparecidas en manos de las redes de prostitución. Y juicio y castigo a los culpables». Allí, el *puticlub* se elabora como prolongación espacial pornotópica (Preciado 2013) de los mataderos y de los centros de detención clandestinos de la dictadura militar.

Al iniciar su relato con la escena de tortura de la joven raptada por los clientes del burdel, la autora reproduce el gesto crítico de Michel Foucault que describe el suplicio de Damien (1757) en la primera página de su ensayo sobre la bio – o mejor dicho necropolítica (Mbembe 2006) – de los cuerpos encerrados y disciplinados, *Vigilar y castigar* (Foucault 1975), con el fin de "mostrar" cómo se inscribe el poder sobre el cuerpo o cómo el cuerpo se vuelve superficie de inscripción del poder:

> Te enguascaron, te domaron, te peinaron para adentro y te hicieron el ablande: ahí aprendiste a los gritos nuevo nombre y apellido y te hicieron pura carne a fuerza de golpe y pija y así empezaste a saber que en el centro de ese antro lo que sos iba a ser muerto como restos de un puchero arrojados en la calle y el nombre de cada cosa enfermo de podredumbre desde el suelo del

> bautismo que te dieron el Rata Cuervo y sus amigos, los rufianes del Sabor, el puticlub de Lanús donde conociste a Dios. Si te dejaran pensar en algo más que el final de esa paliza continua, pensarías que la tortura tiene diccionario propio: te arrancaron tus palabras y te metieron las de ellos, tan dolorosas y sucias como el mar de miembros punzantes que te sacuden ahora como a un barquito un tsunami, pero no pensás, sólo ansiás esa voz dulce y dejar atrás la poronga que te barrena la concha, tan lastimada ya que sentís esa fricción como se siente un bulldozer desalojando un terreno: crujen los ranchos y carros y se fisuran los huesos de las madres y los padres, de los hijos, de los primos, de los vecinos solteros y de los perros, los gatos y caballos muertos de hambre. (Cabezón Cámara 2012 7)

A las referencias a los centros de detención clandestinos de la dictadura, la autora añade otro epígrafe de Jorge Semprún que se refiere a los campos de concentración nazis y alude a *El matadero* de Echeverría. La autora conjuga estrategias intertextuales con estrategias narrativas y elementos diegéticos para re-marcar el régimen de representación reificador que captura el cuerpo de Beya y que encierra y fragmenta el cuerpo de las mujeres mediante un proceso de exhibición destinado al consumo visual o carnal. En el burdel, la identidad y la soberanía de la mujer cuyo nombre desconocemos se borran y el rufián le da un nombre: "Beya". Al decir "vos", la voz narrativa configura una perspectiva voyeurista incómoda porque el lector es tan *voyeur* como impotente. La autora crea una distancia que permite mediar un espectáculo de la carne crítico. La expresión "cosecha de mujeres" (Cabezón Cámara 11), los dibujos de Iñaki Echeverría en la versión gráfica de la nouvelle que presentan a Beya desnuda delante de un enorme código de barras (Cabezón Cámara 2013 9), fragmentada o explotada, un cartel con el estilo del fileteado porteño que muestra su cuerpo como el de una vaca diseccionada (41): tanto las estrategias textuales como las estrategias visuales hacen a la mostración crítica del régimen escópico porno y de la tecnología del encierro que desposee a la mujer de su cuerpo haciéndola estallar en pedazos y cortes y volviendo su cuerpo mera carne pasiva consumible y explotable.

> Porque el degüello se viene poco más tarde o temprano, cuando no les des más guita, pero lo que importa ahora, y lo digo por tu bien, es que te siguen queriendo por todos tus quilos vivos de carne suave y latiente y ahí te podés parar para irte con alma y cuerpo de ese matadero infecto. (10)
>
> Porque la tortura ahí adentro no termina ni se acaba como no se acaba nunca la cosecha de mujeres y eso te lo hacen saber, no te vayas a olvidar, que ellos te pueden pasar a degüello como a un chancho y filetearte después como si fueras jamón. (11)

El encierro, la lógica disciplinaria y la repetición del consumo forzado de drogas, la tortura y la violación de cada cliente *performan* un cuerpo domado y dócil que transforma a la mujer en una bella durmiente, es decir, un cuerpo inerme: "la paliza es lo que aniña. La droga del cafishio aniña. La caricia del cafishio y las sogas del cafishio aniñan y así estás vos, como una nena que duerme para que la paliza pase, pero no sos una nena y bien sabés que mañana no va a venir tu papá con tostadas con manteca ni leche con chocolate" (8); "lo que permanece igual termina siendo un hogar" (9). A pesar de que el proceso de condicionamiento se base en la repetición que provoca una amnesia sensitivo-motora y muscular a raíz de la cual determinadas zonas dejan de sentirse y no pueden controladas (Pavlov), en Beya, de todos modos, hay algo que aún permanece:

> Igual ya casi no sufrís: lo ves todo muy de arriba, ahí está tu cama, ahí tu cuerpo debajo de otro, ahí tu garganta aullando, ahí abajo y desde ahí o más bien desde allá arriba, lo único que te une a vos es una línea de plata, hecha de una lucecita débil, algo así como un cordón umbilical evanescente que apenas brilla, una promesa, un puente, como aquello que, vos creés, puso Dios para tengas la certeza iluminada de que alguna vez serás nuevamente soberana de vos misma. (16)

En las obras de Gabriela Cabezón Cámara no hay determinismo. Desde el sueño de su cuerpo apropiado y vuelto inerme, Beya logra soñar un cuerpo vengativo que sustituye el régimen escópico que la reifica por un régimen somático desde el cual puede resistir y emanciparse.

El cuerpo soñado: Beya empoderada en el régimen escópico somático

El desplazamiento de la violencia corresponde a un desplazamiento interno de la percepción de sí que Beya desarrolla en el encierro y que la lleva a tomar conciencia de sus propias fuerzas y de las leyes que rigen el espacio en el que está encerrada. Este mismo desplazamiento perceptivo tiene que ver con un desplazamiento del paradigma desde el cual se aprehende el cuerpo: del paradigma moderno inmunitario al paradigma somático en el cual el cuerpo se percibe desde el interior en primera persona (Hanna 1)[45]. En este desplazamiento se efectúa una reapropiación y, en consecuencia, una reconfiguración de la relación que entabla Beya con el verdugo y con el espacio: "el soma que es observado no solo está consciente de sí mismo al auto-observarse, sino que también esta simultáneamente implicado en un proceso de transformación de sí mismo frente a

[45] Thomas Hannah es un filósofo especialista en el cuerpo y la danza.

la mirada de su observador" (Hanna 3). De ahí que conectamos el concepto de soma con la filosofía de la violencia de la filósofa francesa Elsa Dorlin quien, desde las resistencias esclavas hasta el *ju-jitsu* de las sufragistas, las prácticas de los *Black Panthers*, de autodefensa feminista o las patrullas queer, piensa la autodefensa como "ética marcial de sí mismo" (Dorlin 15), "praxis de resistencia" (16) o "salida extática" de la inercia del cuerpo colonizado (30). Lo somático, como praxis de lo corporal que se desarrolla en la toma de consciencia de lo desconocido, de lo involuntario, de las funciones o sensaciones excluidas por el condicionamiento del mismo cuerpo[46], permite reconfigurar y superar los binomios activo-pasivo, mente-cuerpo, realidad-ficción/representación, mujer dócil-hombre fuerte, sueño-acción, hacia una praxis de resistencia y de liberación.

Si la esclava sexual tiene la impresión de estar situada al lado de sí misma, al lado de su propio cuerpo, en el sueño, o más bien en la ensoñación, vuelve a sí. Su posición fetal ya no evoca la postración sino, en palabras de Elsa Dorlin, un desarrollo somático de la concentración de sus fuerzas y un espacio virtual de entrenamiento marcial:

> No tiene nunca un final sino descansos escasos que usás para auto-ovillarte y cantar tus oraciones como mantras, las elegiste por algo pero ya no importa más que el ritmo que les ponés, como de canción de cuna cantada por un bebé que se duerme solo. El ovillo, que es la posición fetal, es la postura adecuada para los deshilachados: se toma cada hilo de ser y se junta con los otros: por eso se ovillan las putas y se acurrucan los chicos después de que les pegaron

[46] Se pueden desbloquear con el aprendizaje somático: "si somos atentos a una parte inconsciente, olvidada del soma, podemos empezar sintiendo una sensación mínima que es suficiente para orientar un movimiento mínimo y dar a esta zona un nuevo sistema de vuelta sensorial que da una nueva claridad al movimiento (…) desplaza la zona amnésica hacia la zona de control volitivo: lo desconocido se vuelve conocido y lo que ha quedado olvidado puede ser de nuevo reaprendido" (Hannah 30).

> y por eso no permiten en los campos de tortura, con cadenas en muñecas y tobillos, que se abracen a sí mimos los pobres despojos humanos que hacen de los reclusos. (Cabezón Cámara 16)
>
> En eso pensás ahora: en púas, en facas, caños, en todos los fierros pesados que viste en tus años de vida y sobre todo soñás con la auto-mática halcón del oficial bonaerense que viene todos los viernes a cogerte por el orto y dice te gusta putita, es lindo, mientras te aplasta con sus ciento veintidós kilos de grasa hirviendo montados arriba tuyo en pose de perro idiota y te asfixia con el ácido que emana como un cadáver y que se te pega al cuerpo como bomba de napalm, porque suda y suda el cana y si pensás en el gordo pata negra es para acordarte bien que podés irte muy lejos si lográs estar despierta a pesar de los venenos. (13)

Ahí se conecta la ascesis marcial de Beya que sueña con su venganza y su liberación con los sueños y las veladas nocturnas de los esclavos. Ambos crean un cuerpo fantasmático desde el cual desarrollan una reapropiación y resistencia somática:

> El colonizado está entonces al lado de su propio cuerpo, está mirando su cuerpo violentado, un cuerpo irreconocible e inhabitable, tomado en la inercia del ciclo infinito de la brutalidad. El cuerpo del colonizado solo puede ser reanimado por y dentro de una temporalidad onírica. Fuera del tiempo, el indígena puede en fin desplegar un músculo en sueño: "acurrucado, más muerto que vivo, el colonizado se eterniza

> en un sueño que siempre es el mismo (...). Lo primero que el indígena aprende es a quedarse en su lugar, a no sobrepasar los límites. Por eso los sueños del indígena son sueños musculares, sueños de acción, sueños agresivos (...). Durante la colonización, el colonizado no para de liberarse entre las nueve de la noche y las seis de la mañana" (Fanon, *Los condenados de la tierra*, 1961). Soñando con su cuerpo en acción, el colonizado se mueve, corre, salta, nada, pega. Su relación con el tiempo, su relación con el espacio, su experiencia vivida son deformadas por un yo fantasmático (...). El encierro en un cuerpo fantasmático que cada noche se pone de nuevo en acción es una postura de condena. Sin embargo, puede que esta postura cree también una forma de resentimiento marcial, un rumiar muscular, una preparación para el combate (...). El combate imaginado no solo es una forma de autodefensa psíquica sino también una forma de entrenamiento corporal, de visualización anticipativa de la entrada en la violencia defensiva. (Dorlin 30-31[47])

Durante los tres primeros tercios de la nouvelle, Beya se presenta como escindida: "lo ves todo muy de arriba, ahí está tu cama, ahí tu cuerpo debajo de otro, ahí tu garganta aullando, ahí abajo y desde ahí o más bien desde allá arriba" (Cabezón Cámara 2012 16). Este desdoblamiento le permite cultivar una mirada interior y somática a través de la cual puede extenderse y sobrevivir: proyecta un mundo interior donde reina su odio protector dentro del cual su cuerpo desarrolla fuerzas, estrategias de defensa, espinas y raíces resistentes imaginarias (10-11), rezos a San Jorge que son rezos guerreros que se hace a ella misma (16-17). El odio es la

[47] La traducción es mía.

base sobre la cual construye su resistencia somática interior: "la única puerta es el odio y no tenés otra leña para echarle a la fogata que los mismos latigazos que te desmayan a diario, pero seguís, el odio te mantiene viva" (13); "estás escondida ahí, en el jardín de tu odio, y según pasan los días crece la planta feroz y fingís estar a gusto como lo haría una reina en un mitín de mineros y aunque acá son zorros viejos te creen cada vez más" (14). El sueño, en la *nouvelle*, se vuelve entonces un espacio somático de resistencia donde Beya se visualiza a sí misma y toma consciencia de sus fuerzas hasta ahí inhibidas desarrollándolas noche tras noche mediante técnicas de visualización interior, como en las prácticas de autodefensa y en las noches en las que los esclavos bailan danzas marciales. En este espacio somático que se abre con la toma de consciencia de sí misma, además de las resistencias nocturnas e invirtiendo el proceso de manipulación, Beya performa su rol de prostituta para adormecer la vigilia y las sospechas de sus verdugos, acelerar los coitos y ganar poco a poco espacios y "privilegios":

> Hacés arte de tu ausencia: aprendés a aparentar que estás ahí toda"; "Les mentís el entusiasmo y tratás de subirte arriba que desde ahí duele menos pero así te transan pocos. La cuestión es que te garchan el Cuervo Rata y amigos, más el juez, los policías, el cerdo gobernador y muchos clientes civiles van pasando de a uno en fondo. A veces te la dan de a dos, pero por suerte ya no la patota entera, el límite lo puso el Rata desde que creyó en tu amor. (12)

Beya hace arte del simulacro y se empodera performando el papel de la víctima para dar vuelta su condición. En efecto, el último tercio de la nouvelle se termina en un momento de epifanía en el que el rezo de Beya salta a lo real y al exterior: un cliente le da un arma discretamente. Es el eslabón material que le permite conectar el sueño con la realidad, lo imaginado con lo real, pasar al acto. A partir de este momento, pasa de la tetania al éxtasis, de la inercia a la acción y pone en práctica sus horas de visualizaciones somáticas en un acto de venganza final. Durante sus horas de ensoñación, había soñado con aquel bebé monstruoso cuyo parto a venir anunciaría su liberación violenta: "te gusta el bebé es porque sabés muy bien cuánto se parece a vos porque el monstruito está hecho de todo lo que te duele y cuando llegue a su término la asquerosa gestación, te van a nacer diez púas en las puntas de los dedos" (13). La cautiva se transforma en monstrua. Si "yo es un monstruo" (Audran 2019), en el caso de Beya, la monstrua es el fruto de la gestación de una venganza defensiva que le permite sobrevivir desde la visualización y la reapropiación del cuerpo.

En este sentido, Beya forma parte de la genealogía de "mujeres que matan" en la literatura argentina que traza Josefina Ludmer (1999) en un capítulo de su ensayo sobre el género gauchesco, *El cuerpo del delito,* en el que piensa el delito como acto fundador de una cultura y, en particular, los relatos de mujeres que matan como "la puesta en delito de una representación femenina con poder, que no recibe justicia estatal [puesto que] la mujer que mata elude la justicia estatal porque hace justicia política y sexual, mata a un delincuente y recibe un premio liberador: recibe futuro" (Ludmer 371). En este sentido, al salir *fuera de sí,* Beya escapa a las representaciones que la encierran, elude la victimización y transgrede la imagen pasiva y suave de la mujer Ángel del hogar o Bella Durmiente. Este pasar al acto, a la violencia, figura a una mujer que "desaprende a no pelearse" (Dorlin 17) o, como se dice, a no defenderse, a no ripostar. Proponemos leer, paralelamente a *Beya*, el estudio que Elsa Dorlin propone de la novela *Dirty Week-end* de Helen Zahavi (1991) que está protagonizada por otra Bella que mata y revela una "fenomenología de la presa" (Dorlin 163-171) que se termina en la réplica "ahora, son las mujeres las que cazan" (172). Dice:

> [*Dirty week-end*], una fábula de la revancha de los impotentes, de los sin-defensa y de los frágiles, no es una novela del resentimiento sino la

> ilustración ficcional de la historicidad de las relaciones de poder (las presas no permanecen presas para siempre), a partir de una fenomenología de la violencia. Al focalizarse en un personaje único, una de las especificidades de la novela de Zahavi es describir la toma de consciencia de una relación de poder que no pasa por un colectivo y entonces por un proceso de concientización que repolitiza experiencias individuales. (Dorlin 172-173)

Esta repolitización de las experiencias individuales a la cual alude Dorlin es el giro feminista que se da con el paso a "lo personal es político". En este sentido, la producción, circulación y lectura de ficciones de mujeres que resisten y matan instituye un espacio somático (donde se generan deslizamientos importantes en las representaciones canónicas de mujeres) de toma de consciencia y de transformación desde el cual desplazar y reconfigurar subjetividades[48].

---

[48] Artículo escrito en el ámbito de un proyecto sobre el impacto de las particas somáticas en la calidad de vida de personas con patologías crónicas y evolutivas, hepatitis C y VIH: "Esas técnicas se configuran como procedimientos que el individuo desarrolla para apropiarse o reapropiarse su propia relación consigo mismo, y como los lugares de producción de subjetividad que se daría como momento de des sujeción. La subjetividad no está totalizada ni centrada en el individuo, sino que se produce en la multiplicidad de sus dispositivos y relaciones, tanto con la realidad social como con otros modos de semiotización de la esfera sensible. El aprendizaje somático, en este sentido, se configura como el campo de amplificación de las capacidades perceptivas del sujeto, teniendo como correlativo la amplificación de lo que del mundo le es disponible, perceptible, accesible (…) nuestra hipótesis es que esta construcción procesual de individuaciones relativas, mediante las cuales un nuevo universo se incorpora cada vez, constituye una posibilidad inagotable de producción de subjetividad : una nueva relación del sujeto con él mismo y con su experiencia, una capacidad de articulación de los componentes materiales de la sensibilidad que pueden inventar otras territorialidades existenciales" (Dorlin 172, traducción mía).

Entre-dos: el cuerpo del lector y la lectura como espacio somático de toma de consciencia y de transformación

Pensando la lectura como acto físico, Pierre-Louis Patoine desarrolla el concepto de lectura empática para designar el acto de lectura, más allá del efecto o de la identificación emocional y catártica, como un proceso que "abre un paso que conduce de la representación ficcional a la experiencia corporal, de la significación a la sensación y de lo semiótico a lo somático" (Patoine 9). Si la educación somática despierta zonas sensitivo-motoras olvidadas por el condicionamiento y reflexiona de manera crítica y deconstructiva sobre los vínculos entre esquemas corporales e imágenes del cuerpo, la lectura puede llegar a ser la interfaz que genera un "cuerpo entredós" (Patoine 37), es decir, un espacio donde el texto se prolonga o se extiende hacia los cuerpos y donde la ficción que despierta al propio cuerpo produce una emancipación de la conciencia, los músculos y las funciones de los cuerpos de los lectores como si se tratase de un sueño o de un ejercicio de meditación o de visualización. El uso de la segunda persona "vos", en este sentido, puede materializar este "cuerpo entredós" donde la autora articula el cuerpo de Beya con el cuerpo del lector, las metamorfosis de un cuerpo ficticio con las metamorfosis posibles de un cuerpo real. En efecto, el lector se inventa un cuerpo en el umbral de sí mismo y de sus lecturas que puede dar lugar a metamorfosis ficticias que se actualizan en lo real. Este es el principio de las técnicas de visualización elaboradas en las preparaciones deportivas, en la gestión de la diversidad funcional y la reeducación, y en los entrenamientos de autodefensa feminista que se basan en el principio que el cerebro humano no diferencia experiencia real de experiencia imaginada.

¿Cómo inventarse un cuerpo libre cuando las ficciones canónicas de mujeres repiten y performan su cautiverio? Aquello es lo que está en juego en la performatividad de la lectura somática que actualiza actos de lenguaje y representaciones en la subjetividad de los lectores. De ahí que tanto la nouvelle *Le viste la cara a Dios* como la última novela publicada por la autora, *Las aventuras de la china Iron,* pueden leerse como novelas de des-aprendizaje, de de-formación que desarrollan una pedagogía de la emancipación crítica y corporal.

La lectura abre entonces un espacio de transformación somática individual pero también colectiva si pensamos en la elaboración de un corpus de ficciones transfemeninas emancipadoras que puedan sustituir el corpus canónico fundado en la violación de las cautivas y el conjuro de la carne por el espíritu. (Viñas 1964)[49]

[49] "La literatura argentina emerge alrededor de una metáfora mayor: la violación" (Viñas 1); "alguien [que] se hace escritor para no ser América, para conjurar ese espíritu excesivamente carnoso y material" (14-19).

Bibliografía

Audran, Marie. *Monstres : insurrection de la Chair et Révolution du Voir dans la Nueva Narrativa Argentina : lecture des mutations du monstrueux chez Ariana Harwicz, Fernanda García Lao, Gabriela Cabezón Cámara, Mariana Enríquez et Samanta Schweblin.* Tesis doctoral. Université de Rennes 2, 2019.

Braidotti, Rosi. *Metamorfosis. Hacia una teoría materialista del devenir.* Akal, 2002.

Cabezón Cámara, Gabriela. *Le viste la cara a dios.* Sigueleyendo, 2012.

Cabezón Cámara, Gabriela y Echeverría, Iñaki. *Beya (Le viste la cara a Dios).* Eterna Cadencia, 2013.

---.. *Las aventuras de la china Iron.* Literatura Random House, 2017.

Cavarero, Adriana. *Horrorismo: nombrando la violencia contemporánea.* Anthropos, 2009.

Deleuze, Gilles y Guattari, Félix. *Mille plateaux : Capitalisme et schizophrénie II.* Éditions Minuit, 1980.

Dorlin, Elsa. *Se défendre : une philosophie de la violence.* Zones, 2017.

Enríquez, Mariana. *Las cosas que perdimos en el fuego.* Anagrama, 2016.

Esposito, Roberto. *Bíos.* Amorrortu Editores, 2004.

Fanon, Frantz. *Les damnés de la terre.* Maspero, 1961.

Hanna, Thomas. «Qu'est-ce que la somatique ?», *Recherches en danse.* http://journals.openedition.org/danse/1232, 2017.

Haraway, Donna. "A Manifesto for Cyborgs: Science, Technology and Scoailist-Feminism in the 1980s", *Socialist Review,* vol. 80, 1985.

Laera, Alejandra. "La mujer en el desierto: Esteban Echeverría y las lecturas nacionales del romanticismo francés", *Cuadernos de Literatura,* vol. 20, 2016, pp. 149-164.

Mbembe, Achille. "Nécropolitique", *Raisons politiques*, n°21. Presses de Sciences Po, 2006.

Montes, Alicia. *De los cuerpos travestis a los cuerpos zombis, la carne como figura de la historia.* Argus-*a*, 2017.

Moreno, María. "Cuerpo argentino", *Revista Anfibia*, 2017.

Patoine, Pierre Louis. *Corps/texte. Pour une théorie de la lecture empathique* : ENS Editions, 2015.

Preciado, Paul. *Pornotopía. Arquitectura y sexualidad en Playboy durante la Guerra Fría.* Anagrama, 2013.

Segato, Rita. *La escritura en el cuerpo de las mujeres asesinadas en Ciudad Juárez: territorio, soberanía y crímenes de segundo estado.* Tinta Limón, 2013.

Valencia, Sayak. *Capitalismo gore.* Paidós, 2016.

Viñas David, *Literatura argentina y realidad política.* Jorge Álvarez, 1964.

Zahavi, Helen. *Dirty week-end*, (trad. Jean Esch). Phébus, 2000.

Zeilinger, Irene. *Non c'est non. Petit manuel d'autodéfense.* Zones, 2008.

Zoberman, Pierre ; Tomiche, Anne, y J. Spurlin, William. *Ecritures du corps. Nouvelles perspectives.* Classiques Garnier, 2013.

El cuerpo y la razón marxista *Jamás el fuego nunca* de Diamela Eltit

Agnieszka Flisek
Universidad de Varsovia

> Cómo entender el cuerpo en medio de la crisis que en cada una de las historias, y a lo largo de los siglos, ha puesto en evidencia un programa político que propone un cuerpo que está fuera del cuerpo, y ese afuera lo ha convertido en un sueño difuso o confuso en el que yace siempre la nostalgia o el malestar o el ingenuo deseo de que el cuerpo finalmente se haga presente y pertenezca. Se pertenezca.
>
> Diamela Eltit, "Cargas y descargas"

En un pasaje de *Respiración artificial* de Ricardo Piglia, la historia del cogito cartesiano se materializa en esta chistosa anécdota: el filósofo francés –dice el ex filósofo polaco radicado en Argentina Vladimir Tardewski– "se fue a Holanda y se sentó ante el fuego de la chimenea para fundar las certezas de la razón moderna" (Piglia 189). Lo malo es que no pudo, como hubiera hecho cualquier buen burgués, mantenerse sentado en su sillón y, "después de haberse convencido de que es propietario exclusivo de la verdad más allá de toda duda, lo que hace es tomar uno de esos leños encendidos y dedicarse a incendiar con el fuego de su razón el mundo entero" (189). El racionalismo burgués, concluye adornianamente Tardewski, algunos siglos más tarde desembocan en Hitler; la llama de la razón, prendida en una inocente chimenea holandesa, termina inflamando los cuerpos en los crematorios de los campos de exterminio. Y como lo europeo siempre se lo ha intentado remedar en América, la razón instrumental, traída de Europa, se encarna en las dictaduras como las de Videla o de Pinochet.

Ahora bien, contra este racionalismo "teleológico, universal y abstracto" que, en definitiva, "escond[ía] y justifica[ba], tras el reino de la razón, el reino de la burguesía y del Estado burgués" (Sánchez Vásquez 312), se levantó el racionalismo marxista, un racionalismo humanista, antimetafísico e historicista, que desde mediados del siglo XIX alimentó el fuego de muchas revoluciones, y también marcó de forma indeleble la cultura política y las sociedades latinoamericanas.

Sin embargo, de un momento a otro, la llama de la revolución, de ese motor o locomotora de la historia –al decir de Marx–, quiso apagarse y, al hacerlo, al extinguirse este fuego fundante, comenzó a jugar su rol de frío. "Jamás el fuego nunca/ jugó mejor su rol de frío muerto": de estos versos de César Vallejo[50] surge el título de la novela de Diamela Eltit, que se constituye como la crónica de una pasión por el proyecto revolucionario nacido bajo el signo del fracaso, proyecto que ya en el momento de su máxima vitalidad parecía portar la muerte.

Pero *Jamás el fuego nunca* (2007) no es una de estas novelas chilenas en las que la memoria de los años 70 adquiere visos de un ajuste de cuentas, de reconocimiento de responsabilidades, de partición de culpas, mientras en el ámbito judicial y mediático los principales responsables de las violaciones de los derechos humanos durante la dictadura de Pinochet siguen guardando silencio con respecto a sus crímenes. De todas formas, hay un punto en común entre, por ejemplo, *El desierto* (2005) de Carlos Franz, *Carne de perra* (2009) de Fátima Sime o *La vida doble* (2010) de Arturo Fontaine y la novela de Diamela Eltit: también acá la labor de la memoria le compete a la mujer.

Se trata en este caso de una mujer anónima, una ex militante de varias células comunistas que desde hace incontables años –"veinte, treinta, cuarenta, serán cien o más, qué importa" (Eltit 2012 55)– comparte con su compañero de vida y de lucha una cama miserable, muy angosta,

50 "Los nueve monstruos", en *Poemas humanos* (Vallejo 113).

en una minúscula habitación. Allí los dos, anacrónicos, "contin[úan], en gran medida, clandestinos, situ[ándose] afuera, radicalmente" (39): afuera de la "época que no [les] corresponde" (50), afuera de los discursos sancionados, "manteniendo un silencio elocuente ante todo aquello que esté fuera de [sus] convicciones" (50). Su habitación es un microcosmos cerrado, donde –como en el cuarto de Melquíades– el tiempo astillado de la historia parece haber dejado una fracción eternizada.

La narración de la protagonista insiste en anular el paso del tiempo al subrayar, una y otra vez, la situación de enclaustramiento que viven ambos "dentro de las cuatro pared[es] monolític[as] que [l]os cerca[n]" (17), la inercia de sus cuerpos "echados en la cama" (11), los mínimos movimientos que realizan para desentumecer sus miembros acalambrados, hacer el té o sentarse a comer el arroz preparado "siempre de la misma manera" (19), la rutina de sus paseos nocturnos, de recorrido invariable, con las cabezas gachas, rehuyendo menos las miradas extrañas que su propia sensación de sorpresa ante los inevitables cambios en el paisaje urbano.

Sea como fuere, este exiguo acontecer exterior queda desplazado por una monótona y difusa vivencia interior. El monólogo de la protagonista, su meditar absorto que, a ratos, de modo imperceptible se convierte en un murmullo, casi siempre inmediatamente interrumpido por su pareja ("¿Qué?, ¿qué?, no hables más, quédate callada", [37]; "Te acuerdas, te pregunto, y siento que penetra en mí un hálito de vida que me recorre, pero tú interrumpes mis palabras. No, no me acuerdo, me dices", [58]), se aboca a la revisión del pasado. Pero no es solo desde la dimensión mental donde ella reconstruye sus recuerdos, sino también, o quizás sobre todo, desde las sensaciones y emociones que permanecen en su cuerpo viejo y maltrecho.

Recuerda una y otra vez el apasionado activismo político en la tierna juventud de ambos, su militancia clandestina durante los tiempos de la represión, la formación y disolución de las sucesivas células, la caída, la vuelta a la clandestinidad inacabable. Recuerda no para lamentar la derrota del proyecto revolucionario, ni tampoco para inquirir sobre sus causas o justificar con concesiones autocomplacientes las conductas y decisiones que han tomado. Recuerda para reinterpretar, obsesiva y circularmente, el contenido del materialismo histórico, buscando, según veremos, descifrar el rol que en este le concierne a la subjetividad materializada en la sensibilidad del cuerpo.

Y mientras recuerda, su voz, la voz de quien fuera una reconocida analista con preparación lingüística e histórica, "una estudiosa copista, (…) encargada de seleccionar las enseñanzas imperiosas" (72) de las figuras rectoras del marxismo –trabajo que ejecutaba con severidad religiosa y lealtad extrema–, esa voz que cita de memoria, textualmente, párrafos enteros de *El manifiesto comunista*, al mismo tiempo está obsesivamente en contacto con la corporalidad: con el cuerpo artrítico de su compañero, con su rostro que lleva impresas las marcas de las torturas (el "rostro, el ceño, las mejillas y especialmente la mandíbula ferozmente aplastada" [55]); con los cuerpos en estado terminal de los ancianos, que ella asea eficaz, precisa, casi automáticamente; y, por supuesto, con el suyo propio, atravesado por agudos dolores. En este sentido, la voz de la narradora constituye un puente que vincula lo abstracto interior con el ahora externo, la anterioridad de rememorar y citar con lo concreto del presente de la pesadez de los cuerpos.

Desde luego, no es la primera vez que Eltit coloca en el centro de su relato el cuerpo, el tacto, la percepción. Lo cierto es que desde la escena inaugural de su producción literaria, desde aquel cuerpo de L. Iluminada de *Lumpérica* (1983), expuesto en incontables poses y contorsiones a la luz –a la escritura– del neón, hasta su última novela *Sumar* (2018), en la que una vez más el cuerpo aparece como un insumo de la industria, un botín del mercado, como materia en la que el logos capitalista imprime violentamente sus formas; así, en las once o doce novelas que ha publicado a lo largo de treinta y cinco años, la escritora chilena ha des-plegado todo un panorama de cuerpos-objetos de modelizaciones y normativizaciones. Cuerpos ocupados, administrados y marcados con fuego por la razón instrumental encarnada en innumerables mecanismos disciplinarios: en dispositivos represivos dictatoriales, en tecnologías de poder del capitalismo neoliberal, en diferentes modelos técnicos de producción de poder-saber que van de la familia al hospital o el psiquiátrico. Pero también cuerpos que, aún padeciéndola, no pueden ser completamente arrebatados por la lógica externa; cuerpos que, desde su heterogeneidad, desde su anormalidad o perifericidad, desde la dispersión de los sentidos, resisten –como escribe Nelly Richard– "al control dominante de la interpretación monológica de la cultura" (Richard 67)[51].

Ahora bien, si "el cuerpo es el gran objetivo de todos los sistemas", como insiste Eltit en una conversación con Leónidas Morales (80), si "es propiedad de los discursos del cuerpo que lo han desalojado de sí para capturarlo como botín o como rehén social y ensayar allí sus experiencias" (Eltit 2008 31), ¿cuál es el rol que le compete al cuerpo en este sistema filosófico, político y económico completo que es el materialismo histórico? ¿Cómo este dispone del cuerpo?

Es cierto que Marx sostiene en sus *Manuscritos económico-filosóficos de 1844* que "el hombre [es] un ser corpóreo, dotado de fuerzas naturales, vital, real, sensorial, objetivo, [lo cual] significa que tiene objetos reales, sensoriales como objeto de su ser, de su expresión vital, o que sólo puede expresar su vida en objetos reales sensoriales" (Marx 2006 198). De ahí que la vida humana sea, ante todo, una "actividad sensible" (*sinnliche Tätigkeit*), término que Carlos Casanova propone entender como "una relación de simbiosis y composición entre el hombre y la materia (es decir, entre el hombre y la naturaleza o los medios técnicos de producción)" (Casanova 18).

En *La ideología alemana* Marx y Engels plantean que es en esta actividad sensible y objetiva, en el "proceso empíricamente registrable y sujeto a condiciones materiales" (Marx y Engels 26), donde se originan las representaciones de la conciencia, de manera que el desarrollo de las fuerzas y relaciones productivas constituye la base sobre la que emergen las ideas, las ideologías y otras formas de conciencia, pues "no es la conciencia la que determina la vida, sino la vida la que determina la conciencia"

---

[51] Véase también, en este sentido, el sugerente artículo "Clases de cuerpos y cuerpos de clases" (2008 15-30) que Diamela Eltit dedica a los cuerpos "invadido[s] por la 'anormalidad', lo 'monstruoso'" en tres novelas chilenas: *Alsino* (1920) de Pedro Prado, *Patas de perro* (1965) de Carlos Droguett y *El obsceno pájaro de la noche* (1970) de José Donoso.

(26). Es igualmente cierto que el cuerpo en Marx cumple una función clave para entender su crítica al capitalismo que, al mecanizar el trabajo, "impide el ejercicio variado de los músculos y dificulta toda actividad libre del cuerpo y del espíritu" (Marx 2003 81). Al mismo tiempo, al ser un sistema vertebrado por una ideología, el capitalismo oculta la parte corporal del conjunto de los trabajadores, oculta lo que la existencia humana tiene de físico y pone el valor, inherente a las fuerzas productivas del cuerpo –a estas facultades creativas que existen en la corporalidad del ser humano–, en una instancia externa, artificial e incorpórea: en el valor de cambio de la mercancía.

Con respecto a esto último, Jacques Derrida, refiriéndose, en *Espectros de Marx*, a la apertura de *El capital* –la famosa escena de la entrada en escena de la mesa de madera como mercancía–, subraya que el capitalismo, en cuanto que sistema del mercado, supone la "naturalización del *socius* humano", puesto que su trabajo se objetiva en cosas, y, a la vez, la "desnaturalización o desmaterialización de la cosa convertida en mercancía, de la mesa de madera cuando entra en escena como valor de cambio y no ya como valor de uso" (Derrida 1998 176). Así la cosa, al adquirir un valor de cambio, al mercantilizarse, "se espectraliza", se convierte en una "sensibilidad insensible" (21) y, a la vez, deja de ser el espejo en el que los hombres podían reconocer "el carácter social de su propio trabajo. Es como si, a su vez, se fantasmatizasen" (175). Marx formula entonces una grave acusación contra el capitalismo que, al espectralizar la mercancía, espectraliza también al ser humano: "vampirizando" su trabajo vivo (Negri 13), lo despoja del cuerpo y sus fuerzas creadoras.

¿Y el propio materialismo histórico –el que devino en un socialismo estatista, pero también el que sustenta con sus principios las ideologías revolucionarias–, no es también un programa político que, como diría Diamela Eltit, "propone un cuerpo que está fuera del cuerpo" (Eltit 2008 31)? ¿Qué lugar ocupa, si no, el cuerpo deseante en el marxismo, y, sobre todo, el cuerpo marcado por el género? ¿Cómo debió de incidir el materialismo dialéctico en la concepción política de la subjetividad que dominaba la militancia setentista, para que esta, como subrayó hace tiempo ya Héctor Schmucler,

> olvida[ra], negándose a sí misma, las preguntas centrales que le darían sentido. De qué nueva manera se revolucionan los hombres entre sí, cómo cambia la relación de cada hombre con su cuerpo, cómo se modifica el vínculo de los seres humanos con la naturaleza, en fin, qué nueva cultura proponen? (Schmucler 80)[52]

Estos dilemas se plantean en *Jamás el fuego nunca* a partir de la figura de la ex militante comunista que "en un pasado remoto, en otro siglo (...), en otro milenio" (Eltit 2012 154) dispuso su cuerpo para la emergencia de la lucha política, lo entregó a la causa de la construcción de un porvenir colectivo igualitario. Pero si se convirtió en una prófuga de su propio cuerpo, no fue solo porque, interpelada por la ideología del hombre nuevo, se viera obligada a hacer su cuerpo idéntico al masculino. Pensamos acá en los "cuerpos móviles, readecuables, vulnerables" de Luz Arce y Marcia Alejandra Merino, los cuales, según Eltit –quien reflexiona sobre las memorias de ambas heroínas-traidoras[53] en su ensayo "Cuerpos nómadas" de 1996–, participaron en la "teatralización paródica de la masculinidad" (Eltit 2000 64). Y es que, para poder intervenir en la historia, la militante del Partido Socialista y la dirigente del MIR tuvieron que desechar sus roles tradicionales en lo que se refiere a los usos amorosos, las relaciones familiares, el ejercicio de la maternidad; es decir, tuvieron que liberar sus cuerpos biológicos de su condición de "rehen[es] atrapado[s] en la categoría de lo femenino" (Eltit 2008 31)[54], para, en cambio, dejarlos cifrar

[52] Originalmente el ensayo "Testimonio de los sobrevivientes" del que proviene la cita fue publicado en 1980 en *Controversia*, la famosa revista de los militantes socialistas y peronistas exiliados en México.

[53] Los libros *El infierno* de Luz Arce y *Mi verdad* de Marcia Alejandra Merino Vega fueron publicados en 1993, por Editorial Planeta y A.T.G., respectivamente.

[54] Escribe Eltit en su ensayo "Cargas y descargas" que, si todo cuerpo es rehén de los discursos sociales, el cuerpo de la mujer es "doble rehén", por estar "atrapado en la categoría de lo femenino. Ese femenino que ha sido el objeto más imperioso de los discursos que, en cada uno de los tiempos históricos, se han reservado la última y única palabra para decidir aquello que resulta inextricable: el cuerpo" (31).

con las claves culturales masculinas. O sea, debieron posponer lo íntimo y lo personal dando prioridad a lo público y lo colectivo, debieron demostrar no solo la firmeza de sus convicciones ideológicas, sino también el coraje y la resistencia de sus cuerpos sometidos a las duras condiciones del entrenamiento para la lucha.

A diferencia de Luz Arce y Marcia Alejandra Merino, la narradora de *Jamás el fuego nunca* no se refugia, al menos no por completo, en la altisonancia del discurso de la disciplina y la rigurosidad habitado por los cuerpos masculinos. Lo cierto es que, en el vaivén entre presente y pasado, su largo monólogo interno vacila entre la disolución del "yo" en un "nosotros" del grupo, de la organización, de la célula bipersonal que for-ma con su pareja, esto es, entre un "yo" sujeto al ethos militante y un "yo" crítica e irónicamente distanciado del mismo. Así, por un lado, la mujer se muestra orgullosa de ser una "verdader[a] militante que [sigue] fielmente el trazado de nuestros principios" (Eltit 2012 50), de "la gloriosa parquedad necesaria y resistente" (50), de haberse convertido en una "profesional (...) de la clandestinidad" (143), de saber cómo pasar desapercibida, con "estudiada insignificancia" (39), cómo "mover[se], en qué rutas disimular[se], cómo merodear por los espacios, evadir, evadir la ciudad y atenuar el impacto de [su] cuerpo[...] en las calles" (143). Sin embargo, este mismo relato impregnado de grandilocuencia y sobriedad –relato que configura el ethos de competencia militante al referir, muy verosímilmente, la necesidad de conservar las medidas de precaución, naturales en la militancia clandestina–, parece también apuntar, alegóricamente, a la invisibilidad, a la condición clandestina del cuerpo deseante en la subjetividad delimitada por el discurso marxista.

Así, engarzados a la práctica lineal de este discurso, aparecen en los recuerdos de la narradora sus cuerpos: el de ella, el de su compañero, los cuerpos de las demás "células". Como cuerpos proclives a la disciplina, al adiestramiento, "organismos sumados alrededor de un único objetivo: la célula, la célula" (158); cuerpos sujetos a los valores de autocontención, austeridad y frugalidad, que "podía[n] consumir [solo] lo necesario para sus fines", nunca "entregarse a la comida, hacer de ella una sede que terminaba por ocultar el impacto del hambre" (23); cuerpos flexibles y capaces de doblarse como los de los contorsionistas, pero nunca por gusto: "se trataba de un mero ejercicio o prueba" (45); cuerpos ascéticos, incapaces de abandonarse al placer de los sentidos, temerosos de reconocer la "felicidad" o la "energía autónoma" del baile, "ese aspecto enteramente corporal que en cierto modo expresaba la puntuación sin más rictus que sí mismo" (46); cuerpos exentos de emociones, que no tenía[n] derecho a reír[se] o a besar[se] o a odiar[se] más allá del marco celular" (156); cuerpos, en fin, que emprendieron el camino de la perfección física, la riqueza espiritual y la pureza moral, dictadas por la restrictiva ideología de renunciamiento material, renunciamiento a la carne, "una carne ávida, insaciable de las vitrinas, contingente la carne, cautiva y alienada y disponible para darle la espalda a la historia y al materialismo extraordinario y majestuoso de los huesos" (146).

La narradora recuerda en esta última frase el episodio cuando salió a la calle, exponiendo su cuerpo excesivo, falto de "contornos, un cuerpo que había experimentado la historia desnuda o real" (144) –la de las violaciones que había sufrido en el cautiverio y cuyo fruto fue el embarazo responsable de la deformación de su figura– y topó con un vestido rojo en una vidriera. El vestido la cautivó e incitó su deseo hasta tal punto que quiso "renunciar a la renuncia que hicimos en los primeros años en que nos refugiamos de una vez y para siempre detrás de un consistente desprecio" (144). La mujer, educada en los cánones marxistas, formada en las escuelas de cuadros del partido, era perfectamente consciente de la fuerza alienante de la mercancía: "entendía, con el convencimiento propio de una analista calificada, que detrás de cada una de las vitrinas yacía el fantasma expansivo de [la] dominación" (146). Y, sin embargo, se dejó tentar por el enemigo, sucumbió a su poder "espectral" (Derrida 1998 173), se dejó "encadenar (...) a la alienación de una vitrina cosmética y reprobable" (Eltit 2012 145) que desató en ella

> la urgente, enloquecida necesidad de comprarme el vestido, vestirme, exhibirlo en mí, comerme el

> vestido, devorarlo enteramente, gastar en la tela, en el diseño, en la caída, entregarme sin pudor, ajena a cualquier átomo de culpa, a un placer bacanal y absoluto con la exterioridad. (144)

Es es a través de esta *exterioridad* –de esta superficie irrisoria de una tela y un diseño que la burda mistificación del lenguaje consumista convirtió en un fetiche adorado y admirable– que ella pudo regresar, aunque no fuera sino momentáneamente, al deseo que hace tiempo "había (…) proscrito" (146), al deseo del cuerpo propio.

No importa que "este deseo más primitivo del que guard[aba] memoria" (149) se revelase, al fin y al cabo, como el deseo del Otro. De hecho, así es como formula el gran *impasse* del deseo humano Jacques Lacan: "le désir de l'homme est le désir de l'Autre", ambigüedad que Slavoj Žižek explica de la siguiente manera: "lo que deseo está predeterminado por el gran Otro, el espacio simbólico que habito" (Žižek 50-51). De dónde, si no, brotó, "junto a la necesidad por ese particular vestido" (Eltit 2012 149), la necesidad inequívoca de "pintarme los labios, y se volvió imprescindible un rojo furioso, bermellón, brillante, provocativo. Un rojo estelar junto a los zapatos más altos que podría encontrar (…), negros y agudos" (149).

"Bajo el dominio del fetiche-mercancía, el sex-appeal de la mujer se contagia en mayor o menor grado de la incitación de la mer-cancía", sentencia en su *Libro de los Pasajes* Walter Benjamin a propósito de la prostituta cuya figura encarna para él la naturaleza que adquiere el carácter de la mercancía; aunque el filósofo alemán no tarda en precisar que el problema "va mucho más allá de la prostitución" (Benjamin 352). De hecho, redondea Pierre Bourdieu, sin miedo a caer en lo que a estas alturas ya parece un lugar común, la cosmética y la ropa tienden a exaltar el cuerpo femenino y "convertir[lo] en un signo de seducción" (Bourdieu 160).

Importa bien poco, sin embargo, que este deseo del cuerpo propio que asalta a la protagonista fuera, en definitiva, y como diría el mismo Bourdieu, un deseo del "cuerpo-para-otro", del cuerpo que se expone "a la objetividad operada por la mirada" (92); en fin, que fuera un deseo "de subordinación erotizada" (40). Importa menos aún que hubiera estallado en el momento en que el cuerpo de la protagonista –amorfo, desorbitado– estaba tan lejos de los ideales de belleza y perfección femenina, porque "estalló imprevisible, (…) rompió límites" (Eltit 2012 145), fue "lo único espontáneo" (150), lo que por un instante le reveló el placer de la presencia, placer que, "salvo ese día" (145), estaba siempre e indefinidamente diferido.

Aparte de este episodio, el cuerpo deseante de la mujer no hace sino subordinarse a su cuerpo político, es decir, al cuerpo que está al servicio de la revolución[55]. Su deseo individual invariablemente queda postergado para el futuro, reemplazado por ese otro "deseo inexcusable: esperar que la historia se manifieste" (50), que comience el reino del comunismo cuyo advenimiento inexorable anunciaban Marx y Engels en *El manifiesto.* Sin embargo, la historia –esa Historia– no se lleva a cabo, su manifestación sigue siendo un deseo y, en cuanto tal, en cuanto deseo precisamente, implica una carencia que solo puede ser suplida –y diferida– por las palabras[56]; mejor dicho, por la Palabra. De hecho, los jóvenes militantes tuvieron "una cuota exagerada de la energía", "una cara y unos cuerpos" (44), como subraya la narradora, pero, desde que "encadena[ron] estos cuerpos exultantes y jóvenes a la Internacional, sella[ndo] un imperioso compromiso con la historia" (140), se autoexigieron el acatamiento ciego de los conceptos. Reconocieron entonces el valor de la palabra

---

[55] Nos remitimos aquí a la idea de Héctor Schmucler perfilada en "Testimonio de los sobrevivientes" (1980) del olvido de lo cotidiano y, junto con este, del cuerpo de deseo por parte de la izquierda revolucionaria que, aun "en nombre del materialismo (…), genera sus prácticas desde esquemas estrictamente imaginarios" y que convierte el cuerpo del militante en "una instancia táctica al servicio de una *técnica* política" (Schmucler 72, 77).

[56] Seguimos en este punto la argumentación de *De la gramatología* a propósito de la escritura de Jean-Jacques Rousseau. Según Derrida, lo que nos enseñan *Las confesiones* es que la presencia siempre está postergada y que, de hecho, la vida –lo que nosotros llamamos la vida– está construida como un texto, es decir, como una cadena de suplementación elaborada por los procesos significativos (Derrida 1978, 181-208).

como núcleo de verdad autónomo, creyeron en el carácter "directo", "certero", "comprensible" y, sobre todo, "real" de cada una de las frases de *El manifiesto*[57].

El problema no es que hubieran vuelto este texto incuestionable y no reinterpretable, y que, al hacerlo, al convertirlo en una escritura sagrada de la cual extraer verdades atemporales, hubieran contrariado la voluntad de esas "figuras ya antiguas, esas figuras frías pero no, no obsoletas ni, menos, equivocadas" (155), que –como recuerda Derrida en *Los espectros de Marx*– sí reconocieron la historicidad irreductible de sus planteamientos y, por lo tanto, previendo su posible envejecimiento, apelaron "a la transformación venidera de sus propias tesis" (Derrida 1998 27). El problema es que, en la medida en que crecía su apego ortodoxo, su fidelidad al logos marxista, los militantes iban perdiendo "el rostro, el tiempo [los convertía] en formas humanas radicalmente seriadas, multitudinarias" (Eltit 2012: 50), en "magníficos cuerpos sincronizados" (106). Y, en un momento "lúcido y estremecedor" en que los protagonistas enfrentan la muerte de su hijo –mejor dicho, del hijo de ella–, comprenden que son "unas maquinarias", que "la especie humana no es sino una maquinaria seriada, multitudinaria, destinada a colonizarse a sí misma, a la especie humana" (82).

La configuración del hombre y de su cuerpo como máquina en el discurso de esta ex militante comunista, que desde hace "cinco decenios (no, no, no mil años)" (80) sigue "fielmente el trazado de [sus] principios" (50), no se traduce, como podríamos esperar, en una crítica de la forma de producción capitalista que convierte al ser humano y su cuerpo en una función del trabajo, de un sistema en el que no es el trabajador el que utiliza los instrumentos de producción, sino que, a la inversa, son los instrumentos los que hacen uso del trabajador, en fin, de un sistema de producción en la que la maquinaria aparece como un monstruo que tortura y absorbe el trabajo vivo[58].

---

[57] Ante la sugerencia de la protagonista de que la sentencia "los obreros no tienen patria. No se les puede arrebatar lo que no tienen" (II. *Proletarios y comunistas*), aunque lógicamente impecable, "porta una ambigüedad", su compañero responde tajantemente: "No hay ninguna ambigüedad (…). La frase es directa, real, comprensible, certera", 26).

[58] "La explotación mecánica –escribe Marx en el capítulo "Maquinaria y gran industria" del primer volumen de *El capital*– llega a su desarrollo más completo al recibir,

Porque en este caso la "maquinaria que *utiliza* a los hombres para sus fines" (Schmucler 80) no es la máquina de producción capitalista ni la máquina social capitalista (Deleuze y Guattari): es la propia revolución. Ella viene a ser ese "monstruo al que se sirve" (Schmucler 80), es en sus engranajes donde se aliena la conciencia de los militantes y en la objetividad de su férrea estructura donde la subjetividad sufre una desin-tegración serial; es en su incuestionable jerarquía logocéntrica donde se anulan los márgenes de decisión y la voluntad individual. En fin, es la maquinaria de la revolución, obstinada en sus "construcciones ideales" (72), la que margina a "los hombres concretos que, sin embargo, tienen su única existencia en la *forma* en que transitan su vida cotidiana" (80) con y gracias a su cuerpo, único e irrepetible.

Ahora bien, no deja de ser significativo que la certeza de ser un "cuerpo técnico", un "cuerpo función" que actúa como "soporte pensante y parlante" (Eltit 2008 15) de la idea revolucionaria, le viniera a la protagonista de la percepción, mejor dicho, de su ausencia: "ya no sentía mientras copiaba una a una las palabras que yo misma había seleccionado. De pronto empezaban a perder su propósito o sencillamente se alejaron de mi mano" (Eltit 2012 73). Esta pérdida del estímulo sensorial a la hora de intentar transcribir fielmente –religiosamente– las demostraciones científicas de Marx, marca el comienzo de una hermenéutica de la sospecha que la mujer emprende ante estas palabras que hasta entonces se le figuraban transparentes, plenas de sentido.

De ahí en adelante la protagonista sentirá una necesidad imperiosa de reinterpretar el contenido del materialismo histórico, y no solo, como propone Carolina Díaz, "con el objetivo de actualizar sus significados de acuerdo a la presión de nuevas fuerzas históricas" (Díaz 193). Se trata de un cambio más radical en la relación comprensiva en la que la mujer involucra su propia corporalidad. En su particular hermenéutica la facultad

como sistema articulado de máquinas de trabajo, un movimiento a través de una máquina de trasmisión, procedente de un autómata central. Así se nos presenta, en vez de la máquina simple, un monstruo mecánico cuyo cuerpo llena edificios enteros y cuya fuerza demoníaca, disimulada primero por el pausado compás de sus miembros gigantescos, se descompone en desenfrenada y febril danza que ejecutan sus innumerables órganos de trabajo propiamente dichos" (*apud* Trotsky 1984, 148).

sensorial deviene criterio último para distinguir lo verdadero y lo falso; necesita sentir las palabras con las manos –como si fueran las manos las que las hubieran hecho–, porque se le hace evidente que la comprensión racional debe ser acompañada y verificada en el cuerpo sensible.

No es ocioso recordar que ya León Rozitchner definía el pensamiento en el campo de la dialéctica histórica como pensamiento "en la materialidad del cuerpo", e insistía en la necesidad de abrir el acceso "de la corporeidad sexuada a la significación, de lo sensible a lo racional, de la percepción al concepto" (Rozitchner 366-367). También la narración de Eltit parece mostrarnos que lo que está en juego en la lucha histórica de las masas no son solo modos de producción o ideas flotantes enfrentadas, sino modos de existencia en todos sus alcances: modos de pensar(se), sentir(se) y comprender(se) en y con el mundo.

Así, por un lado, la protagonista exalta la "puesta en escena irrebatible, un trazado que contiene mil años, cien de la historia" (Eltit 2012 155), que Marx y Engels realizan en *El manifiesto* con "una lucidez ensimismada" (155). Alaba su razonamiento impecable, que impone con total objetividad científica el fatalismo de la historia que conduce a la revolución. Pero también advierte que hay algo que el análisis científico de Marx y Engels no previó: "el funcionamiento autónomo del cuerpo, su cíclica sorpresa y catástrofe" (155). Fue ese cuerpo concreto –el de la protagonista– el que experimentó, no la historia que Marx prometió y que no condescendió a comparecerse, sino "la historia desnuda y real" (144). Fue la "inclemente naturaleza" de su cuerpo embarazado por una(s) violación(es) la que la que se impuso "de espaldas a cualquier razón" (153), aun a la razón absoluta del Partido y al deber de la militancia.

Tuvo a ese niño que, a los ojos del hombre, su compañero, no era sino "producto del horror, de la locura, (...) una falla, [su] falla, [su] empecinamiento, una malévola comprensión de la historia" (137) y, finalmente, lo sacrificó porque se resignó a no llevarlo al hospital cuando estaba gravemente enfermo, eligiendo, una vez más, la razón política, el deber de la militante de proteger la integridad de la célula. Por ello mismo ahora no puede sustraerse a ese otro deber, a ese otro acto político: la militancia a favor de la corporalidad y de los sentidos.

En este marco interpretativo cobra valor el hecho de que ella se ubique en una posición distinta del afán analítico compartimentado y economicista de su compañero. Así, frente a su insistencia en "definir el comportamiento industrial y sus variables" (105), frente a su "empeño delirante de acotar los modos de producción" (106) "ya agotada" (105), frente a los análisis producidos por su cerebro "fabril" (38) –objetivos, precisos, sistemáticos, siempre orientados a demostrar la verdad de la historia que avanza inexorablemente hacia un cambio social, y siempre tan esquivos a la prueba de lo real–, ella despliega una forma comprensiva, relacional, en la que cabe el cuerpo y la corporeidad.

Sumado a esto, los análisis de la protagonista no son menos minuciosos, precisos y atentos que los análisis economicistas del hombre. Está alerta a cualquier manifestación de las sensaciones corporales, a cada mueca o gesto de dolor de su compañero enfermo. Ante la imposibilidad de indagar en "el estado tecnológico de [sus] órganos" (104), revisa meticulosamente la superficie de su rostro que, bajo su mirada, "pierde la monotonía y resurge (…) con una fuerza imprevista. Un rostro que carece de antecedentes" (99), que se revela en la singularidad de su "mandíbula, [su] nariz, el contorno inalienable de [su] cabeza" (100). Atenta sobre todo al deterioro de la vista del hombre, somete a un estudio casi anatómico su ojo, ese ojo que rehúsa ver lo que la realidad le enseña:

> Miro tu ojo. Te abro al máximo el ojo con mis dedos. (…) Me (…) permites que mis dedos se esmeren, lo abran, ridiculizando tu párpado, para relevar así tu horrible globo ocular al punto que parece fuera de sí mismo (…). El ojo no ve nada, te digo, no, nunca, es el cerebro, te digo, se trata de una orden (…). Exploro con la yema de uno de mis dedos, el de la mano izquierda, tu globo ocular.
>
> Lo toco. Es acuoso. Un líquido frío y tenue, cristalino. (70-71)

El diagnóstico del tacto realizado con la *mano izquierda* –no pasemos por alto ese dato–, es severo y contundente: la mirada "acuosa y vítrea" (71) que produce este ojo no es una mirada que percibe, que tensa las imágenes, sino una que proyecta lo que le ordena el cerebro. Esta mirada, "oportuna, externa", "dominada enteramente por un cerebro que acostumbramos a administrar" (71), se niega a comprobar que las previsiones marxistas no se han cumplido y no puede percibir otra cosa que no sea una incómoda asincronía con el presente.

Frente a esta mirada del compañero, la que fue también su propia mirada y la de todos los "células" –una pura "extensión de la cabeza pensante"–, ella, porque "quiere alcanzar la verdad", emprende, ahora, en consonancia con el presente, una verdadera *operación* discursiva: con un lenguaje preciso, seco y afilado como un bisturí –pero nunca alejado de su mano– hurga en toda "la extensión del cuerpo cualitativo sintiente"[59], disecciona una realidad tangible, con todas sus miserias, dolores, olores y emociones.

Así, en su relato ocupan un lugar privilegiado las funciones corporales. Se repiten las descripciones obsesivas del acto de comer, representadas no como un acto deleitoso, sino como la ingestión rutinaria de alimentos nutritivos prescritos por un régimen racional: "comemos absolutamente justos. Concisos. El arroz se emparenta con el pan, ambos cumplen su función de proporcionarnos el sueño y el alivio" (Eltit 2012 19). Sin embargo, por muy simple o muy pobre que sea, y aunque esté destinado solo a "cumplir la demanda de cada uno de los órganos que nos rigen" (19), el alimento deviene una multiplicidad en la medida en que las percepciones y los afectos de la protagonista lo convierten en un acontecimiento múltiple, complejo. La sensación de asco que produce en la narradora la "tos arrocera" del compañero, la saliva mezclada con el arroz que "semeja (…) un ligero vómito o una sustancia acuosa, un enredo ali-

[59] Seguimos, una vez más, el planteamiento de Rozitchner de *Freud y los límites del individualismo burgués*: "la extensión de la cabeza pensante, si quiere alcanzar la verdad, implica al mismo tiempo, y necesariamente la extensión del cuerpo cualitativo sintiente" (1988: 367).

menticio imposible que mancha y se esparce por la cama" (19); la impaciencia o el odio que siente cada vez que descubre las migas desperdigadas entre las sábanas por la mala costumbre que tiene el hombre de engullir en la cama el pan que suele esconder bajo la almohada; la comparación de los diferentes modos que tienen de comer chocolate –mientras él "va (...) rápido (...) y en seguida toma (...) una de las galletas que cruje ante el embate de [sus] dientes" (117), ella está saboreando el lento deshacerse de un trozo en su boca –: en cada una de estas situaciones ella comprende al otro y se comprende a sí misma medida por existencias corporales, y descubre en ambos valores comunes, irreductibles: el de la necesidad, el hambre, el apetito, las ganas de vivir.

Sin hacer mella en lo anterior, son sobre todo las innumerables disfunciones corporales, las enfermedades, y también el ineludible progreso de la vejez, la descomposición, la cercanía de la muerte, en lo que el monólogo de la mujer pone especial énfasis: la incontinencia de orina y excrementos en los ancianos cuyos cuerpos moribundos ella lava y acicala semanalmente; los estreñimientos cíclicos de su pareja; los trastornos sensoriales de ambos (el arrastre de pies mientras caminan; el adormecimiento, la pérdida de sentido o la sensación de parálisis en las manos); la piel supurante, descamada de los viejos; la tos de ella y el ahogo por el humo de los cigarrillos que él se empeña en fumar; las jaquecas de él; "el histórico dolor en la columna" (147) de ella; y un sinfín de otros "dolores más agudos, constantes" (76) que desencadenan sus órganos y sus miembros decrépitos y quebrantados por las torturas.

Por supuesto, esta reducción del mundo al universo de la fisiología y la decadencia personal, a la cotidianeidad figurada como una ardua lucha para que esta vida *hic et nunc* no se escurra, colisiona con el ideario de la pureza, la integridad, la fortaleza corporal y moral del "hombre nuevo" y la "mujer nueva", tal y como los concibió el marxismo revolucionario: como fuentes de valores, modelos de conducta y mandatos irrenunciables, y también como figuras heroicas liminares, suspendidas entre el cuerpo individual y el colectivo, entre el tiempo presente y el porvenir (Vezzetti). Insistamos en ello, todas estas necesidades y miserias del bajo cuerpo, obsesivamente expuestas en el relato de la mujer, todas estas dolencias, el avance de la vejez, el desmoronamiento que no hacen sino volverla vulnerable y consciente de que no puede funcionar separadamente del cuerpo, de que su experiencia es intransferible, completamente individual y, por lo tanto, de que "no hay ninguna razón que dé cuenta de la totalidad" de su ser, ninguna razón que pueda "controlar todo su existir" (Schmucler 456).

La mujer narradora de *Jamás el fuego nunca*, que se vio enredada en el amor hacia el logos marxista, para el que proscribió su cuerpo y hasta sacrificó el amor por su hijo, se convierte entonces en portadora de una grave acusación. Contra las propuestas del propio Marx quien consideraba la vida como actividad sensible y de Engels quien sostuvo que "el último elemento determinante en la historia es la producción y reproducción de la vida real" (Williams 98), la razón marxista, lejos de ser experimentada como desalienante y emancipadora del sujeto originario –alienado y tiranizado por la razón instrumental burguesa–, resulta ser anuladora de la vida concreta y también del cuerpo sintiente, único e irrepetible.

Ahora bien, para dar cuenta de la materialidad de este cuerpo sintiente y deseante –de la que no dio cuenta el materialismo histórico–, no solo en la perspectiva de la narradora lo inteligible (aquello que ella piensa, razona, opina y sabe) debió subordinarse a lo sensible (a aquellos datos que provienen de la percepción y las reminiscencias sensoriales). También la propia novela de Eltit debió desobedecer las exigencias de lo inteligible, a las que, como subraya Roland Barthes, tiene que someterse todo relato de ficción (Barthes 184-185). De hecho, *Jamás el fuego nunca* opta por descomponer la secuencia lógica y natural del argumento y plas-mar un mundo sustraído del devenir temporal, en el que las acciones y las circunstancias conforman un circuito cerrado, en el que la cronología incierta y el continuo vaivén de la voz narrativa entre el presente y el pasado se adecuan a la incertidumbre de la experiencia. Y, dado que la percepción –o el recuerdo sensorial– deviene en la novela un modo privilegiado de acercarse al mundo, es la descripción la que ocupa en ella un lugar destacado: la descripción de los pequeños gestos, de acciones simples y rutinarias, de objetos insignificantes, de todos estos detalles en los que vive –como nos enseñó Benjamin– la verdad de la contingencia. De esta manera la novela hace una apuesta por la *realidad sensible*, por estas "zonas experienciales" de las que hablaba Raymond Williams (150-158), que no parecen estar vinculadas a núcleos ideológicos, sino que aluden a ciertas vivencias y sensaciones poco o nada discursivizadas, zonas en las que quizás el cuerpo *se haga presente y se pertenezca*.

Bibliografía

Barthes, Roland. *El susurro del lenguaje*. Paidós, 1999.

Benjamin, Walter. *Libro de los Pasajes*. Ediciones Akal, 2004.

Bourdieu, Pierre. *La dominación masculina*. Anagrama, 2000.

Casanova, Carlos. *Comunismo de los sentidos. Una lectura de Marx*. Catálogo Libros, 2017.

Deleuze, Gilles; Guattari, Félix. *El Anti Edipo. Capitalismo y esquizofrenia*. Paidós, 1998.

Derrida, Jacques. *Espectros de Marx. El estado de la deuda, el trabajo del duelo y la nueva Internacional*. Editorial Trotta, 1998.
---. *De la gramatología*. Siglo XXI Editores, 1978.

Díaz, Carolina. "Hacia una teoría afectiva de la paranoia en *Jamás el fuego nunca*". *Revista Iberoamericana*, vol. LXXXIV, núm. 262, enero-marzo 2018, pp. 181-201.

Eltit, Diamela. *Jamás el fuego nunca*. Periférica, 2012.
---. *Signos vitales. Escritos sobre literatura, arte y política*. Ediciones Universidad Diego Portales, 2008.
---. "*Cuerpos nómadas*". *Emergencias. Escritos sobre literatura, arte y política*. Planeta/Ariel, 2000, pp. 61-77.

Marx, Karl. *Manuscritos económico-filosóficos de 1844*. Colihue, 2006.
---. *El Capital (Selección de textos)*. Editorial Libertador, 2003.

Marx, Carlos; Engels, Federico. *La ideología alemana. Crítica de la novísima filosofía alemana en las personas de sus representantes: Feuerbach, B. Bauer y Stirner y del socialismo alemán en la de sus diferentes profetas*. Ediciones Grijalbo, 1974.

Morales, Leónidas. *Conversaciones con Diamela Eltit*. Editorial Cuarto Propio, 1999.

Negri, Antonio. "La sonrisa del espectro". En: Michael Sprinker (ed.) *Demarcaciones espectrales. En torno a los espectros de Marx de Jacques Derrida*. Ediciones Akal, 2002, pp. 11-22.

Piglia, Ricardo. *Respiración artificial*. Seix Barral, 1994.

Richard, Nelly. *La insubordinación de los signos (Cambio político, transformaciones culturales y poética de la crisis)*. Editorial Cuarto Propio, 1994.

Rozitchner, León. *Freud y los límites del individualismo burgués*. Siglo XXI, 1988.

Sánchez Vázquez, Adolfo. *Filosofía y circunstancias*. Facultad de Filosofía y Letras, UNAM, 1997.

Schmucler, Héctor. "Testimonios de los sobrevivientes". *La memoria, entre la política y la ética*. Ed. De Vanina Papalini, prólogo de Hugo Vezzetti. Libro digital. CLACSO, 2019. 69-80. http://biblioteca.clacso.edu.ar/clacso/se/20191129044115/La-memoria-entre la-politica-y-la-etica.pdf .

Trotsky, León. *El pensamiento vivo de Marx*. Losada, 1984.

Vallejo, César. *Poemas humanos. España, aparta de mí este cáliz*. Editorial Castalia, 1987.

Vezzetti, Hugo. *Sobre la violencia revolucionaria. Memorias y olvidos*. Siglo XXI Editores, 2009.

Williams, Raymond. *Marxismo y literatura.* Ediciones Península, 1997.

Žižek, Slavoj. *Cómo leer a Lacan.* Paidós, 2008.

Especismo y humanismo: un dilema político

Alejandra González
Universidad de Buenos Aires - Universidad Nacional de Avellaneda
Universidad del Salvador

El especismo es un concepto debatido en el pensamiento, sobre todo a partir de los planteos de la filosofía animal. ¿Se trata de una ideología que, como la del progreso, debe ser desarticulada o es una categoría que puede reformularse y continuar vigente? Estas líneas intentaran pensar su articulación con el humanismo a partir de la lectura "Mi tío el yaguareté" de Joao Guimarães Rosa y sus implicancias filosóficas.

La noción de humanismo tiene varias acepciones. Por una parte, se refiere al movimiento europeo del siglo XIV y XV que focaliza sus preocupaciones en el hombre como tal e inicia un regreso a las fuentes clásicas grecorromanas, para exaltar el cuerpo y dejar de lado la centralidad teológica. Y es Jacob Burkhart quien, en la Cultura del Renacimiento en Italia, en 1860, asocia humanismo y renacimiento. Luego, el concepto de humanismo se ha expandido para abarcar, también, la creencia en valores humanos. Se transforma, así, en un adjetivo que acompaña a otras teorías o ideologías-tal como la sartriana que predica que incluso el existencialismo es un humanismo- dejando de ser una concepción propia de un área del saber para convertirse en un apelativo moral.

Aquí nos centraremos sobre todo en la preeminencia dada a lo humano contra el teocentrismo escolástico. Esa acentuación de las características propias del hombre, es decir del varón, ya que es ineludible el aspecto sexista de esta apreciación, implica la diferenciación y distanciamiento tanto de lo divino como de lo animal, con ese Hombre con mayúscula ubicado como constructor de una racionalidad desplegada en la modernidad y centrada en una taxonomía ontológica que lo diferenciará esencialmente del resto de las especies. Claro que esta clasificación y definición esencialista precede en mucho al humanismo religioso o secular que se desarrollará en esos siglos. La hallamos ya en Aristóteles, que será retomado junto con toda la cultura clásica por el gesto renacentista.

> Por naturaleza, los animales nacen dotados de sensación; pero ésta no engendra en algunos la memoria, mientras que en otros sí. Y por éstos son más prudentes y más aptos para aprender que los que no pueden recordar; son prudentes sin aprender los incapaces de oír los sonidos (como la abeja y otros animales semejantes, si los hay); aprenden, en cambio, los que, además de memoria, tienen este siendo. Los demás animales viven con imágenes y recuerdos y participan poco de la experiencia. Pero el género humano dispone del arte y del razonamiento. Y del recuerdo nace para los hombres la experiencia, pues muchos recuerdos de la misma cosa llegan a constituir la experiencia, Y la experiencia parece, en cierto modo, semejante a la ciencia y al arte, pero la ciencia y el arte llegan a los hombres a través de la experiencia. (*Metafísica* 980 b 25)

Los animales no producen *logos*, palabras, sino únicamente *phoné*, sonidos que permiten expresar sensaciones displacer y dolor, pero no constituyen razonamientos. Tampoco tienen *polis*, y por lo tanto se limitan a habitar en agrupaciones necesarias para la supervivencia natural exceptuada del fin del despliegue de la libertad propio de los seres racionales. Es esa *polis* la que se organiza sobre la base de la exclusión de los animales, pero también ubicando al esclavo y la mujer en un lugar natural no político. Como el propio Aristóteles cita de Hesíodo: "La casa, (*oikos*,) después la mujer y el buey arador" (*Política* Cap. Primero 535)

> La naturaleza teniendo en cuenta la necesidad de la conservación, ha creado a unos seres para mandar y a otros para obedecer. Ha querido, que el ser dotado de razón y de previsión mande como dueño, así como también que el ser capaz por sus facultades corporales de ejecutar las órdenes, obedezca como esclavo, y de esta suerte el interés del señor y el esclavo se confunden. La naturaleza ha fijado por consiguiente la condición especial de la mujer y la del esclavo. (...) En la naturaleza, un ser no tiene más que un solo destino, porque los instrumentos son más perfectos cuando sirven, no para muchos usos, sino para uno solo.

Por último, los seres de necesidad no están en el campo de los seres libres, por lo tanto, como define en la Física, para ellos no se da la *tyché* que está emparentada con la inteligencia. O como los psicoanalistas, lo interpretan, no hay encuentro con lo real (*tyché, habitualmente traducido como suerte o fortuna*) en el campo del significante donde la repetición es el *automatón*. La barrera entre animales y humanos (adultos varones) es en definitiva infranqueable. Con el agravante insoslayable de que este fijismo en la jerarquía ontológica se hará extensivo a esclavos, mujeres, bárbaros, niños. "Un esclavo es un objeto de propiedad animado y todo sirviente es como un instrumento que tiene precedencia sobre otros instrumentos" (Pol 1, 4, 1253b)

Se introduce el estatuto del objeto o cosa para hablar de entes cuya figura podría confundirse con la de un humano. Aunque sea similar en su forma, como lo puede ser un mono, los animales pertenecen en un estatuto inferior. Forman parte de la zoé, pero no del bíos, y por lo tanto no pueden salir nunca del ámbito de la necesidad. Así lo plantea Arendt:

> No es que Platón o Aristóteles desconocieran o se desinteresaran – el hecho de que el hombre no puede vivir al margen de la compañía de sus semejantes, sino que no incluían esta condición entre las específicas características humanas; por el contrario, era algo que a vida humana tenía en común con el animal, y solo por esta razón no podía ser fundamentalmente humana. La natural y meramente social compañía de la especie humana se consideraba como una limitación que se nos impone por las necesidades de la ida biológica, que es la misma para el animal humano que para las otras formas de existencia animal. (*La condición humana* 39)

Por ese motivo, los animales no participan de la vida política superior en la que se organizan los *polites*, esos ciudadanos cuyos diversos requisitos establecen las distintas polis, que siempre coinciden, sin embargo, en su insobornable condición viril, superior a las de las mujeres, receptáculos de semen, envoltorios de carne del heredero familiar.

Siglos más tarde, en el XVI, los argumentos aristotélicos sobre la superioridad natural de algunos pueblos estarán en la mesa del debate frente a la Inquisición, para debatir la condición existencial de los indios en la controversia de Valladolid. Mientras que Bartolomé de las Casas se fundada en la Escuela teológica española, apoyándose en el concepto jurídico teológico de persona explicitado por Francisco de Vitoria, Juan de Sepúlveda, mucho más moderno, se ampara en Aristóteles para sos-tener su argumento. El lascasianismo se construirá sobre una mirada personalista y paternalista. Los indios son seres bondadosos que no deben ser maltratados sino evangelizados. Y el cristiano tiene la obligación de considerarlos personas en tanto también han sido creados por Dios.

Por el contrario, Sepúlveda tomara casi exactamente las definiciones de Aristóteles para justificar la guerra contra los indios y la apropiación de sus posesiones. Básicamente las tierras deberán pasar a mano de los conquistadores que por su natural superioridad deben subordinarlos por los medios que consideren lícitos. Juan de Sepúlveda justifica la guerra contra los indios americanos, en su tratado, basándose en Santo Tomás que a su vezse fundamenta en Aristóteles. Y esas causas justas se basan en repeler la fuerza con la fuerza, recobrar las cosas injustamente arrebatadas, castigara los malhechores impunes, pero fundamentalmente en el argumento aristotélico por antonomasia: la superioridad natural. Así lo expresa: "someter con las armas, si por otro camino no es posible, a aquellos que por condición natural deben obedecer a otros y renuncia a un imperio" (Sepúlveda 1951 286-287).

Esta inferioridad se expresa en la torpeza de entendimiento y en las costumbres inhumanas y bárbaras que explican la condición de servidumbre, así como el dominio de los civilizados se entiende como el natural imperio de lo perfecto sobre lo imperfecto. La guerra contra los inferiores se justifica por la aplicación del Derecho natural basado en el libro I de la Política de Aristóteles que da cuenta de la opinión común en la época.

> Y así vemos, que en las cosas inanimadas, la forma, como más perfecta preside y domina, y la materia obedecer a su imperio; y esto todavía es más claro y manifiesto en los animales, donde el alma tiene dominio, y es como señora, y el cuerpo está sometido, y es como siervo. Y del mismo modo en el alma, la parte racional es la que impera y preside, y la parte irracional la que obedecer y está sometido a; y todo eso por decreto y ley divina y natural, que manda que lo más perfecto y poderoso domine sobre lo imperfecto y desigual. (Sepúlveda 1951 230-233)

Pero, además, eso se fundará también en una lectura de la ley divina.

> … y aún lo vemos sancionado en la misma ley divina. Porque escrito está en el libro de los Proverbios: "El que es necio servirá al sabio". Tales son las gentes bárbaras e inhumanas ajenas a la vida civil y a las costumbres pacíficas. (Sepúlveda 1951 222)

La jerarquía ontológica será considerada *periphyseos*, es decir que no requiere explicitación alguna porque es evidente por sí misma, tal como los axiomas de la geometría euclidiana que no necesitaban demostración por ese motivo, según Aristóteles.

En la tradición ya no de Atenas, sino de Jerusalén, el *Antiguo Testamento* también es especista en su centralidad antropológica.

> Y domine sobre los peces del mar, sobre las aves del cielo, sobre los ganados, sobre la tierra y sobre todo reptil que se arrastra sobre la tierra. Y creó Dios al hombre a imagen suya: a imagen de Dios lo creó; varón y hembra los creó. Dios los bendijo diciéndoles: Sed fecundos y multiplicaos: llenad la tierra y dominadla, señoread sobre los peces del mar, sobre las aes del cielo y sobre todo viviente que se mueve sobre la tierra. (…) Y dijo Dios: He aquí que os doy cuantas plantas de semilla hay sobre la faz de la tierra, y todo árbol que en sí tiene fruto con semilla de árbol, para que os sirva de alimento. Y a todo animal salvaje, a todo volátil de los cielos, a todo ser que se mueve sobre la tierra y en el que hay hálito de vida, doy toda hierba verde por alimento. (Génesis, i 1.26 a 31)

Ese especismo, se liga así con la duplicación del acto creacionista que refleja en un caso la teología yavihsta, con la mujer surgiendo desde la costilla de Adán, donde la dimensión ontológica secundariza lo femenino:

> Entonces, Yaveh-Dios formó al hombre del polvo de la tierra, insufló en sus narices aliento de vida y fue el hombre ser viviente. (...) Y entonces Yaveh-Dios, hizo caer sobe le hombre un profundo sopor, y el hombre se durmió. Y le quitó una de sus costillas, y cerró nuevamente la carne en su lugar, y de la costilla que había quitado del hombre formó Yaveh Dios la mujer y la presentó al hombre. El hombre exclamó: Esta que es hueso de mis huesos y carne de mi carne, se llamará varona, porque del varón ha sido tomada. (Génesis, 2 29)

O, se conecta, con la más sobria y racional teología elohísta que anuncia la creación simultánea de varón y hembra, "Y creo Dios al hombre a imagen suya: a imagen de Dios lo creó; varón y hembra los creó", con elementos sexistas o no, el especismo sigue vigente, en la me-dida en que los animales están al servicio del hombre:

> Dijo Yaveh. Dios: no es bueno que el hombre esté solo, voy a hacerle una ayuda que se acomode a él. Entonces Yaveh Dios formó del suelo todos los animales del campo y todas las aves de los cielos, y los condujo al hombre para que nombre les diera, y todo ser viviente llevará el nombre que le impusiera el hombre. (Génesis 2 18)

En ambos casos, subsiste la diferenciación teológica en el origen dividiendo a humanos hombres de no humanos, animales.

Que la modernidad toma estas tradiciones, se visualiza rápidamente en la oposición que podemos reconstruir entre Descartes y Condillac. El dualismo cartesiano implica no solamente la separación de las dos sustancias, sino también la inclusión del cuerpo humano en el territorio maquínico que debe ser dirigido por una mente siempre superior. Pero aún más, Descartes no duda que los animales no sufren en la medida en que considera que sus respuestas no son sensibles sino únicamente mecánicas frente a los estímulos exteriores.

> Deseo, digo, que consideréis que esas funciones se siguen por naturaleza en esta má-quina de la sola disposición de su órganos, como ni más ni menos resultan los movimiento de un reloj o de otro autómata de sus contrapesos y ruedas, de modo que no ha hay que concebir en ella, a raíz de sus funciones, ninguna alma vegetativa ni sensitiva ni ningún otro principio de movimiento ni de vida que su sangre y sus espíritus agitados por el calor del fuero que arde continuamente en su corazón, y que es de la misma naturaleza que la de los fuegos que están en los cuerpos inanimados. (*Tratado del hombre* AT, XI, 202)

Y esos cuerpos máquinas que son los animales, que solo emiten sonidos al ser golpeados no en función del sufrimiento y de las sensaciones que los provocan, sino de una respuesta mecánica al estímulo, estarán en la base de un dualismo cuerpo alma, que el positivismo extremará a ultranza cuando desconozca incluso la diferenciación cartesiana entre artificial y natural y considere que los animales pueden ser producidos, lo que nos lleva inmediatamente a los criaderos de animales para el consumo alimentario, verdaderas fábricas de lo viviente.

Condillac, sin embargo, en su *Tratado sobre los animales*, se opondrá a esta visión tan limitada y discutirá con Buffon, la condición sintiente de los animales reivindicando su capacidad de memoria y algunas otras formas elementales de reflexión. Sin embargo, no dejara de preservar una jerarquía ontológica inexpugnable para la época. Será importante para rebatir el mecanicismo cartesiano,

> Era poco para Descartes haber intentado explicar la formación y la conservación del universo solo por las leyes del movimiento, aún era necesario limitar al puro mecanicismo hasta los seres animados.Y él mismo sostiene positivamente: "Por lo tanto, hay algo más que movimiento en las bestias. No son puros autómatas, sienten (*Tratado de los animales* 60).

Su crítica al materialismo de Buffon, basado en el de Descartes, se basa en la diferencia que hace aquel de sensaciones corporales y espirituales, excluyendo a los animales de la segunda. Pero el propio Condillac niega tal diferenciación, y les atribuye el nivel sensible tanto a animales como a hombres. Y que es necesaria la reflexión para la sensación que está en la base del instinto de conservación, también está presente en los animales. Versiones del antropocentrismo diversas en ambos autores, no reniegan sin embargo de la concepción especista. El humanismo no implica solo la versión más convencional de un cúmulo de valores sostenidos en una razón moralizante, sino también que los únicos portadores de tales valores pueden ser los humanos, no definidos por su forma corporal sino por su condición racional, su virilidad, su etnia. Más allá entonces del debate sobre los valores morales en sí, cuestión en gran parte zanjada por la crítica kierkegaardiana, y nietzscheana, y que excede los límites de estas notas, se trata de analizar cuáles son los requisitos para constituirse en sujeto creador de valores, o de otro modo, cuáles son las condiciones de enunciación de un discurso, quién puede validar su palabra en el espacio público. Decididamente no lo harán los animales, como tampoco los esclavos, las mujeres. Sin ahondar por el momento en estos lazos, es preciso señalar lo que liga estas posturas especistas con racismos y sexismos.

II

Interpelaremos un texto literario que puede aportarnos elementos para la reflexión, y cuyas fuentes no son fundamentalmente esas tradiciones, aunque no las desconozca. Ni bíblicas ni griegas, la relación con la animalidad y la naturaleza evidencia otros rasgos que intentaremos detectar en perspectivas amerindias. Trabajaremos, para realizar este análisis con el relato "Mi tío el yaguareté" de Joao Guimarães Rosa[60]. Nuestra intuición es que esta operación nos permitiría recuperar en el cuento rasgos antiespecistas alejados del humanismo antropocéntrico.

"Mi tío el Yaguareté" se inicia con el arribo de un hombre blanco a la choza de un antiguo cazador de jaguares. Un mestizo que se ha ganado la vida matando a estos animales para vender sus cueros, pero que ahora se ha retirado al sertón. Este personaje responde a las preguntas del citadino a la vez que narra su propia transformación. Podríamos esquematizar esas mutaciones como las que van de una lengua a otra, del portugués al tupí, y del tupí a los gruñidos como idioma del jaguar; de una raza a otra: el hijo de blanco y de india, se blanquea cuando se dedica a la caza depredadora, se vuelve mestizo cuando se interna en el sertón, y se vuelve definitivamente indio cuando rememora su infancia en la que su madre cría a sus hijos cachorros.

También los límites entre ciudad y selva se intersecan: la ciudad entra a la selva y el sertón invade la ciudad. Las fronteras se vuelven porosas. El nombre del narrador varía según quien lo llame, la madre, el jaguar, el hombre blanco. Será Bacuriquirepa, Breó, Beróm Toñito, Antonio de Jesús, Toño Tigrero, Macuncozo, Marupiara. Son estas identidades diaspóricas: las de la lengua, las de la raza, las geográficas y los apelativos.

Nos centraremos fundamentalmente en una mutación: la que opera entre especies. Nuestro cazador se volverá jaguar, y como tal será

[60] Joao Guimaraes Rosa nacido en Minas Gerais en 1908, muerto en Río de Janeiro en 1967. Es considerado uno de los autores emblemáticos de la literatura de Brasil y constructor de un portugués propio de la región, propulsor del modernismo, y marca del neobarroco brasileño regionalista.

cazado. Pero ese proceso se llevará a cabo de modo paulatino, por un cambio en la posición del narrador. Recordará los nombres de todos los jaguares muertos, sus singularidades, sus escondites, sus modos de acorralar a la presa, sus preferencias por el agua o sus modos de trepar los árboles. Ese proceso de particularización hará de cada uno de ellos, un ser a cuyo nombre le corresponden peculiaridades. No pueden ser olvidados por quien les dio muerte. Y la caza se transforma en un ritual que no consiste en matar, sino en un encuentro, en una danza que conjuga la entrega y la distancia. Pero el precio que se paga para entender sus reglas es volverse a la selva, extranjero a la ciudad que solo se maneja con las reglas del intercambio económico para comprender el continuum biótico abiótico de los sertaneros.

Se ha comparado este relato con otra trasmutación de hombre en animal, como la presente en "La metamorfosis" de Franz Kafka. Sin embargo, en este caso, inserto en otra tradición, la bíblica, se trataría del encierro degradante de un hombre, Gregorio Samsa en el cuerpo de un insecto repugnante. Ese otro cuerpo no es un disfraz, sino qûe tiene una lógica propia, enclaustrado en él, Samsa o su conciencia sin cuerpo, muere en ese estuche que encierra su autopercepción. Se trata de un yo cuyo cuerpo ha sido sustraído, y que se encuentra.

> Una mañana, tras un sueño intranquilo, Gregorio Samsa se despertó convertido en un monstruoso insecto. Estaba echado de espaldas sobre un duro caparazón, y al alzar la cabeza, vio su vientre, convexo y oscuro, surcado por curvadas callosidades, sobre el cual casi no se aguantaba la colcha, que estaba a punto de escurrirse hasta el suelo. Numerosas patas, penosamente delgadas en comparación al grosor normal de sus piernas, se agitaban sin concierto. -¿Qué me ha ocurrido?... (Kafka 9)

Así no toda transformación de humanos en animales se inscribe en una perspectiva antiespecista. Pero ¿qué significa este término? La defensa de los derechos de los animales tuvo su auge con las posturas sobre la liberación animal de Peter Singer. Esta ética fuertemente utilitarista no ponía en duda la condición de inferioridad ontológica de los animales, en cuya culminación se podía ubicar al animal superior humano. Desde ese lugar era posible intentar una actitud de cuidado, paternalista, con los animales, que no consistiera simplemente en no dañarlos sino también en que se les reconociera ciertos derechos como seres vivos. Esto obraría incluso en bien de esa humanidad que se enaltecería con el ejercicio de tales valores, y por otro lado, derivaría en un desarrollo de las diversas especies hacia mejores despliegues en concordancia con el común ambiente natural. La naturaleza claramente separada de la cultura, principio propio de lo humano no cuestionado en esta versión, no se veía inmutada por este cuidado necesario de los animales. Sin embargo, en esta postura, el concepto de uso y abuso propios del derecho romano sigue vigente. No abusar de los animales, sí usar de ellos para la supervivencia de la especie humano en términos adecuados, no conmueve los cimientos de una visión antropocéntrica de la vida.

El antiespecismo es una propuesta ético-política planteada por el psicólogo inglés Richard Ryderen los años '70, quien definió la noción de dolorismo (*painism*) para establecer la sensibilidad frente al dolor como condición moral suficiente para que los animales fueran considerados personas no humanas. Su paso por laboratorios, donde se usaban cobayos y variadas especies en experimentaciones sumamente crueles justificadas en que son el daño colateral necesario para evitar el sufrimiento de los seres humanos, lo condujo a convertirse en uno de los líderes de la defensa de los animales. Y aún más, a criticar el especismo considerado como la impronta fijista que establece un límite infranqueable entre unas y otras especies ordenadas en una jerarquía ontológica que culmina en el hombre.

El *Manifiesto Antiespecista* (2014) destaca que el especismo es previo a toda otra categoría discriminatoria, que derivan de ella: racismo, sexismo, clasismo. Tendría un carácter primero como condición necesaria del resto de las ideologías discriminatorias. Se esgrimen ciertas críticas contra el especismo que se deduce de este *Manifiesto*. Habría en él un cierto veganismo blanco basado en principios liberales como el de autodefensa, de proporcionalidad, de mínimo daño, de justicia distributiva y de justicia restaurativa con lo que quedaría vinculado a un preservacionismo paternalista.

En esta concepción, la naturaleza es considerada como benigna y corresponde a la racionalidad occidental orientar un proceso de explotación no depredatoria y de amable consideración hacia todo ser vivo solo por ser sintiente. En las últimas décadas del siglo anterior, feministas negras reflexionaron y militaron la relación entre derechos civiles y derechos de las mujeres. Una de ellas, Kimberle Crenshashaw (1989) estableció la categoría de interseccionalidad para demostrar la correlación entre las formas de opresión diversas fundadas en el género, la orientación sexual, la raza, étnica, etc. demostrando que no responden a una simple lógica de la adición, sino a un entrelazado más sutil. Fue Carol Adams (1990) en *La política sexual de la carne* quien explica la conexión entre el uso del cuerpo de las mujeres y el de los animales.

Hay antiespecismos más radicales, donde la condición misma del antropocentrismo sería cuestionada. No se trataría tan solo de desestimar la superioridad de una especie sobre otra, sino de cuestionar la definición misma de especie. Por otra parte, queda el problema de la definición de personas y de personas no humanas, dado que el concepto mismo de persona con su carga teológica y su fundamentación jurídica en los digestos romanos resultan insuficientes para fundamentar una teoría antiespecista. Esta noción, "persona", tan criticada por Simone Weil, solo es una categoría que pareciera expandirse o atribuirse cada vez a mayor cantidad de entes, en la medida en que parece garantizar un estatus subjetivo que la quita del ámbito de la cosa. Pero esta perspectiva se mantiene en el marco de una teoría liberal donde los derechos adquiridos por la condición persona pueden seguir sumándose sin que impliquen obligatoriedad para ningún otro. No se trata de definir a entes aislados, sino de proponer relaciones políticas entre los seres más allá de la definición, que siempre es el atributo del amo, ya se trate de gramáticos, teólogos, biólogos o juristas.

Desde la perspectiva del derecho garantista, la extensión del concepto de persona no humana a los animales, incluso profundizando filosóficamente en la teoría científica de Gaia o en la concepción amerindia de Pachamama, no basta para sostener esa noción reivindicada por el personalismo cristiano de Jackes Maritain en la *Declaración de los derechos del hombre* en 1948, como reacción ante las tanatopolíticas nazis.

La peculiaridad de la crítica de Weil al concepto de persona nos hace dudar de la eficacia simbólica de este término.

> En cada hombre hay algo sagrado. Pero no es su persona. Tampoco es la persona humana. Es él, ese hombre, simplemente. …Ni su persona, ni la persona humanan en él, es lo que para mí es sagrado. Es él. El entero, los brazos, los ojos, los pensamientos, todo. No atentaré contra ninguna de esas cosas sin escrúpulos infinitos. Si la persona humana fuera en él lo que hay de sagrado para mí, podría fácilmente sacarle los ojos Una vez ciego, sería una persona humana exactamente igual que antes. No habría tocado en absoluto la persona humana en él. Solo habría destrozado sus ojos. (*La persona y lo sagrado* 80)

El concepto jurídico de persona está viciado desde sus orígenes, en los grandes digestos, se puede leer cómo es posible la cosificación y la personalización y despersonalización de cualquier ente. De otra manera, nadie es persona durante toda su vida, un infante no lo es hasta que se convierte el mismo en adulto, un esclavo emancipado llega a serlo, una esposa no lo es nunca. Por lo tanto, una persona no es un ente estable, sino la relación jurídica de poder que mantiene con otros. Y la diferenciación con una cosa se advierte en el hecho de ser poseída por otro, o de no tener posesión alguna. Por ejemplo, un deudor paga con su cuerpo la deuda con el usurero o acreedor, un niño no reconocido por el *pater familiae* puede ser vendido. Se evidencia así la condición de cosa ligada a la propiedad, y por lo tanto al uso y abuso que puede hacerse de ella.

Sin embargo, es fundamentalmente el problema de la herencia el que requiere en el derecho romano la institución de la persona, precisamente para garantizar e legado de las propiedades de un padre muerto, cuya voluntad personal debe suponerse en función del heredero varón, todavía cosa hasta el momento de volverse jurídicamente el mismo un *pater*. El enigma del cuerpo viviente, o incluso abiótico si pudiéramos considerar de tal modo a los minerales, es el que nos interpela mucho más allá de principios de solidaridad siempre vulnerados, porque no atacan el centro de la condición ontológica.

No se trata de que los seres humanos nos volvamos más solidarios con otras especies que están sometidas a nosotros, sino que tal diferenciación no implica ningún derecho sobre los otros. De otro modo, las especies no son previas a las relaciones que se dan entre ellas (y que las posturas animalistas pretenden mejorar), sino que son su resultado. El viviente que logra someter a otro es el que ahora predica la compasión hacia el inferior. Y la supervivencia no implica superioridad ética sino la capacidad de someter y definir a los otros como inferiores en una escala evolutiva que no Darwin sino Spencer legó a una modernidad alucinada. Política de las relaciones entre entes, que ponen en duda la fragilidad de las éticas basadas en valores y presupuestos sustancialitas.

No es a estas posiciones animalistas o antiespecistas a las que se puede acudir para pensar el texto de Guimarães. Nuestra propuesta es destacar en el relato los elementos que se vincularían con una continuidad entre las especies. Un ser que oscila entre jaguar y hombre, jaguares que asumen posiciones éticas, pasionales y que deciden sus acciones. Lenguas intraducibles entre sí que disuelven la diferencia entre *phoné* y *logos* ya planteada por Aristóteles, donde del lado de la animalidad también quedaban mujeres, extranjeros, niños y esclavos. Quizás sea necesario considerar el concepto de antropofagia propio del modernismo brasileño. Oriundo de la Revista *Antropofagia* acuñada por Oswaldo Costa en los años 20, un antiespecismo antropofágico, que se devore toda la cultura occidental, con su patriarcado heterosexual racista y antropocéntrico, y a partir de allí elabore algo nuevo. Ese concepto, presente en el tropicalismo de los años '60, retoma un apelativo el de antropófago con el que durante la conquista se justificó el exterminio de las comunidades originarias. El modernismo y luego el movimiento tropicalista devuelven ese concepto, devorado, masticado, como una caracterización que los identifica: si los tupinambaes fueron perseguidos por su condición de cazadores caníbales, los brasileños todos se vuelven antropófagos con la cultura que pretende someterlos a la servidumbre. La antropofagia se convierte así en un modo de ingesta de la cultura invasora que expresa una identidad local, hecha de mezclas y traducciones, y que asume la forma violenta en que fue constituida.

De este modo, animales que comen hombres, hombres que devoran indistintamente animales de todas las especies, depredadores munidos de armas construidas por la civilización son modos de acabar con una perspectiva jerárquica de la vida, en el texto que analizamos. Si todo se trata de "una fiesta de comer y beber", habrá que abandonar la moderna y eurocentrada idea de sujeto ligado a objetos por la representación o por la intuición. Y también una formulación moralista acerca del cuidado que los hombres deberían dar a la casa que habitamos, que incluiría a estos seres menores a los que no habría que torturar para que cumplan con su función de servicio. Posición vigente incluso en la *Laudato si* de Francisco, que incluso con su prédica anticapitalista, entrecruza dos visiones de la naturaleza, provenientes de tradiciones diversas. Por un lado, la casa común que es destruida por una expoliación que terminará dejando sin hábitat al propio ser humano, y por el otro lado, la idea de *Pachamama*, que refiere a un organismo vital en el que todas las especies sin diferencia están incluidas, y donde no hay un orden jerárquico entre entes, ni siquiera bióticas y abióticos. *La Pachamama*, como *Gaia*, no es una madre protectora que podría identificarse con la Virgen María del Culto católico y su condición maternal y nutricia, sino que es ese todo vivo que incluso en su crueldad, puede terminar escupiendo a la especie que la está corroyendo, en su intención de dominio absoluto.

Existe un problema en la perspectiva bien intencionada pero que recae en todas las posiciones moralizantes. Detrás de toda moral, hay una política cuyo reverso es una ontología que define de antemano quien puede ser el sujeto de la enunciación de los valores. Y extender la categoría de persona, como sujeto de derecho, no basta para pensar otras políticas de los cuerpos. Hacer extensivo el concepto de persona, tomar a la tierra como casa a la que se debe dar un uso prudente, no garantizan el fin de la ignominiosa relación que los hombres han mantenido con su propia animalidad. Dejada de lado tal mediación, tal vez pueda pensarse el antiespecismo de "Mi tío el yaguareté" en la línea del perspectivismo amerindio tal como lo describe Eduardo Viveiros de Castro. Perspectivismo que significa la anulación de la oposición moderna entre sujeto y objeto, y una noción de conocimiento vinculada a la posibilidad de hacerse otro. Potencia de transformación de los chamanes que pueden convertirse en ciervos, búhos o halcones en un ritual que opera sobre los cuerpos y no sobre las conciencias.

Un antiespecismo radical ni liberal, ni occidental, ni paternalista, ni proteccionista, ni blanco, ni ecologista. Una ontología que termine transformando todo lo biótico y abiótico en un único circuito que no admite la posibilidad de entes superiores a otros y cuya lógica es la persistencia vital. El "yo-jaguareté" del narrador da cuenta de esa mutación, de ese ir y venir de una forma corporal a otro de un mismo espíritu, que habita cuerpos de sexualidades, lenguas, nombres o formas distintas. Es necesaria una rehabilitación de la noción de cuerpo para salir de la antinomia cosa persona, propia del derecho romano y de la teología cristiana.

¿Cómo pensar una política de los cuerpos donde estos no sean cosas, cómo eliminar el elemento cósico que lo persigue como su sombra, cómo abandonar el concepto de persona rehabilitado tras la segunda guerra para pelear contra las tanatopolítica del nazismo? Una política de todos los entes donde no se los llene de derechos que nadie cumple ni se les atribuya categorías que no los protegen de ser dañados. Pero también tal política, exigiría la deconstrucción de la noción de mundo, entonces, categoría tan trabajada por Heidegger cuando refiere esa noción al *dasein*, les atribuye poco mundo a los animales y nada de mundo a la piedra en *Los conceptos fundamentales de la metafísica.*

Mundo, categoría imperial por excelencia. ¿Quién puede atribuirse el mundo? Idea kantiana peligrosa, resulta evidente que esa totalidad de entes incognoscibles en su conjunto funciona como ideal de la ciencia, la forma más depredadora del dominio de los otros, en cuyos orígenes, como bien nos mostró Nietzsche no anida más que un mono violento que solo desea dominar lo que lo rodea.

Nada más alejado de esta cosmovisión que el perspectivismo amerindio. Una comunidad en el origen, todos habríamos sido humanos, detrás del ropaje animal se asoma la crueldad o el coraje humanos, y son los individuos y no las especies los que son humanos siempre para sí mismos, jamás para los otros. El antropomorfismo y no el antropocentrismo es la categoría nodal de esta cosmpolítica, ya no una perspectiva política antiespecista, sino una ontología que implica que todo objeto es siempre sujeto y en realidad siempre múltiples sujetos. Así la relación más íntima se torna política, y se trata de pensar al conjunto del cielo y de la tierra como social, de sociedades diversas que no pueden ser penetradas por un pensamiento que se cree autocentrado y autocreado.

Ninguna capacidad o potencia le pertenece a la humanidad en particular, porque ella es el trasfondo de todas las especies. Por lo tanto, ninguna de esas potencias justificaría una sola de las torturas, esclavismos o encierros a las que las especies que se autoconsideran superiores condena a los inferiores, e incluso a quienes, aun teniendo figura humana, se clasifican como irracionales o insensibles para justificar su reducción a la servidumbre.

III

¿Cuáles de esas condiciones, justificarían incluso someter lo animal que habita al burgués dividido entre su cuerpo atravesado por sus inclinaciones, deseos y pasiones, y su racionalidad universal que lo vuelve humano en una comunidad de escritores kantiana? No es un antiespecismo individualista, sensocéntrico, o dolorista que hace foco en el dolor como línea fronteriza que vuelve individuo a cualquier ente irracional solo por el hecho de padecer, o que eleva de categoría a los devaluados sentidos como reemplazo de la racionalidad como criterio de demarcación, no son ellos, los que pueden explicar la trasmutación subversiva del cazador mestizo. No es esa la perspectiva del antiespecismo que encontramos en "Mi tío el yaguareté".

Claro que los animales sufren y se alegran, se apasionan, tienen posiciones éticas y aún autoconciencia, pero las identidades no están fijas. Un antiespecismo mucho más radical aun acaba con la idea misma de división entre humano y animal. No se trata de borrar fronteras sino de abolir sustancias, ningún dualismo, solo relaciones, de las que son responsables quienes hacen lazo y devienen seres por el hecho de estar con otros. Solo la relación interpela, pero no confirma quiénes somos, sino que lo pone en duda, no solo al nivel de la animalidad, sino de las plantas, de las aguas y las piedras. El propio narrador se vuelve gruñido y cazador cazado en una historia que no tiene fin, porque no se diferencia de todos los otros seres en una naturaleza inventada por la modernidad a la que tendríamos que recuperar, ni en una historia de la que tendríamos que hacernos sujetos. Se trata más bien de una enorme *cosmopoliteia* donde la proclama de que todos somos humanos implica que somos fundamentalmente a partir de las relaciones que entablamos con otros, y que somos humanos únicamente en la medida en que estamos con otro que nos mira como si fuéramos jaguareso piedras según sea el ropaje que lo inviste.

Bibliografía

Adams C. *La política sexual de la carne. Una teoría crítica feminista vegetariana.* Ochocuartos, 2016.

Arendt Hannah. *La condición humana.* Gredos, 1993.

Arens, William. *The Man-eating Mith Anthropology and Anthrophagy.* Oxford U.P., 1979.

Aristóteles *Política.* Bibliográfica Omega, 1967.
---. *Metafísica.* Gredos, 1998.

Biblia de Jerusalén. Herder, 1998.

Burkhart J. *La Cultura del Renacimiento en Italia.* Ediciones Zeus, 1968.

Condillac, E.B. de *Tratado de los animales.* Ediciones del Signo, 2016.

Crenshaw, Kimberlé. http://www.acaoeducativa.org.br/fdh/wp-content/

Descartes R. *Tratado del hombre.* Alianza, 1991.

Demócrates Alter, 286-287, citado en Sepúlveda Juan Ginés de. *Tratado sobre las Justas Causas de la guerra contra los indios.* FCE, 1996.

Guimaraes Rosa, J. *Campo general y otros relatos.* FCE, 2002.

Heidegger M. *Los conceptos fundamentales de la metafísica. Mundo. finitud, soledad.* Alianza, 2007.

Kafka, F. *La metamorfosis.* Alianza, 2011.

Manifiesto Antiespecista. Jornadas Antiespecistas. Barcelona. https://jornadasantiespecistas.wordpress.com/page/2/., 14 / 15 de marzo de 2014.

Nietzsche F., *La gaya ciencia.* Akal, 2001.

Ryder, R. Ryder, R. *Victims of Science: The Use of Animals in Research.* Davis-Poynter, 1975, pp. 118–126.

Painism: A Modern Morality. Open Gate Press, 2001.

Sepúlveda, Juan Ginés de. *Democrates Alter Madrid, 1951, pp.286-287.*
---. T*ratado sobre las Justas Causas de la guerra contra los indios.* FCE, 1996.

Viveiros de Castro, E. *Metafísicas Caníbales.* Katz, 2010.

Viveiros de Castro, E. *La mirada del jaguar. Introducción al perspectivismo amerindio.* Tinta Limón, 2010.

---. y Danowski D.) *¿Hay mundo por venir?* Caja Negra, 2019.

Weil Simone. "La persona y lo sagrado". *Revista Achipiélago*, Barcelona. Número 43, 2000.

Fragmentos corporales: bustos y ojos en las figuraciones literarias y visuales de Eva Perón

María Cristina Ares
Universidad de Buenos Aires

Eva Perón en el espejo. Todos somos Evita

El espejo (del latín *specullum*) es una superficie pulida en la que la luz se refleja de modo tal que produce una imagen virtual del objeto reflejado con el mismo tamaño y forma que el real. En este caso, el del espejo plano, la imagen resulta derecha pero invertida en el eje normal al espejo; en los casos de espejos curvos, pueden ser cóncavos o convexos, la imagen virtual resulta aumentada, disminuida o distorsionada. Sean planos o curvos, los espejos son cristales que contienen detrás una capa de aluminio y reflejan, de un modo o de otro, el contenido expresado frente a él.

El espejo acarrea con una tradición narcisista y solipsista y ha dado lugar a diversas reflexiones teóricas sobre la identidad, pero también convive con especulaciones sobre espejos deformantes que distorsionan el origen del reflejo. La especularidad ha servido como modelo de conocimiento para apuntar a una operación reflexiva que reproduce al sujeto observador. La acción del espejo reproduce al objeto y el reflejo mismo de ese espejo (Jay 2003 209) este paradigma ha tenido su máxima manifestación en la filosofía hegeliana y en el pensamiento idealista de la identidad en general. El *speculum* del espíritu absoluto que es la raíz de la unidad dialéctica última de sujeto y objeto y el juicio reflexionante kantiano en sus dos variantes dan testimonio de esto. Martin Jay señala que la visión se entiende como el ojo que se ve a sí mismo en una reflexión infinita porque no es un ojo que ve un objeto exterior a él.

Teóricos en la línea deconstruccionista, y desde otra vertiente Theodor Adorno, en cambio, defienden la irreductible alteridad que escapa a toda posible identidad especular. Se trata de una alteridad que no es capaz de cerrarse en sí misma ni de unificarse en una instancia superadora e integradora de esa diferencia entre la fuente y su reflejo. La afirmación de esa irreductible diferencia entre el principio y lo que deriva de él es lo que le permitió a Paul de Man postular el género autobiográfico como des-figuración pues no considera posible que se pueda producir un producto especular y mimético de un referente, sino que lo que engendra es la ilusión de referencialidad. Por el contrario, postula una especularidad literaria de ese género en el que dos sujetos se reflejan mutuamente y se constituyen a través de esa reflexión mutua.

Evita de colección: La especularidad proliferante

Evita de colección[61] fue una muestra realizada en el MUNTREF de Buenos Aires, el Museo de Artes Visuales de la Universidad de Tres de febrero, en septiembre de 2019. Se expuso obra de diecinueve artistas entre los que se cuentan Daniel Santoro, Marina Olmi, Luis Benedit, Nora Aslan, Patricia Hakim, Annemarie Heinrich y Mariana Schapiro. Dado que una colección nunca es una mera acumulación de objetos, por esta razón es que Gérard Wacjman señala: "Reunión no es una colección". (Wacjman 16), la serie está reunida alrededor de un tópico que es Evita, pero también está ordenada según un gesto: la especularidad proliferante. Apenas se ingresa a la sala de exposición de *Evita de colección*, el visitante enfrenta su mirada con un par de ojos llorosos que evocan la pena, el perpetuo duelo desde 1952, se trata de *Dolor de agosto* (2012), una escultura de hierro y madera de Mariana Schapiro.

Ojos que se enfrentan con ojos, ojos del visitante que se espejan en los ojos penosos de la obra de Schapiro y que serán la promesa de una cifra que articula todas las obras de la muestra. La obra elegida para la presentación y promoción del evento es *Sin título* de Patricia Hakim (2002) en la que se propone el rostro de Eva espejado a sí mismo. Sin embargo, no

[61] http://untref.edu.ar/muntref/es/muestras/evita-de-coleccion/

es un reflejo preciso, pues el contorno de su imagen es borroso a lo que se suma que la instalación es móvil. Caracterizada por la inestabilidad material de la obra y la falta de exactitud de los rasgos, se aprecia una Evita translúcida e imprecisa que se espeja sobre otra sí misma de las mismas características. No se trata de un espejo de cristal estropeado, en definitiva, tampoco es un espejo, pero sí un movimiento especular el que une las partes de la obra. Tampoco el problema es que no refleja bien la imagen en la superficie porque la propuesta no admite pensar en esos términos, no estamos ante una fuente que refleje un origen, no hay forma aquí de pensar en términos graduales o jerárquicos, no se puede discernir en ninguna de las obras una fuente y un reflejo de esa fuente. Hay especularidades, pero no hay espejos. Las partes confrontadas, inicialmente, ya están desdibujadas y sin embargo se autocontemplan, pero con falta de rigor, con imperfecciones y con falta de nitidez.

En el arte y en la literatura la figura del espejo cuenta con una tradición que tiene sus orígenes en Platón y en su concepción de arte como copia de la copia al borde del no-ser, en una instancia ontológica muy débil que equipara con los objetos reflejados en las aguas o en los espejos. La metáfora del espejo para referirse al arte fue citada por William Shakespeare con la idea del drama como espejo de la vida, y por Oscar Wilde y Percy Shelley, entre tantos. En general esas comparaciones apuntan a la imitación, al parecido, al equivalente y por extensión a los símbolos y a las metáforas. De hecho, en el presente escrito hemos utilizado el concepto de las representaciones de Evita, estetizaciones o figuraciones porque hemos aludido al sentido del lenguaje como figura, sea metáfora o prosopopeya. El lenguaje, tal como indica Paul De Man, nunca es la cosa misma sino su representación, es figura, es imagen de la cosa (De Man). Durante el Renacimiento, la referencia al espejo ligada a la pintura y al arte en general sigue siendo frecuente y explícita por ejemplo en las declaraciones de Leonardo Da Vinci y en restricciones selectivas sobre aquello que debe reflejar el espejo, pues no todo en la naturaleza o en la mente del artista es digno de espejarse en el arte, se debe poder y saber discriminar qué mostrar y qué no.

Evita de colección ordena especularmente las obras, pero solo una presenta un espejo, las demás obras están ubicadas de modo tal que una figuración de Eva se enfrenta a otra, en algunos casos coinciden los artistas pero no en todos. La obra de Daniel Santoro está muy presente en la muestra con varias piezas, en ocasiones se enfrenta a una pieza del mismo artista, pero no en todos los casos. *Cabeza de playa I* parece contemplar directamente a *Cabeza de playa II*. Santoro trabaja en esta obra a Evita como ruina que devuelven las aguas. Su cabeza de busto conmemorativo evoca las partes que se han perdido de los monumentos del escultor italiano Leone Tommasi (1903-1965) que fueron arrojados al río en ocasión de la Revolución Libertadora de 1955. Durante décadas las esculturas permanecieron en el lecho del río hasta la década del '90 cuando se concretó, aunque parcialmente, el saneamiento del Riachuelo y pudieron recuperarse. Se trata de un grupo escultórico que inicialmente se informó que había adornado el frontispicio de la Fundación Eva Perón sobre la Avenida Paseo Colón de Buenos Aires, donde hoy funciona la Facultad de Ingeniería de la UBA. Pero recientes investigaciones de Riccardo Bremer[62], un estudioso de la obra de Tomassi, rectificaron ese dato al afirmar que las tres esculturas forman parte del denominado *Monumento al Descamisado* y no de la Fundación Eva Perón. La estatua decapitada es la de Eva Perón y tiene por título *La razón de mi vida* que es el libro que sostiene entre sus manos. Las que están a su lado son la de Juan Domingo Perón sin cabeza junto a la de un trabajador que llevan por título *Los derechos del trabajador*; la tercera y sin terminar es *La solidaridad*. Actualmente, aunque mutiladas, pueden visitarse en la Museo-Quinta 17 de octubre, ubicada en San Vicente, Pcia. de Buenos Aires que fuera propiedad del matrimonio y donde hoy se encuentran los restos de Perón.

La propuesta curatorial de *Evita de colección*, firmada por Aníbal Y. Jozami y Diana B. Wechsler insiste en la confrontación especular de las figuraciones evitistas. *Altarcito* de Santoro inclina su rostro hacia *Evita* de Luis Benedit y *Cara Evita* de Eugenia Streb ofrece su rostro a *Socorro* de Marina Olmi.

---

[62] Cf. Leone Tomassi, publicado por Petra Edizioni D'Arte, Pietrasanta, Italia.

Elda Harrington titula su obra *Todos somos evita* (2003), estas propuestas especulares nos invitan a construir un sujeto colectivo y a disolver la esencia de un sujeto único, cartesiano y moderno. En la construcción de este sujeto diseminado y evitista que facilita el espejo no solo se alienta un propósito solidario y empático, cabe recordar en nuestra historia argentina reciente las pancartas en marchas que rezaban "Todos somos Cabezas" por el crimen del fotógrafo José Luis Cabezas, "Todos somos Lucía" por el crimen de Lucía Pérez y el reciente "Todos somos Brian" por las burlas por su aspecto de las que fue objeto un joven presidente de mesa en las elecciones 2019. Una fórmula sintáctica que se ha aplicado también a atentados y catástrofes internacionales como el caso de la tragedia en Haití en 2010, y el de Charlie Hebdo en 2015, entre otros, que apela al apoyo y reclamo de justicia para construir consenso.

En 2019 a propósito del centenario de su nacimiento, en nuestro país ha ocurrido un fenómeno social y artístico liderado por la mirada, la especularidad y la proliferación de las imágenes reflejas. Tal distorsión multiplicadora entre la Evita histórica y sus efectos especulares han dado por resultado diversos fenómenos, uno social denominado la marcha de las *Cien Evitas* organizado por un colectivo de militantes feministas y uno artístico: *La Caravana de las Cien Evitas*, un espectáculo performático callejero interpretado por más de 100 mujeres y disidencias caracterizadas como Evita que llevaron adelante un recorrido en tranvía y a pie por distintos puntos de la ciudad considerados icónicos para la historia del peronismo en la ciudad. El colectivo formado por artistas, militantes feministas, peronistas y kirchneristas presentó una versión feminista de la Marcha Peronista[63]. El colectivo encarnó a las cinco evitas: la actriz, la sindicalista, la montonera, la de gala y la de *La razón de mi vida*, suceso que se replicó en otras ciudades del interior, en especial en la de Rosario.

[63] La letra de Las muchachas peronistas dialoga con la versión original de Los muchachos peronistas y mantiene la misma melodía: "Las muchachas peronistas, todas unidas triunfaremos, y por Evita daremos, un grito de corazón, Eva perón, Eva Perón. A la compañera Evita queremos reivindicar, patria justa y soberana feminista y popular. Eva Perón tu corazón nos acompaña sin cesar te prometemos con pasión no dejaremos de luchar." (*Página 12*, 7 de mayo de 2019)

El espejo que nos invita a ser Evas, no solo diluye la posibilidad de pensar una Eva histórica, irrepetible y única, sino que invita a continuar una tarea, multiplicar la identidad, con el anhelo de hacerla millones, para que su presencia siga viva en la memoria como abanderada de los humildes. Es un anhelo de que se borren los límites entre lo uno y "lo otro" para echar por tierra y denunciar cualquier nostalgia de claridad y transparencia por considerarla, gesto muy nietzscheano, una mera ilusión: la ilusión de la transparencia. Espejar a Eva es al mismo tiempo honrar la opacidad, es recuperar lo que se pierde en el reverso plateado del espejo (Jay 2003 259) en contra de cualquier maniobra idealista, más precisamente hegeliana, de incorporar a lo opuesto y a la diferencia en una identidad superadora. Incluye una propuesta de diluir lo heterogéneo que se se recupera en el gran gesto del reflejo perfecto en el que ese sujeto autoconsciente sólo se ve a sí mismo. Que la actitud evitista se multiplique y prolifere para formar comunidades evitistas que carezcan de cierre dialoga fluidamente con el diseño de ciudad utópica peronista ideada por el artista Rafael Zarlanga, personaje de Daniel Guebel en *La carne de Evita* (2012).

En el relato, el Gral. Perón le encarga al joven artista una ciudad en la que se plasmara el futuro de la arquitectura nacional en una superación de la estética peronista, pero Zarlanga ingresa en un delirio creativo del que no puede salir, aunque le sobrevenga el golpe militar, el abandono de los líderes, y la muerte del General. El artista continúa, por años, angustiado, diseñando una utopía que complazca a Perón, que esté a la altura de sus directivas, sin poder culminar la tarea jamás. El crecimiento de los bocetos y el desvarío de las distintas versiones de la ciudad proyectada acaba careciendo de sentido, de eje central, y sin conexiones ni correspondencias entre los distintos planos urbanísticos. Zarlanga le dedicó toda su vida al proyecto y aunque luego obtiene su reconocimiento por haber trabajado afanosamente en él, su obra se transforma en un enjambre de planos nunca devenidos en obra arquitectónica pero sí en obra de arte:

> Devorado por la peste de lo inconcluso, corroído por la certeza de que Perón callaba porque

> seguía insatisfecho con los resultados de su tarea, el artista pasó de la abstracción a la figuración, de la figuración a la torpeza ingenua, y de allí a los rasguños en la sombra de las cavernas, aguardando un mensaje de aprobación que no llegaba. (Guebel 60)

Y ese elogio nunca llegará, es el tipo de crecimiento peronista que se resiste a la lógica piramidal y ensaya bocetos provisorios, corrige, vuelve al pasado, proyecta, inicia recorridos sin salida, aporías de un atractivo visual y literario que resisten la lógica y el concepto acertado. A Zarlanga se le aparece Evita, desnuda, cubierta solo por una túnica blanca, en un sarcófago de plata para anunciarle que su misión ya estaba cumplida: "Tu obra tiene encanto, y eso es lo más importante" le dice antes de desvanecerse (Guebel 57-58). No interesa que no tenga cierre la obra del artista, importa para Eva, que tenga encanto y si es así, la misión está cumplida.

La invitación a espejarse en Evita y proliferar resulta contundente en la obra de Andrea Juan, *Evita vive* (2002). En ella, el visitante se espeja en la centro de un vértigo centrífugo de "Evita vive", vive en aquél que se refleje en el nudo de esa proyección con efecto de profundidad. Vivimos en Eva, ínfimos en las profundidades de tantas Evas vivientes proyectadas en ese pozo ciego y espejado que parece lanzarnos hacia la superficie con nuestro propio reflejo de espectadores y participantes.

Los moralistas del Medioevo alertaban sobre la contemplación excesiva y demasiado frecuente de los individuos en el espejo, la advertencia consistía en que podía conducir al pecado de la soberbia. Que el empeño en el autoconocimiento podía desviarnos, perversamente, hacia el orgullo. En épocas recientes se les advertía a las niñas que no se miraran tanto en los espejos porque se les aparecería el diablo. Esa desconfianza hacia los espejos se extiende a la catoptromancia o catoptromancía o captromancia (del griego κάτοπτρον kátoptron, espejo, y μαντεία mantéia, adivinación) o enoptromancia es la adivinación por medio del espejo. En él se podía reflejar el presagio del final de una vida o la recuperación de una enfermedad según si la imagen refleja resultaba fresca y saludable o fantasmal. Aún hoy en algunos hogares con el fallecimiento de un habitante se aconseja cubrir los espejos del hogar con un paño para que el alma del difunto no quede atrapada en este mundo a través del reflejo y pierda su camino al más allá, otras versiones declaran que se cubren para evitar que otros seres sobrenaturales utilicen los cristales como portal ya que el fallecido está atravesándolo. Demás está nombrar a Lewis Carrol con su consagrada *Alicia a través del espejo* (1871) que inaugura el mundo del otro lado del espejo o al mismísimo *Drácula* de Bram Stoker (1897) que huía de los espejos pues no se veía reflejados en ellos y sus visitas podrían descubrir con horror su naturaleza verdadera, y tantísimas otras obras literarias y artísticas que despliegan los misterios de los cristales pulidos.

Las versiones y recreaciones de *La Gioconda* o *La Mona Lisa* (1503-1519) de Leonardo Da Vinci han sido muchas y tan variadas que resulta todo un acierto la propuesta de Zulema Maza en *Íconos* (2002) al "giocondizar" a Eva Perón y espejarla con la imagen del siglo XVI. José Jiménez (2003) revisa varias de las expresiones artísticas que dialogaron con la obra considerada la más famosa de la cultura occidental. El autor señala la sobrecarga ideológica que acompaña a *La Mona Lisa*, que ha sido identificada -igual que Evita- con la mujer ideal pero también con la mujer fatal; de quien se ha escrito sobre su mirada hipnotizadora y sobre el enigma indescifrable de su sonrisa; se ha sugerido que su imagen convocaba a lo "eterno femenino" pero también ha habido interpretaciones que dudaban de que su sexo coincidiera con su género y han defendido la idea de que se tratase de un varón[64] todos registros con algún tufillo misógino.

En otros capítulos hemos señalado la concepción de Eva-macho y de Eva-travesti al tiempo que se la ha identificado con la mujer abnegada, ofrendada a su marido, atractiva, bella, y madre benefactora y generosa de sus descamisados. Así como Eva ya embalsamada fue robada, así *La Gioconda* fue sustraída del museo en 1911 por un nacionalista italiano que declaró su intención de devolverle a su país la obra que les pertenecía.

---

[64] José Jiménez refiere la teoría freudiana sobre la supuesta homosexualidad de Leonardo y la posibilidad de que su cuadro más famoso fuera el retrato de un varón.

El robo provoca sus innumerables reproducciones, tarjetas postales, publicidades y sellos pues son tres años los que transcurren hasta que es devuelta a las autoridades. Años en los que el famoso italiano la tuvo protegida debajo de su cama y la transformó sin intención en la imagen con mayor circulación de la historia del arte.

Entre 1915 y 1916 Kasimir Malevich produce *Composición con Mona Lisa* en la que la tacha, la niega, la encierra bajo dos cruces rojas, la presenta maltratada por considerarla ya una imagen gastada. En 1919, Marcel Duchamp presenta *Elle a chaud au cul*, un *ready made* que hace alusión al estudio freudiano sobre la posible homosexualidad de Leonardo. Y, en 1954, Salvador Dalí presenta *Mona Dalí* o *Autorretrato como Mona Lisa* que evocando la obra de Duchamp interviene la imagen con sus facciones y sus míticos bigotes. Esta obra, cuatro años después, en 1959 será tapa de la famosa revista alemana *Der Spiegel*.

Más tarde, se suceden otras *Giocondas*: la de Andy Warhol: *Treinta son mejor que una* (1963); la de Fernando Botero: *Mona Lisa a los 12 años* (1977); la de Yasumasa Morimura: *Mona Lisa in its origin* (1998). La obra de Leonardo ha sido fuente para protestar contra la institución académica, rebelarse contra la gran narrativa de la *mímesis* de Giorgio Vasari y para refutar el concepto de belleza asociado al de arte. Ha sido pretexto para reivindicar la cultura oriental, para luchar contra la opresión patriarcal y ha servido como estandarte de los avances en las telecomunicaciones, entre otras causas.

Si toda imagen, sostiene John Berger, incorpora un modo de ver y los que percibimos o apreciamos una imagen tenemos nuestro propio modo de ver; aquel que produce esas imágenes deja huella de un registro. Ese registro deja indicios de cómo, en este caso, Duchamp vio a *La Mona Lisa* o de cómo Malevich la percibió. Esa traza se imprime en la obra de Zulema Maza, queda asentado cómo se ve a Eva, se la ve asociada y espejada al modo como miramos a *La Gioconda*.

Parejas especulares: Evita y Aurora; Evita e Isabelita; Evita y Nicola

Las parejas especulares se encuentran también en dos novelas de Siglo XXI: Evita y su amiga Aurora en *Alfa y Omega* de Aurora Venturini (2014) y en Evita e Isabelita en *La carne de Evita* de Daniel Guebel (2012) y en una instalación visual: *Eva. El espejo* de Nicola Costantino (2013).

Aunque se sabe que fue una íntima y amorosa amistad la que unió a Aurora Venturini y a Eva Perón gran parte de sus vidas, la autora declara expresamente en el *Epílogo* que el relato no pretende ser histórico. Sin embargo, construye su *alter ego* ficticio muy cercano a Evita y a la vez distante. El personaje de Aurora narra sucesos en primera persona ocurridos en la época en que dictaba clases en escuelas de La Plata y luego trabajaba en La Fundación Eva Perón hasta la noche. El reflejo especular entre Aurora y Evita es deformante, en la primera etapa porque Aurora opera subordinada a su jefa y en la segunda, porque la escritora la sobrevive y es testigo del maltrato a su cadáver. La camaradería en las tareas de la Fundación denota confianza de parte de Eva y admiración y respeto de parte de Aurora:

> El día transcurre en paz. Evita va y viene muy jovial; trae un expediente.
>
> "Leé las últimas resoluciones".
>
> Las leo. Son justas. Ella confía en mí; firma al pie y se va a otra oficina. Frena en la mitad del piso del gran registro de la Fundación.
>
> "A las siete vamos al barrio de La Culona. ¿Te acordás?"
>
> Me acuerdo, me acuerdo. (Venturini 27)

Aurora no la tutea, la época marcaba e imponía esa distancia, aunque hubiera confianza, sin embargo, Aurora solía contarle bromas que se hacían a espaldas de la pareja presidencial, se constituye en una informante de aquello que pocos se hubieran atrevido a confesarle, aunque por prudencia le consulta si se enojaría al escucharla:

> Me dice:
>
> -¿No sabés otro chiste?
>
> -¿Sobre Perón, señora?
>
> -Mirá, si es de mí, te cacheteo.
>
> -Dicen que había en Mar del Plata una piedra enorme donde se sentaban los turistas, que de repente desapareció. De pronto, colocaron un gran cartel que decía: "Perón cumple, ampliación del Océano Atlántico".
>
> Ella me alaba
>
> -Sos una genia, hija de puta. (Venturini 29)

Eva hace, Aurora escribe. Eva encarna y empuña su liderazgo político con sensibilidad y pasión, Aurora personifica su compromiso social con afecto piadoso y con auténtica emoción. El espejo las cruza en el fundamento y en la manifestación. A ambas las constituye el compromiso social y político: Evita lo tiene en su espesor, Aurora en su base. A las dos las atraviesa el sentimiento y el dolor ajeno: en Evita es su cimiento, en Aurora su expansión. Durante un acto literario en el que Aurora debe presentar un nuevo libro, un señor de traje y corbata pide la palabra y se dirige a Aurora:

> -A usted, escritora, le debo la vida y la llamaría mamá.
>
> Sollozó el duro señor y la gente quedó impactada.
>
> -Gracias a su gestión, hoy tengo un pasar más que suficiente. Tengo hogar, ca-

> mioneta, título de contador nacional y vacaciones en la costa...Yo fui menor suyo, Castrito el pequeño. (...)
>
> -Me acuerdo, Castrito, gracias por venir a escuchar mi charla.
>
> No lloraré.
>
> Eva:
>
> -No seas estúpida. Nunca te emociones en público. Ni se te ocurra llorar... (Venturini 75-76)

La lucha por la justicia social en Eva no lagrimea ni muere. La Evita de Venturini declara "En las profundidades aún no me han callado" (Venturini,2014:88), ni con su desaparición física logran acallar su mensaje, por esa razón la considera "Alfa y Omega de la Doctrina", la doctrina peronista atraviesa su cuerpo y queda allí encarnada. El enigma que plantea la protagonista narradora es que si "este hada enfrentando piara" antes de asomarse al balcón no tenía ensayado ningún discurso y cuando ve a los grasitas alzar los brazos fluye desde su garganta "su lujosa locución original de indomable", ¿de dónde, de qué lugar recóndito florecen esas palabras? Aurora se pregunta: "¿Nexo de quién su voz?" (Venturini 89). Venturini construye el cuerpo de Evita como encarnación del dogma peronista y por momentos como intermediario entre el pueblo al que se consagra y una misteriosa fuente de inspiración superior. La autora insinúa un origen inexplicable de poderío que se sirve de esa corporalidad para dirigir los designios de los más humildes, el ingrediente místico y enigmático, aunque sutil y fugazmente reaparece en torno a la figura de "esa mujer".

Aurora declara cuánto la ha amado, el cuerpo de Eva es la Doctrina que se espeja en el cuerpo de Aurora como una sombra: "La sombra de *Esa Mujer* estaba pegada en mi piel, yo era ella, así me leían, así me insultaban (...) La sombra de *Esa Mujer* se me hizo luz." (Venturini 94) Se escenifican las dos instancias, la luz y la sombra, el origen y su reflejo, pero si Eva era la fuente de luz y Aurora su sombra especular; con Evita fallecida la luz deviene tiniebla que se le adhiere al cuerpo vivo de Aurora y la impugna de peronista en épocas nacionales de dictadura. Y una vez hecha sombra en la carne de su secretaria y amiga, Evita se torna fulgor.

Otra especularidad, pero esta vez extremadamente deformante, se manifiesta en el Tercer Acto de "La patria peronista", una breve obra de teatro publicada en *La carne de Evita* de Daniel Guebel (2012) entre María Estela Martínez de Perón alias Isabelita -la tercera esposa del Gral. Perón- y Evita. El encuentro que Guebel propone reedita una suerte de resurrección evitista presente en una novela de Mario Szichman de 1986: *A las 20:25 la Señora entró en la inmortalidad.* Martín Kohan y Paola Cortés Rocca señalan que se trata de una reencarnación antes que una resurrección porque se instala una variante que supone una modificación total de la concepción del cuerpo (Kohan y Rocca,1998:107). No se intenta ya que el cuerpo de Evita sea el sostén por preservar para que la vuelta a la vida esté asegurada, sino que se intenta la transmigración del alma de Eva a otro cuerpo, el de Isabelita. El cadáver se diseña como cárcel del alma de Evita, por tanto, la idea es liberar ese espíritu incomparable de ese cuerpo momificado que lo contiene, resulta entonces imprescindible elegir un cuerpo que esté vivo para su resurrección.

En "La patria peronista" Evita ya embalsamada se despierta completamente sola y a oscuras en un altillo de la residencia que habita el que fuera su marido con su tercera esposa. Yace en un ataúd sin tapa, desnuda, hasta que Isabelita le ordena que se despierte de una vez por todas. Una se autodenomina la Abanderada de los Humildes, su pareja especular: la Enana Maldita. Isabelita se acerca al ataúd y le recrimina:

> Isabel: (...) Despertáte. Me tenés harta. Noche a noche el inútil de Lopecito me tiene horas tratando de traspasarme tu alma pero, ¡ah no!, la señora no afloja. La señora no se digna a entregármela. A ver, ¿me querés decir qué tiene de especial tu alma? (Guebel 155)

Tomás Eloy Martínez alude a las sesiones de espiritismo dispuestas por José López Rega en las que intentaba prácticas de transfusión espiritual de Eva a Isabelita, que incluían rituales como mancharle los labios de la difunta con sangre de colibrí y rodear el cajón de velas encendidas con el objetivo de vaciar el cuerpo para la eternidad (Martínez, 1995, 335-339). El objetivo era que Evita vuelva, en una repetición de vaciamiento, tal como señalan Kohan y Rocca, que espeja otros vaciamientos anteriores: el ginecológico primero, al detectarle el cáncer de útero en el que se procedió a la cirugía ginecológica, eliminando sus órganos reproductivos para asegurarse que no hubiera ramificaciones indeseadas de la enfermedad ; el segundo, el que realizó el Dr. Pedro Ara al perpetuar sólo su exterioridad corporal, descartando sus órganos interiores; el último, el que intentó López Rega con su alma con la intención de que su cuerpo quedara perenne en su materialidad y deshabitado espiritualmente (Kohan, Rocca, 108-109). Estos dos personajes de Guebel interactúan de modo rústico, casi grotesco, se insultan, se desprecian mutuamente, entablan una dinámica de rivalidades despreciables, casi ofensivo para el lector por lo burdo del diálogo. Dos personajes construidos con una falta total de inteligencia y de sagacidad política, ni la Eva ni la Isabelita de Guebel se distinguen siquiera por su encanto o picardía. Una es espejo de la otra en la estupidez y la degradación, muestra de esto es el bochornoso intercambio que sostienen a propósito de la envidia que una siente de la otra:

> Isabel: ¿Tu alma? ¿Pero para qué quiero yo tu alma pulguienta...ese menjunje histérico, lleno de emociones sin forma, puro gritería sin consuelo? ¡Yo tengo un alma más refinada, querida, yo tengo formación cultural! Estudié mecanografía, soy egresada del insituto de danzas clásicas y folklóricas, leí al conde de Saint-Germain. ¿Para qué voy a querer yo tu alma? Eso es cosa de Lopecito. Yo no tengo nada que ver con

> el asunto. Es más: si tu alma pasa a mi cuerpo y mi alma pasa al tuyo, la que más pierde soy yo.
>
> Evita: Mentirosa. Vos soñaste ese cambio desde el momento en que te lo quisiste levantar a Perón.
>
> Isabel: ¡Pero qué hipócrita! Pero si el viejo estaba muerto conmigo. Lo tenía todo el tiempo olfateándome la almeja como un perro alzado.
>
> Evita: ¿Eso nomás?
>
> Isabel: Es lo único que puede. Pobre.
>
> Evita: A mí, en cambio, no sabés cómo me la ponía. (Guebel 158-159)

La obra de Guebel intenta versionar la intimidad entre estas dos protagonistas de la historia argentina, enfrentándolas especularmente en sus miserias y mezquindades momentos antes que López Rega rece la primera invocación en egipcio antiguo. Tomás Eloy Martínez resume ese propósito al ficcionarlo en *La novela de Perón* (2015):

> Ya no me queda tiempo. Ahora me concentro. ¿En qué orden haré que fluya el moira de Evita hacia el otro cuerpo, cómo pasar a la ignara Isabel los árboles del soma, las alegrías de Kinvat? Húndete, sueña, húndete: aprende a ser, como la muerta, puente entre el General y los descamisados, abanderada del verticalismo. (Martínez 338)

A operaciones especulares de los últimos diez años sobre la figura de Eva Perón como las de *Evita de colección*, la de Aurora Venturini, o la de Daniel Guebel se suma la de Nicola Costantino como cierre. Se trata de

Eva. El espejo una instalación que formó parte de la ya citada *Rapsodia Inconclusa* en la que la artista misma encarna la figura de Eva que se refleja ya no en otra persona sino en sí misma. Ese reflejo no produce la variedad de figuraciones que se ofrecen en la muestra de *Evita de colección*, en la que ella se mira a sí misma en la variedad de obras que la tienen por protagonista, sino que aquí en el doble de Eva que se mira a sí misma en un juego de espejamientos de cristales dentro de la intimidad de su dormitorio. No es Eva, es su doble y ahí ya se instala la especularidad, no se espeja en un otro sino en ella misma de frente y de espaldas.

El ambiente decorado con estilo francés presenta dos espejos enfrentados, uno es el del tocador, el otro es de pie y en ambos se proyecta un video en el que se registran los movimientos del doble de Eva de frente y del revés. El visitante pasea por el cuarto iluminado con la calidez de dos veladores a los lados de la cama y dirija su mirada hacia donde la dirija, Eva lo envuelve con su reflejo y sus movimientos más íntimos y cotidianos.

Los espejos siempre nos devuelven un reflejo, somos nosotros y a la vez no somos, somos semejantes a ese doble y sin embargo exponen una contracara En ese efecto que produce el rebote de la imagen hay algo trágico, algo que se ha quebrado o desgajado; María Negroni define a los dobles como señuelos (Negroni 55). La especularidad que produce dobles los emite de manera inexacta, las réplicas nunca son precisas, algo defectuoso a veces ostensible, a veces imperceptible, las distingue de la fuente del reflejo. Esas malformaciones reunidas en este apartado enriquecen el arte visual y la literatura. Todos esos ejemplares congregados en un mismo sitio y ordenados en función de un eje han conformado una serie a la que se ha denominado colección. Una colección conserva alguna modestia frente a un Atlas que supone portar o sostener un mundo entero sobre sus hombros. Los Atlas apelan a la cartografía, es decir a cierto conjunto de coordenadas que nos asisten para que no perdamos el rumbo, lo que nos deja en las puertas de la colección. Si no hubiera colecciones de datos, de códigos, de rutas, de estadísticas no habría posibilidades de cartografiar nada, por esta razón entre los inventarios y los mapas hay diálogos fluidos. Entre *Evita de colección* y el *Atlas Evita* hay continuidades; así como entre la especularidad evitista y los bucles ópticos de sus figuraciones se erige un plexo de referencias y significaciones apasionantes.

Los bustos de Eva Perón: un fragmento corporal entre la canonización y la parodia. De Carlos Gamerro al Atlas Evita[65]

A un busto se lo considera un monumento que en su origen lleva impreso el fin de recordar o conmemorar, aunque adicionalmente algunos pueden tener valor artístico. El término "busto" deriva de la voz latina *bustum* que significa tumba o sepulcro, por la costumbre de adornar los monumentos fúnebres con el retrato del fallecido o con la máscara funeraria. Este tipo de escultura consiste en la representación de la parte superior de un cuerpo humano que incluye la cabeza, los hombros, el nacimiento de los brazos y parte del pecho, la pieza si bien es un fragmento del cuerpo se la considera una obra en sí misma y totalmente completa. Ya en el siglo XIV a.C. en el Antiguo Egipto se representaba en este formato, tal es el caso del busto de Nefertiti y el de Ramsés II pero su auge lo adquirió durante el Imperio Romano cuando comenzaron a tallarse con profusión y en materiales nobles y duraderos como el mármol, el granito y el bronce. Dioses, héroes y próceres han sido monumentalizados en este formato artístico pero también parientes difuntos. Los romanos ubicaban en el vestíbulo de sus casas, un recinto al que denominaban atrio, bustos de familiares fallecidos con una inscripción con su nombre y con alguna referencia a su honorabilidad. En funerales o en fiestas, los bustos participaban de los eventos adornados para la ocasión, pero también los utilizaban como adorno en jardines, bibliotecas e incluso en baños.

Los bustos de Eva Perón han sido homenajeados y vandalizados, replicados y ficcionalizados, muchos ejemplares se encuentran en distintas plazas y parques de nuestro país, incluso hay uno en la cima del Aconcagua desde 1955. En Argentina, el busto de Evita exhibe una deriva que comienza, tal como señalamos, en 1951, así lo afirma Andrea Giunta, un año clave en el proceso de canonización de la imagen de Eva Perón (181).

[65] https://museodelacarcova.una.edu.ar/noticias/se-inauguro-la-exposicion-atlas-evita-una-coleccion-de-imagenes-plebeyas_24808

Uno de los tantos retratos que se hicieron de Eva alcanzó una gloria tan extraordinaria que incluso logró que el nombre de su autor cayera en el olvido. El retrato en cuestión es el realizado por Numa Ayrinhac y que fue tapa de su libro *La razón de mi vida* en la edición de Peuser, la obra resultó clave en el diseño de su imagen pública (Giunta,1997:180). Con el cabello rubio y recogido en un rodete trenzado, con alhajas de rubíes birmanos, con su discreto vestido de *broderie* negro y la característica rosa de seda como prendedor, logró una imagen más moderada, alejada de lujos y vanidades que le habían valido las críticas de las clases dominantes. Esta imagen de Evita se transformó en estandarte en los actos políticos, se replicó en diversas estampillas y sellos, y fue la más difundida a nivel mundial gracias a las traducciones de su libro al inglés, al japonés, al francés, al italiano, al portugués y al alemán (Giunta,1997:181).

Tal canonización de su figura hizo que la llegada del busto de Sesostris Vitullo resultara escandalosa. Salvador María del Carril le había encargado a Vitullo, un artista argentino residente en París, por consejo de Ignacio Pirovano, un monumento a Evita.

Vitullo inspirado en la personalidad de Eva la representó como una suerte de mascarón de proa rodeada de laureles y como arquetipo símbolo, pero su obra no fue bien recibida. El peronismo siempre prefirió la representación realista antes que la abstracción (Giunta 177). La propuesta de Vitullo no resultó el proyecto mimético que pretendía inmortalizar los rasgos de Eva hacia la santidad, la obra desapareció de la escena durante muchos años hasta que en 1997 se expone en la Fundación Proa de Buenos Aires cuando Guido Di Tella la trae desde Francia. Hoy el busto de Vitullo es propiedad de la Universidad Torcuato Di Tella.

El busto conmemorativo y paradigmático de la figura de Eva es el que realizó el escultor argentino Enzo Giusti y que donara a la parroquia del Padre Hernán Benítez, el confesor de Eva. El busto ahora se encuentra en las escalinatas del Museo Evita de Buenos Aires y una réplica en la ciudad de La Habana en Cuba desde 2010. La escultura sigue la línea mimética y presenta el icónico rodete, las facciones armónicas, serenas y de una simpleza y elegancia propias de la realeza.

La unicidad aurática del busto de Eva se quiebra en *La aventura de los bustos de Eva* una novela que Carlos Gamerro publica en 2012. Se trata de la historia del secuestro del presidente de una empresa por los Montoneros quienes exigen para su liberación que se coloque un busto de Eva Perón en cada una de las noventa y dos oficinas de la firma. El relato sostiene el tono de farsa o de comedia negra, y propone una Eva estereotipo en el que ya fijado el perfil sereno con su rodete trenzado en la nuca, los sentidos y las lecturas sobre su figura se expanden y proliferan. La figura representada se ha emancipado ya del mármol o del yeso y se derrama en una sobrecarga de sentidos a demanda de los espectadores y de la proyección de sus deseos. Así también había planteado Gamerro el territorio de las Islas Malvinas en una novela anterior, como íconos propicios para una lectura a la medida del anhelo de aquél que las evoque. La multiplicación de los bustos resulta una operación desmitificadora de Eva, la solemnidad se diluye y la cercanía liviana y barata del monumento opera derritiendo el efecto conmemorativo a punto tal que el busto se convierte en amuleto o talismán. La historia detrás del busto pocos la recuerdan, muchos menos la conocen y el protagonista la va descubriendo a través de las páginas de la legendaria publicación *Mundo Peronista* en pleno cautiverio. La maniobra desmitificadora de Eva resulta torpe, hasta sacrílega en un punto, pero el propósito de la novela es deconstruir el mito multiplicando los bustos, no destruirlo.

Esta parodia al busto como monumento sepulcral dibuja un arco superador en la obra del artista visual argentino Marcos López, autodenominado exponente del Pop-latino y del sub-realismo criollo. Su interés por el "ser nacional" o "la identidad argentina" se enfocan hacia lo estereotipado, su obra celebra lo vulgar, los clichés y el kitsch, convoca a todos los objetos que han sido fabricados en serie para inmortalizarlos en la fotografía. López visita y revisita la reproducción de lo insistentemente repetible y si es precario, mejor. Las composiciones visuales que prefiere yuxtaponen exponentes de arte culto y reconocido académicamente con un elemento vulgar y tosco que puede ser Borges junto a un pato inflable; Martín Fierro y una manguera para regar plantas; o, Andy Warhol y un mantel de hule. La categoría de "lo argentino" está siempre puesta en duda, que haya algo denominado "lo nuestro" es planteado con recelo porque si hay algo que puede ser denominado "criollo" será en general aquello que es trillado, rústico o la falta de distinción en general. La composición de la fotografía *Perón y Evita* de 2003, presenta en la escena central los bustos de ambos, aunque el de Eva está ligeramente por detrás del torso del General, precisamente ése era el lugar que la Abanderada prefería. El busto de Evita intenta replicar el retrato de Numa Ayrinhac, aquél que fuera tapa de libro, lo reconocemos por la flor en el hombro izquierdo ya característica, pero lo imita mal, es una Eva de sonrisa algo más pronunciada con el cráneo levemente deforme y de rasgos torpes, eso es lo que más le atrae a López, la copia que no es fiel al original, lo mal hecho, lo mal terminado. Ubicada junto a dos casitas para el perro, una parrilla, un par de carteles de promoción oxidados, una calesita de plaza de juegos infantiles, el conjunto se asemeja a un espacio para arrumbar cosas en desuso, un depósito o el fondo de una casa donde se amontona aquello que ya no le sirve a nadie. Los objetos de veneración y culto que son los bustos están ubicados junto a lo cotidiano acumulado y algo relegado.

Suite bolivariana de 2009 recupera el retrato de Numa Ayrinhac, pero ahora con los colores originales, el busto flota dentro de un salvavidas inflable circular en una pileta de plástico rodeada por las *Cajas Brillo* de Andy Warhol, el General San Martín, la ropa secándose al sol, Carlos Gardel, Manu Ginobili, Marilyn Monroe y Evo Morales. Muy distante de la solemnidad del busto conmemorativo, la Eva de Marcos López integra el exceso del subrealismo criollo que el propio artista define como un "surrealismo mal hecho". Los colores estridentes y la copia ilegal, los materiales cotidianos y baratos conforman un universo en el que el busto de Eva se cita de modo irreverente y a la vez simpático, no hay grosería ni ofensa en la composición, sino una transversalidad que no respeta sacralización ni jerarquía alguna en la que lo que predomina es el exceso. Se trata de un exceso barroco y de mal gusto, ordinario, mestizo, resentido y cariñoso a la vez, no es el Pop de la *Stable Gallery* de Nueva York, sino un Pop rioplatense y bolivariano en el que Evita resulta un ingrediente más, mezclada en una multitud, entre una palangana de plástico amarilla y el choripan argentino.

Este primer movimiento barroco de López parece haber sentado las bases para que en 2019 se presente una apuesta neobarroca con perspectiva warburguiana como *Atlas Evita: una colección de imágenes plebeyas* en el Museo de la Cárcova de Buenos Aires. Su curador, Federico Baeza, declara haber tomado de Aby Warburg la idea de "Atlas" como dispositivo iconográfico que brinda la posibilidad de componer extensos grupos de imágenes con "conexiones insospechadas, vínculos subterráneos y contigüidades soslayadas". El propósito fundamental de la muestra es proponer un juego intuitivo e inductivo para que emerja la discursividad social y los pliegues de una conversación colectiva al cumplirse en la fecha los cien años del nacimiento de Evita. El interés de la investigación de Warburg en su *Atlas Mnemosyne* que produjo entre 1924 y 1929 en Alemania era centrarse en la memoria, pero también proponer una suerte de mapa de rutas de la cultura iconográfica.

Para su proyecto, Warburg recopiló dos mil imágenes articuladas en sesenta paneles, allí se fijaron fotografías de cuadros, reproducciones fotográficas procedentes de libros, material gráfico de periódicos y de la vida cotidiana. La intención del *Atlas Mnemosyne* fue explicitar la relación entre la Antigüedad y el Renacimiento, sobre todo del Quattrocento florentino. Hay en Warburg una idea de "viaje de las imágenes" y un interés especial en sus transformaciones a través del tiempo y del espacio, él es un pionero en el estudio de las relaciones entre textos e imágenes para construir una memoria colectiva. En esta idea se basó Federico Baeza para presentar *Atlas Evita*, en la utilización warburguiana y desprejuiciada de cualquier testimonio, estuviera incluido o no en las regiones de lo que se entiende como "gran arte". Las obras que componen *Atlas Evita* no se ubican en paneles, pero sí en tres paredes de la sala de exposición. De espaldas a la cuarta pared por donde se ingresa a la muestra y en el centro del salón se ubica el busto de Eva, se trata de un calco de Tomás Tomasini que representa el busto de mármol que hiciera Enzo Giusti. El busto, la obra que encarna la memoria desde el sepulcro, la prócer, resulta la mirada privilegiada, ella no mira al visitante, cuando se ingresa al salón, ella ya se encuentra contemplando las obras que la tienen a ella misma como motivo principal.

No son obras solemnes como el busto, y no es una sola, son muchas y muy variadas, no son todas obras de arte, hay libros pegados en la pared, hay estampillas, banderines y revistas. Algunas producciones son de artistas prestigiosos y reconocidos como Graciela Henríquez, Daniel Santoro, Nicolás García Uriburu, Nora Iniesta, Alejandro Marmo, o la ya mentada de Marcos López. Todas las Evitas expuestas miran a la Eva busto, le devuelven la mirada ahora multiplicada y desde variadas composiciones. El visitante es el intruso que mira ese juego de miradas entre las muchas y variadas Evitas y la Eva única, aunque paradójicamente se trate de una réplica. El busto de Eva es el que gobierna la sala, es la que ostenta la solemnidad conmemorativa, es la obra que tiene volumen y es la privilegiada espacial y temporalmente: porque está en el centro y porque viene del pasado. El busto de Eva en *Atlas Evita* lleva en sí toda la historia y la tradición de su expresión, la intención de homenaje de Vitullo, el deseo de inmortalización de Ayrinhac, la vandalización sufrida durante la Revolución Libertadora, la multiplicación desmedida para asegurarse su presencia en todos los recintos que tan bien plantea Gamerro y la parodia consagratoria de Marcos López.

Frente al busto que lidera la sala, las obras expuestas en las paredes, muchas reconocidas, aplaudidas y legitimadas por el mundo del arte se exhiben junto a dibujos escolares, sellos, libros y tapas de revistas, pero conservando cierto orden, no hay caos en el conjunto. Pero las miradas de las distintas Evas no fijan su atención en el busto, se cruzan, se desvían o se pierden; es el visitante el que se interpone en ese círculo de Evas que, al contemplarse entre sí, son vistas. Ocurre en la sala, la manifestación del autoconocimiento de la Eva histórica y sepulcral en las numerosas figuraciones en que ha devenido. En la mirada del busto se autocomprende y se autocontempla ella misma al tiempo que la multiplicidad de sí la contempla a ella.

El visitante intercepta esa contemplación contemplada en un pliegue, si el busto, la prócer se pliega sobre sus representaciones, esas representaciones también se pliegan sobre la historia devenida en busto. Al pliegue barroco fuera de los límites históricos precisos, Gilles Deleuze lo define como rasgo o como función operatoria asociada a lo múltiple y carente de centro (1989). Lo múltiple, así, no es lo que tiene muchas partes sino lo que está plegado de muchas maneras. Este laberinto neobarroco de miradas plegadas que descubrimos en *Atlas Evita*, no es caótico sino complejo, si hay un orden no resulta claro y evidente. Lo que resulta aún más barroco es que frente a un Atlas, que se define como una colección de mapas, surja la relación con el laberinto, porque justamente los mapas sirven para evitar que estemos perdidos y un laberinto puede conducirnos precisamente a esa situación.

La mirada

Toda mirada esconde un reverso (quizá varios), o como señala Gérard Wacjman "toda imagen esconde una mirada", en la espesura de la imagen, bajo su aparente plenitud "hay un ojo en el fondo" (Wacjman18). No se trata de profundidades que oculten esencialismos, sino de una suerte de sombra que trae consigo toda imagen en la que anida un ojo que mira. Toda imagen trae inscripta en sí una mirada o como indica John Berger: "Toda imagen incorpora un modo de ver" (Berger 10). El poder de la mirada consiste en ver sin ser visto, la clave es que permanezca en las sombras, así operaba el poder del amo, el del guardia de la prisión panóptica concebida por Jeremy Bentham y en última instancia la del mismo Dios que todo lo ve. Si tomamos por cierto que mirar es un acto de elección entonces sólo vemos lo que miramos (Berger 8), la pregunta es si podemos ver más allá del horizonte que dibuja nuestra época y la cultura a la que pertenecemos. Si nos desviamos del pensamiento de Berger podemos pensar que quizá no seamos tan libres de ver lo que deseamos como él afirma, sino que el contexto cultural e histórico es el que nos permite mirar lo que podemos ver. De todos modos, resulta apasionante tomar por cierta su posición porque nos incita a que intentemos mirar más allá de nuestros paradigmas y así ejercitar posibles nuevos modos de ver.

En la imagen se pueden reconocer incorporadas dos miradas, una es la que deliberadamente eligió su autor, artista o productor, es esa visión seleccionada por él mismo de entre las posibles, "entre una infinidad de otras posibles" declara Berger (Berger 10). Se podrá descifrar a partir del tema elegido, la perspectiva tomada, el género con el que se contó en el caso de la literatura que claramente construye imágenes, el diálogo que establece con otras obras, la luz y la sombra, la técnica aplicada, los protagonistas o aquello ubicado en primer plano, entre otras cuestiones. Sin embargo, hay una mirada inscripta en la imagen, de la que quizá no sea tan consciente su productor, que no se relaciona con su registro documental o con sus resoluciones premeditadas y que no siempre es tan simple de penetrar cuando los espectadores compartimos un mismo contexto epocal y cultural con su autor. Esa mirada que se nos presenta como encriptada suele negarse a ser captada, se nos resiste a la lectura, se oculta al tiempo que la sospechamos y, sin embargo, como espectadores y lectores la vislumbramos. En un estado de presunción experimentamos esa mirada que toda imagen enmascara.

Teóricos entre los que se encuentra el citado Wacjman sostienen que asistimos a un escenario inédito en la historia de la civilización denominado hipermodernidad entendida como "la civilización de la mirada". En este inicio del siglo XXI la mirada del amo ya no se encuentra oculta, sino que está al descubierto, su ojo se encuentra en todas partes y en todas partes es visible, en las cámaras de vigilancia, en los celulares propios y ajenos, en *scanners* y pantallas de todo tipo pues "hoy los objetos ven" (Wacjman,2011:19). Si así fuera, no habría ya un reverso de la mirada pues estaríamos siendo vistos sin saber por quién, sin conocer al individuo que nos mira, se trata en todos los casos, no caben dudas, de la mirada del amo. Un amo disperso y diluido en múltiples miradas de las que somos objeto sin tener la posibilidad de verlo, su ojo está en todas partes, pero no podemos devolverle la mirada. Es la sociedad del espectáculo unida a la sociedad de la vigilancia, una fusión que nos la ofrecen a domicilio y que conformará lo que los teóricos contemporáneos denominarán el mundo encaminado hacia la transparencia. Wacjman caracteriza a nuestro actual mundo como un "inmenso campo de miradas" de diversas especies: miradas que miran, miradas que vigilan, las que controlan, las que exploran, las que observan y las que calculan, las que registran el cuerpo y las que lo desnudan o excavan. La mirada caracterizada como nuestro Leviatán por ser un ojo sin párpado que está sobre el mundo es la mirada que trata de "ver todo, siempre y de hacer que todo se vea" (Wacjman 21). Éste es el ojo universal también denominado el ojo absoluto.

Una imagen lleva inscripta una mirada y nuestro modo de ver, en el mejor de los casos, puede ser una elección, en el caso que logremos resistirnos a lo que nuestra época nos incita a ver. Descubrir qué mirada se encuentra encriptada en la imagen que miramos ¿será inescindible de nuestro modo de ver? Resulta maravilloso intentar ese ejercicio, aunque siempre quizá tengamos un filtro epocal y cultural que nos impida ver más allá de nuestra historicidad. La variabilidad cultural de la experiencia ocular determina ciertas reglas convenidas que se encuentran tácitas en cada uno de los regímenes escópicos. Tal como señala Martin Jay: el ojo no es un mero receptor pasivo de luz y color, todo lo contrario, es el más expresivo de los órganos sensoriales junto con el tacto (Jay 2007 16). El ojo, a diferencia de los otros sentidos, tiene una capacidad de expresión que obedece a la voluntad consciente del espectador y así lo habilita a expresarse de modo deliberado. Sostiene Jay, que uno de los aspectos más extraordinarios de la visión es "la experiencia de ser objeto de la mirada" (Jay 2007 17) lo que abre a un extenso rango de posibilidades que van desde el delirio paranoide de ser objeto de vigilancia hostil y permanente hasta la excitación narcisista de quien se siente objeto de atracción de todas las miradas. Incluso la sensación de no ser en absoluto objeto de la mirada del otro puede provocar un quiebre en la autoestima al tiempo de tener un poderoso efecto de subordinación hacia aquél que nos evita. No siempre que se mira se espera reciprocidad, a veces sólo se espera impresionar con la presencia y cuando esto se logra se inaugura la distancia. La distancia conquista el respeto así como la proximidad logra la intimidad, pero cuando los trayectos entre miradas varían sin una lógica aparente, cuando las miradas se cruzan carentes de un centro de atención, la riqueza del ojo se despliega.

Ante la mirada del espectador acontece ese pliegue barroco y no ocurre desde afuera, sino que cuando el visitante recorre el juego de miradas allí y en ese momento se constituye el nuevo pliegue, pues mira la mirada del busto que es mirada por la multiplicidad de Evas desde las tres paredes. Movimiento que se proyecta al infinito porque impide establecer límites o contornos, el que mira y el mirado no pueden ordenarse o delinearse, son polos que no son opuestos, no contrastan sino que se pliegan unos sobre otros. No hay recorrido prefijado para el visitante, no hay una entrada o una salida para la trama que se propone, no hay otra opción que sumergirse en ese conjuro de miradas. Al recorrido que se inició con el busto único y canónico de Eva Perón, le siguió la reproducción en serie de Gamerro, esa industrialización que desembocó en la ruina y en la mezcla desjerarquizada de Marcos López, y de ese aparente desorden de escombros hoy estamos frente a la trama secreta y al aparente extravío en el que nos instala *Atlas Evita*. Una creación que sugiere al busto como clave de un enigma que queda sin resolución porque propone sumergirse en el misterio de que se sigan produciendo incesantemente figuraciones de Eva Perón y que ellas mismas se citen y se refieran unas a otras y en esa remitencia se teja una red cada día más compleja e indecible en la que quizás el visitante o el lector termine resultando un intruso extraviado en un laberinto.

Una colección viva y un Atlas líquido

Si el cuerpo de Eva dejó de ser visible en las figuraciones literarias durante un período que comienza en 1992 y termina en 2012 con *La carne de Evita* de Daniel Guebel y luego continúa con *Eva. Alfa y Omega* de Aurora Venturini (2014) y *Besar a la muerta* de Horacio González (2014) algo diferente sucede en el ámbito de la producción visual. El retorno del cuerpo de Evita en las obras visuales tiene lugar recién y con toda su potencia en 2019 con motivo del centenario de su nacimiento, el borramiento de su cuerpo más ostensible se da en *Rapsodia Inconclusa* de Nicola Costantino (2013) y la *Serie Evita* de Graciela Henríquez (2017). La multiplicación de representaciones visuales de su cuerpo se da encuadrado en el fenómeno de la figura del Atlas y de la Colección, en 2019. Dos años antes su cuerpo no era visible y en poco tiempo proliferan sus representaciones en muestras colectivas en las que conviven, sin protagonismos evidentes, todos los estilos, todos los soportes, todas las perspectivas. Sin embargo, entre el *Atlas Evita* y *Evita de Colección* hay algunas diferencias.

En 2011, Georges Didi-Huberman presenta *Atlas. ¿Cómo llevar el mundo a cuestas?* en el Museo Nacional Reina Sofía en Madrid inspirado en el Atlas warburguiano en el que dispuso que las obras expuestas no se articulan en función de un tema determinado, una estética única o un canon fijo, por el contrario, se aprecian las migraciones y la falta de fronteras genéricas, históricas o estéticas. Lo que domina es el caos del conjunto, algo similar a lo que Carlos Amorales denominó "archivo líquido", una suerte de dispositivo visual abierto a las discontinuidades y a los conjuntos inclasificables. En algunos Atlas visuales la diversidad es tal que resulta muy difícil alcanzar una visión panorámica de esa totalidad, esa gran escena global que es el *Atlas Evita*, sin embargo, presenta una contempladora privilegiada que domina todo el grupo de imágenes, ella misma. Ese conjunto visual que se presenta como *Atlas Evita*, ¿es inteligible para quién?, no para el visitante quien está ajeno a la escena sino para ella misma devenida en busto, ella puede contemplar todas sus manifestaciones ahora que está consagrada en la piedra, ahora que está convertida en piedra por la eternidad y en el despliegue de sus representaciones se contempla, o mejor, se autocontempla. En el colmo de la visibilidad, en el paroxismo de la especularidad que se cierra narcísticamente sobre sí misma, Eva se autocontempla, en el eco warburguiano de las constelaciones, propuestas en las tres paredes que evocan un triángulo, base de la proporción áurea, Eva se indaga.

La colección visual denominada *Evita de Colección* se ha concentrado en los espejos y en la especularidad desviada, de miradas laberínticas y encrucijadas con variadas ramificaciones. Reunir, conservar y exhibir son las tareas que cumple un coleccionista regidas por un orden que le permite construir la serie a completar. La gran diferencia entre un atlas warburguiano y una colección es que el primero se caracteriza por el desvarío en la reunión de las piezas y la segunda por la disciplina autoimpuesta y el rigor en la elección de los objetos que la componen. Por esta razón, en *Atlas Evita* la encrucijada de las miradas compone un plexo de relaciones oculares entre las piezas, donde los distintos órdenes de las miradas se cruzan, se intersecan pero también confluyen. En una colección en cambio, se destaca la precisión en el orden de las piezas porque esos nexos guardan y exhiben una significatividad puntual y escrupulosa. En *Evita de colección* se plantea una apertura propia de aquella serie que aún no ha recolectado la última pieza, ese tan ínfimo detalle indica que la colección sigue aún viva, toda colección cerrada, aquella que ya ha hallado su última obra, es una colección muerta.

Bibliografía

Alvarez, Ma. Eugenia. *La enfermera de Evita.* Instituto Eva Perón, 2010.

Ara, Pedro. *El caso Eva Perón.* CVS Ediciones, 1974.

Avellaneda, Andrés. "Evita: cuerpo y cadáver de la literatura". Marysa Navarro (Comp.). *Evita: mitos y representaciones.* FCE, 2002.

Ballent, Anahí. *El kitsch inolvidable. Imágenes en torno a Eva Perón.* Universidad de Quilmes, 2005.

---. *Las huellas de la política. Vivienda, ciudad, peronismo en Buenos Aires, 1943-1955.* Bs.As.:UNQ, 2009.

Berger, John. *Modos de ver.* Ed.Gustavo Gili, 2016.

Calabrese, Omar. *La era neobarroca.* Cátedra, 1987.

Cangi, Adrián. "Néstor Perlongher: metamorfosis, crueldad, dislocamientos". Perlongher, Néstor. *Evita vive y otros relatos.* Santiago Arcos, 2009.

Celorio, Gonzalo. *Ensayo de contraconquista.* Tusquets, 2000.

Cortés Rocca, Paola y Kohan, Martín. *Imágenes de vida, relatos de muerte. Eva Perón: cuerpo y política.* Beatriz Viterbo Ed., 1998.

Danto, Arthur. *Después del fin del arte.* Paidós, 1999.

De Mendonça, Inés y Lafosse, Juan Pablo. "Evita sobrevive. Representaciones de Eva Perón en la literatura argentina". *El interpretador.* N°28, septiembre 2006.

Deleuze, Gilles. *El pliegue*. Paidós, 1989.

Domínguez, Nora y Amado, Ana (Comp.). *Lazos de familia. Herencias, cuerpos, ficciones*. Paidós, 2004.

Dujovne Ortiz, Alicia. *Eva perón. Biografía*. Ed. Punto de lectura, 2002.

Gómez, Pedro Pablo (Ed.). *Arte y estética en la encrucijada descolonial II*. Del Signo, 2014.

Guidieri, Remo. *El museo y sus fetiches*. Tecnos, 1997.

Jay, Martin. *Campos de fuerza. Entre la historia intelectual y la crítica cultural*. Paidós, 2003.
---. *Ojos abatidos. La denigración de la visión en el pensamiento francés del siglo XX*. Akal, 2007.

Jeanmarie, Federico. *Una virgen peronista*. Norma, 2001.

Kohan, Martín. “Madre e hija (La muerte de Evita en la versión de Copi)”. Amado, Ana y Nora Domínguez (Comp.). *Lazos de familia. Herencias, cuerpos, ficciones*. Paidós, 2004.

Lamborghini, Leónidas. "Eva Perón en la hoguera". *Partitas*. Corregidor, 1972.

Langer, Marie. “El niño asado y otros mitos sobre Eva Perón”. *Fantasías eternas a la luz del psicoanálisis*. Ediciones Horné, 1966, pp. 79-102.

Martínez, Tomás Eloy. *Santa Evita*. Planeta, 1995.
---. *La novela de Perón*. Alfaguara, 2015.

Montaner, Josep M. *Museos para el nuevo siglo*. Ed. Gustavo Gili, 1995, p.6.

Navarro, Marysa. *Evita*. Edhasa, 2011.

Rancière, Jacques. *El espectador emancipado*. Manantial, 2010.

Rep. *Evita. Nacida para molestar*. Planeta, 2019.

Rosano, Susana. *Rostros y máscaras de Eva Perón. Imaginario populista y representación*. Beatriz Viterbo, 2006.

Sarduy, Severo. *El barroco y el neobarroco*. El cuenco de plata, 2011.

Sarlo, Beatriz. *La pasión y la excepción*. Siglo veintiuno editores, 2003.

Venturini, Aurora. *Eva. Alfa y Omega*. Sudamericana, 2014.

Wajcman, Gérard. *El ojo absoluto*. Manantial, 2011.

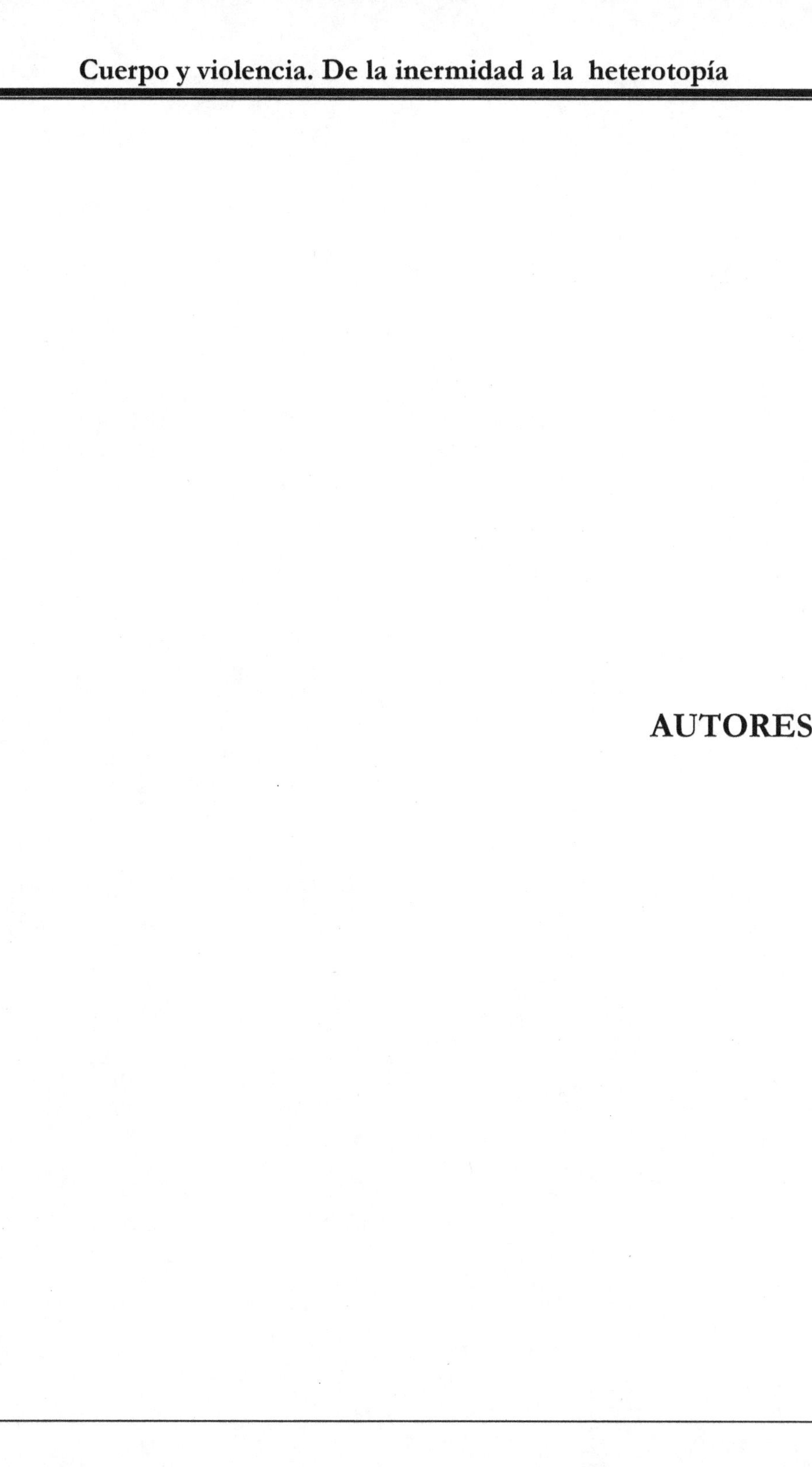

AUTORES

María Cristina Ares
Universidad de Buenos Aires
mariacristinaares@gmail.com

María Cristina Ares es Licenciada en Letras, Profesora en Letras, Profesora en Filosofía por la Universidad de Buenos Aires y Magister por la Maestría en Estéticas Contemporáneas Latinoamericanas de la UNDAV. Profesora Adjunta de Estética del Departamento de Artes de la Facultad de Filosofía y Letras de la Universidad de Buenos Aires (UBA) y docente de Teoría Literaria II del Departamento de Letras en la misma Universidad (UBA). Es investigadora en el Proyecto UBACYT en el área de Teoría Literaria y Co-Directora del proyecto FILOCYT en el área de Estética y Teoría Literaria. Es autora de varios artículos y ha participado en varios libros entre los que figuran: *Política y estética de los cuerpos. Distribución de lo sensible en la literatura y las artes visuales*; *Cuerpos presentes*; *Otro mapa de la violencia*; *Cuestiones de arte contemporáneo. Hacia un nuevo espectador en el siglo XXI*; *Estéticas de lo extremo*; *De memoria. Tramas literarias y políticas: el pasado en cuestión*; *Vanguardias revisitadas. Nuevos enfoques sobre las vanguardias artísticas.*

Marie Audran
Universidad de Rennes 2
marie.audran5@gmail.com

Marie Audran es doctora en estudios latinoamericanos por la Universidad de Rennes2. Su tesis fue "Monstruos. Insurrección de la Carne y Revolución del Ver en la Nueva Narrativa Argentina. Sus ejes de investigación giran más específicamente en torno a la figura del monstruo y lo monstruoso, el cuerpo, las representaciones de las mujeres desde una perspectiva de género y la literatura argentina ultra-contemporánea. Ha escrito varios proyectos académicos sobre la figura del monstruo y la monstruosidad que dieron lugar a jornadas y colaboraciones con otras universidades internacionales. Entre 2016 y 2019 llevó, con Gianna Schmitter, el proyecto interuniversitario entre París, Rennes y La Plata llamado "TransLiteraturas, TransMedialidades y TransCorporalidades latinoamericanas (2000-2018)" que dio lugar a Jornadas y una publicación (2020). Actualmente está preparando un libro titulado "Devenir monstruo. Ensayos sobre narrativa argentina reciente" con Silvina Sánchez que saldrá en la colección Colectivo Crítico del Centro de Teoría y Crítica Literaria de la Universidad Nacional de La Plata.

Mónica Bueno
Universidad Nacional de Mar del Plata
mbuenoli@yahoo.com.ar

Mónica Bueno es Doctora en Letras, Profesora Titular del Área Literatura Argentina en la Universidad Nacional de Mar del Plata e Investigadora en el CELEHIS (Centro de Letras Hispanoamericanas de la UNMdP). Es también directora del grupo de investigación "Cultura y política en la Argentina" que desarrolla actualmente el proyecto "La inoperatividad del arte en la vanguardia argentina: comunidad conceptual". Profesora visitante de varias universidades, se ha especializado en la obra de Macedonio Fernández. Ha publicado varios artículos sobre este autor y los libros: Ricardo Piglia ed. *Diccionario sobre la novela de Macedonio Fernández* (2000), *MacedonioFernández: un escritor de Fin de Siglo. Genealogía de un vanguardista* (2001, Premio Corregidor,2000), *Conversaciones imposibles con Macedonio Fernández: jornadas de homenaje sobre Macedonio Fernández* (comp., 2002). Ha coordinado, entre otros, los libros colectivos *La novela argentina: uso y experimentación del género* (2010) y *Centro Editor de América Latina. Capítulos para una historia* (2018)). Dirige la "Colección Raros y olvidados" de la Editorial de la UNMdP (Eudem) publicó en 2019 *Tríptico de Alfonsina Storni* (tres libros desconocidos de la autora).

Reindert Dhondt
Universidad de Utrecht
R.Dhondt@uu.nl

Reindert Dhondt es profesor en el Departamento de Lengua, Literatura y Comunicación de la Universidad de Utrecht (Países Bajos), donde enseña literatura hispánica y teoría literaria. Entre sus áreas de especialidad se encuentran el análisis del discurso, los estudios de memoria y la teoría del afecto. Su investigación actual se centra en la dimensión transnacional del ensayo hispánico y la representación de la violencia en la literatura mexicana y colombiana, particularmente en narraciones sobre secuestro y desplazamiento forzado. Es autor de Carlos Fuentes y el pensamiento barroco (Iberoamericana/Vervuert, 2015), y coeditor de *Transnacionalidad e hibridez en el ensayo hispánico. Un género sin orillas* (2016), *International Don Quixote* (2009), y de varios números especiales en revistas *como Anales de literatura hispanoamericana* y *CO(n)TEXTES*. Ha publicado en revistas como *Confluencia*, *Image & Narrative*, *Neophilologus* y *Mitologías Hoy.*

Agnieszka Flisek
Universidad de Varsovia
a.b.flisek@uw.edu.pl

Agnieszka Flisek es doctora en Humanidades por la Universidad de Varsovia. Trabaja como profesora de Literatura hispanoamericana y Teoría de la literatura en el Instituto de Estudios Ibéricos e Iberoamericanos de la Universidad de Varsovia. Ha publicado una treintena de artículos y estudios so-bre la narrativa argentina e hispanoamericana del s. XX y, últimamente, las vanguardias latinoamericanas. Es directora de *Itinerarios*. Revista de estudios lingüísticos, literarios, históricos y antropológicos y coeditora, entre otros, de: *¿Dentro/fuera? Nuevas perspectivas sobre la identidad y la otredad en las literaturas hispánicas* (2011); *América Latina: dos siglos de Independencia. Fracturas sociales, políticas y culturales* (2010); *W kręgu literatury i kultury iberyjskiej i iberoamerykańskiej. Migracja i transformacja dyskursów - dialog międzykulturowy* (2009).

Karen Genschow
Universidad Goethe de Frankfurt
genschow@em.uni-frankfurt.de

Dr. Karen Genschow, docente de literaturas románicas y su didáctica en la Universidad Goethe de Frankfurt. Áreas de investigación: memoria y trauma colectivo y estudios de géneros en la literatura y otros medios (cómic, cine, te-lenovela) en Latinoamérica, España y el Caribe francófono en los siglos XX y XXI. Publicación reciente: *Letras femeninas, Special Issue: Capitalismo, globalización y violencia de género*, Nr. 43.2, 2018, coeditora con Leila Gómez y Katarzyna Moszczynska.

Alejandra González
Universidad de Buenos Aires - Universidad Nacional de Avellaneda
Universidad del Salvador
alejandra.adela.gonzalez@gmail.com

Alejandra Adela González. Doctora en Filosofía (Universidad del Salvador) con la tesis "Voluntad de servidumbre y deseo de libertad. Una paradoja política en Simone Weil y Etienne de La Boètie" (Tercer Premio nacional de Ensayo Filosófico, 2012) Magister en Análisis del Discurso (Universidad de Buenos Aires). Actualmente es docente e investigadora de la Universidad de Buenos Aires, de la Universidad de Avellaneda y de la Universidad del Salvador y se desempeña como Coordinadora Académica de la Maestría en Estéticas Contemporáneas Latinoamericanas de la Universidad de Avellaneda y está a cargo de la cátedra de Filosofía del Ciclo Básico de la UBA. Autora de varios libros y numerosas publicaciones en el campo de la filosofía política.

Dominika Jarzombkowska
Universidad de Varsovia
d.jarzombkowska@uw.edu.pl

Es doctoranda y profesora de ELE en el Instituto de Estudios Ibéricos e Iberoamericanos de la Universidad de Varsovia. Desde hace cinco años forma parte del grupo de investigación GENIA (Género, identidad y discurso en España y América Latina) afiliado a susodicha universidad. Asimismo, lleva más de diez años desempeñándose como psicóloga y psicoterapeuta de niños y familias.

Martín Kohan
Universidad de Buenos Aires
martindiegokohan@gmail.com

Martín Kohan es doctor en Literatura por la Facultad de Filosofía y Letras de la Universidad de Buenos Aires, donde también es profesor de Teoría literaria. Publicó siete libros de ensayo: *Imágenes de vida, relatos de muerte. Eva Perón*, cuerpo y *política* (en colaboración) (1998), *Zona urbana. Ensayo de lectura sobre Walter Benjamin* (2004), *Narrar a San Martín* (2005), *Fuga de materiales* (2013), *El país de la guerra* (2014), *Ojos brujos* (2015) y *1917* (2017); tres libros de cuentos: *Muero contento* (1994), *Una pena extraordinaria* (1998) y *Cuerpo a tierra* (2015); once novelas: *La pérdida de Laura* (1993), *El informe* (1997: Premio Fundación Antorchas-2do. premio Fondo Nacional de las Artes), *Los cautivos* (2000), *Dos veces junio* (2002), *Segundos afuera* (2005), *Museo de la Revolución* (2006*), Ciencias morales* (2007: Premio Herralde), *Cuentas pendientes* (2010), *Bahía Blanca* (2012), *Fuera de lugar* (2016) y *Confesión* (2020); y *Me acuerdo* (2020). Premio Konex, Rubro Novela, Período 2008-2010. Ha publicado, además, numerosos artículos de crítica literaria en revistas nacionales e internacionales y es director del proyecto institucional FILOCyT: "Experiencia y narración: cruces, intercambios y polémicas entre la teoría literaria y la literatura".

Alicia Montes
Universidad de Buenos Aires
alisumontes@gmail.com

Alicia Montes es doctora en Literatura por la Facultad de Filosofía y Letras, Universidad de Buenos Aires y ha obtenido un diploma posdoctoral en Humanidades y Ciencias Sociales en la misma institución. Se desempeña como docente en la cátedra de Teoría Literaria II, Facultad de Filosofía y Letras. En el campo de la producción universitaria es autora de *Políticas y estéticas de la experiencia urbana en la crónica contemporánea* (2013) y *De los cuerpos travestis a los cuerpos zombis. La carne como figura de la historia* (2017); ha sido Compiladora y co-autora de *Cuerpos Presentes, figuraciones de la muerte, la anomalía, el sacrificio y la enfermedad* (2017) y *Política y estética de los cuerpos* (2019). Es co-autora de los libros *Otro mapa de la violencia* (2017); *Cultura popular/ cultura de masas* (2000); *Letrados iletrados. Representaciones de la cultura popular* (1999); *De memoria. Tramas literarias y política: el pasado en cuestión* (2008). Ha publicado, además, numerosos artículos en revistas nacionales e internacionales. En la actualidad dirige un proyecto de investigación FILOCyT: "Régimen escópico, cuerpo, lenguaje y política en la literatura y las artes latinoamericanas contemporáneas".

Katarzyna Moszczyńska-Dürst
Universidad de Varsovia
k.moszczynska@uw.edu.pl

Katarzyna Moszczyńska-Dürst es profesora titular en el Instituto de Estudios Ibéricos e Iberoamericanos de la Universidad de Varsovia y co-directora del grupo de investigación GENIA. Doctora por la U. de Varsovia y por la U. de Granada, es también miembro de proyectos de investigación: "Tránsfugas y parias modernas: género y exclusión en la cultura popular del s. XXI (FEM2017-83974-P, U. de Barcelona)" y "Performativité des discours littéraires féministes en contexte hispanophone" (GIS/SC/IPS/2018-33, U. Toulouse-Jean Jaurès). Entre sus publicaciones más recientes destacan el libro monográfico: *De las intimidades congeladas a los marcos de guerra: amor, identidad y transición en las novelistas españolas* (2017) y los artículos: "La peformatividad de género según La hija extranjera o el compromiso político de Najat El Hachmi" (2020), "Transgénero, feminismo y amor según dos escritoras gallegas: A semellanza, de María Xosé Queizán y Benquerida catástrofe, de Teresa Moure" (2019).

Roland Spiller
Universidad Goethe de Frankfurt
R.Spiller@em.uni-frankfurt.de

Roland Spiller es catedrático en el Instituto de Lenguas y Literaturas Románicas de la universidad Goethe en Fráncfort del Meno. Sus campos de investigación son las literaturas y culturas iberoamericanas y francófonas. Algunos libros: *Die erzählerische Ermittlung der Identität in argentinischen Romanen der Gegenwart* (1991); con T. Heydenreich, W. Hoefler, S. Vergara, *Memoria, duelo y narración. Chile después de Pinochet: literatura, cine, sociedad* (2004); con Yvette Sánchez, *La poética de la mirada* (2004); con Y. Sánchez, *Poéticas del fracaso* (2009); con Andrea Gremels: *Cuba: La revolución revis(it)ada* (2010); con W. Mackenbach, et. al. *Guatemala: nunca más, Guatemala* (2015). *Borges - Buenos Aires: configuraciones de la ciudad del siglo XIX al XXI*, (2014). *Julio Cortázar y Adolfo Bioy Casares: relecturas entrecruzadas* (2016); con Thomas Schreijäck, *Colombia: memoria histórica, posconflicto y transmigración* (2018); con Kirsten Mahlke y Janett Reinstädler, *Trauma y memoria cultural. Hispanoamérica y España* (2020). Dirige además las colecciones: *Frankfurter Studien zu Iberoromania und Frankophonie, Narr: Tübingen. Studienreihe Romania.*

Otras publicaciones de Argus-*a*:

Matilde Escobar Negri, ed.
Charlas en Patagonia

Gustavo Geirola, comp.
Elocuencia del cuerpo.
Ensayos en homenaje a Isabel Sarli

Lola Proaño Gómez
Poética, Política y Ruptura.
La Revolución Argentina (1966-73): experimento frustrado
De imposición liberal y "normalización" de la economía

Marcelo Donato
El telón de Picasso

Víctor Díaz Esteves y Rodolfo Hlousek Astudillo
Semblanzas y discursos de agrupaciones culturales
con bases territoriales en La Araucanía

Sandra Gasparini
Las horas nocturnas.
Diez lecturas sobre terror, fantástico y ciencia

Mario A. Rojas, editor
Joaquín Murrieta de Brígido Caro.
Un drama inédito del legendario bandido

Alicia Poderti
Casiopea. Vivir en las redes. Ingeniería lingüística y ciber-espacio

Gustavo Geirola
Sueño Improvisación. Teatro.
Ensayos sobre la praxis teatral

Jorge Rosas Godoy y Edith Cerda Osses
Condición posthistórica o Manifestación poliexpresiva.
Una perturbación sensible

Alicia Montes y María Cristina Ares
Política y estética de los cuerpos.
Distribución de lo sensible en la literatura y las artes visuales

Karina Mauro (Compiladora)
Artes y producción de conocimiento.
Experiencias de integración de las artes en la universidad

Jorge Poveda
La parergonalidad en el teatro.
Deconstrucción del arte de la escena
como coeficiente de sus múltiples encuadramientos

Gustavo Geirola
El espacio regional del mundo de Hugo Foguet

Domingo Adame y Nicolás Núñez
Transteatro: Entre, a través y más allá del Teatro

Yaima Redonet Sánchez
Un día en el solar, expresión de la cubanidad de Alberto Alonso

Gustavo Geirola
Dramaturgia de frontera/Dramaturgias del crimen.
A propósito de los teatristas del norte de México

Virgen Gutiérrez
Mujeres de entre mares. Entrevistas

Ileana Baeza Lope
Sara García: ícono cinematográfico nacional mexicano, abuela y lesbiana

Gustavo Geirola
Teatralidad y experiencia política en América Latina (1957-1977)

Domingo Adame
Más allá de la gesticulación. Ensayos sobre teatro y cultura en México

Alicia Montes y María Cristina Ares (compiladoras)
Cuerpos presentes. Figuraciones de la muerte, la enfermedad, la anomalía y el sacrificio.

Lola Proaño Gómez y Lorena Verzero / Compiladoras y editoras
Perspectivas políticas de la escena latinoamericana.
Diálogos en tiempo presente

Gustavo Geirola
Praxis teatral. Saberes y enseñanza.
Reflexiones a partir del teatro argentino reciente

Alicia Montes
De los cuerpos travestis a los cuerpos zombis.
La carne como figura de la historia

Lola Proaño - Gustavo Geirola
¡Todo a Pulmón! Entrevistas a diez teatristas argentinos

Germán Pitta Bonilla
La nación y sus narrativas corporales.
Fluctuaciones del cuerpo femenino en la novela sentimental uruguaya del siglo XIX (1880-1907)

Robert Simon
To A Nação, with Love: The Politics of Language through Angolan Poetry

Jorge Rosas Godoy
Poliexpresión o la des-integración de las formas en/desde
La nueva novela de Juan Luis Martínez

María Elena Elmiger
DUELO: Íntimo. Privado. Público

María Fernández-Lamarque
Espacios posmodernos en la literature latinoamericana contemporánea:
Distopías y heterotopíaa

Gabriela Abad
Escena y escenarios en la transferencia

Carlos María Alsina
De Stanislavski a Brecht: las acciones físicas.
Teoría y práctica de procedimientos actorales de construcción teatral

Áqis Núcleo de Pesquisas Sobre Processos de Criação Artística
Florianópolis
Falas sobre o coletivo. Entrevistas sobre teatro de grupo

Áqis Núcleo de Pesquisas Sobre Processos de Criação Artística
Florianópolis
. *Teatro e experiências do real (Quatro Estudos)*

Gustavo Geirola
El oriente deseado. Aproximación lacaniana a Rubén Darío.

Gustavo Geirola
Arte y oficio del director teatral en América Latina. Tomo I México - Perú

Gustavo Geirola
Arte y oficio del director teatral en América Latina.
Tomo II. Argentina – Chile – Paragua – Uruguay

Gustavo Geirola
Arte y oficio del director teatral en América Latina.
Tomo III Colombia y Venezuela

Gustavo Geirola
Arte y oficio del director teatral en América Latina.
Tomo IV Bolivia - Brasil - Ecuador

Gustavo Geirola
Arte y oficio del director teatral en América Latina.
Tomo V. Centroamérica – Estados Unidos

Gustavo Geirola

Arte y oficio del director teatral en América Latina.
Tomo VI Cuba- Puerto Rico - República Dominicana

Gustavo Geirola

Ensayo teatral, actuación y puesta en escena.
Notas introductorias sobre psicoanálisis
y praxis teatral en Stanislavski

Argus-*a*
Artes y Humanidades/Arts & Humanities
2020

www.ingramcontent.com/pod-product-compliance
Lightning Source LLC
LaVergne TN
LVHW091027080826
845145LV00002B/389

* 9 7 8 1 9 4 4 5 0 8 3 1 9 *